JN444095

영유아 언어교육

이론과 실제

이영자 이금구 공저

양서원

머리말

본서는 2009년에 발간된 『유아 언어발달과 지도』에 근간을 두고 영유아 언어발달에 대한 최근 이론과 현대사회의 변화, 현장 교사들의 요구, 그리고 2019년에 고시된 놀이 중심 교육과정 등을 반영하여 내용을 수정 · 보완하여 재집필한 것이다.

생후 만 6세에 이르기까지 영유아의 언어발달은 상당히 빠른 속도로 전개된다. 영유아의 언어발달은 다른 영역의 발달과도 밀접한 관련이 있다. 즉 영유아가 태어나면서부터 다른 사람과 관계를 형성하고 자신의 의사와 생각을 표현하려면 언어발달이 매우 필요한 요소가 된다. 언어의 이해와 표현은 사고의 발달을 도와주고 생활하면서 획득하게 되는 여러 기초 지식과 개념, 기능을 익히는 데 기본이 되므로 주 양육자와 교사 등 영유아 주변의 의미 있는 성인이 영유아가 자신의 언어능력을 생활 속에서 자연스럽게 신장시키도록 돕고 적절한 경험을 통해 언어지도를 하는 것이 매우 중요하다.

이에 본서는 영유아 언어발달 및 지도에 대한 이론적 기초를 상호작용 이론에 두었다. 또한 영유아의 문해발달 이론 및 지도방법은 균형적 접근법에 기초하여 제시하였다. 따라서 언어 지도 시 또래나 다른 성인과의 자연스럽고 의미 있는 언어적 상호작용이 이루어지는 놀이 활동을 통해 영유아의 언어발달이 이루어지는 지도방법을 제시하였다. 문해발달을 위해서는 영유아가 흥미를 느끼는 환경 인쇄물에 접근할 수 있는 기회를 제공하고, 영유아가 좋아하는 내용의 글을 수시로 읽어주고 이야기 나누며 관련 어휘를 자연스럽게 소리 내고 쓰는 기회를 제공하여 말과 글의 관련성을 놀이하면서 깨우치고 익히도록 제안하였다.

마지막으로 본서는 현장에서 영유아를 지도하는 교사가 보다 용이하게 본 교재를 활용할 수 있도록 2019년 고시된 '3-5세 연령별 누리과정'의 의사소통영역 교육목표 및 내용과 2020년 고시된 3세 미만 영아를 위한 표준교육과정에 기초한 놀이 중심 언어교육의 계획과 운영과정을 구체적으로 제시하였다. 특히 영유아의 발달수준과 놀이 활동 전개 수준을 고려하여 현장교사들이 각 학급 놀이 주제 전개 상황에 적절하게 교육과정을 재구성하고 융통성 있게 운영할 수 있도록 놀이 주제 아래 운영할 수 있는 통합적 언어교육의 실제를 제시하였다.

본서를 통하여 예비 유아교사 및 현장 교사들이 영유아의 언어발달에 대한 새로운 이해와 함께 놀이를 통한 의미 있는 언어지도에 대한 새로운 아이디어를 생성하는 데 길잡이가 되기를 바란다.

2020년 6월

저자 일동

목차

머리말 • 2

PART 01 언어의 이해

CHAPTER 01 언어의 본질

1.1 언어의 정의와 기능 14
1. 언어의 정의 14
2. 언어의 기능과 중요성 15

1.2 언어의 구성요소 19
1. 언어의 형태 19
2. 언어의 구조 21
1) 언어학의 분야 21
2) 언어의 구조 27

CHAPTER 02 언어발달

2.1 언어습득이론 30
1. 행동주의 이론 31
2. 생득주의 이론 33
3. 상호작용주의 이론 37

1) 인지적 상호작용주의 이론 38
2) 정보처리이론 40
3) 사회적 상호작용주의 이론 43
4. 뇌의 발달과 언어발달 47
1) 뇌의 언어영역 47
2) 뇌의 언어영역별 기능과 언어발달 48

2.2 구어발달 49
1. 영아의 구어발달 49
1) 영아 초기 49
2) 영아 후기 54
2. 유아의 구어발달 76
1) 어휘 77
2) 어미의 사용 78
3) 부정문의 사용 79
4) 대명사의 사용 80
5) 피 · 사동구문의 사용 80
6) 관계화 구문 사용 82
7) 의사소통능력의 발달 84
8) 구어이야기에 요구되는 지식과 구어이야기 발달 88

2.3 문어발달 104
1. 문어 발달단계 104
1) 읽기 발달단계 104
2) 쓰기 발달단계 114

2. 영아의 문어발달 122
1) 영아의 읽기발달 122
2) 영아의 쓰기발달 124
3. 유아의 문어발달 127
1) 유아의 읽기발달 127
2) 유아의 쓰기발달 128
3) 가상적(환상적) 문어이야기 구조 개념 및 문어이야기의 발달 132

PART 02 언어교육 내용 및 방법

CHAPTER 03 영유아를 위한 언어교육 내용

3.1 영유아를 위한 언어교육 목표 및 내용 138
1. 표준보육과정의 3세 미만 의사소통영역 목표 및 내용 138
1) 0~1세 의사소통영역의 목표 및 내용 139
2) 2세 의사소통영역의 목표 및 내용 139
2. 누리과정의 의사소통영역 목표 및 내용 140
1) 누리과정 의사소통영역의 목표 140
2) 누리과정 의사소통영역의 내용 141

CHAPTER 04 영유아를 위한 언어교육 방법

4.1 언어교육 접근방법 ········ 144

1. 부호중심 언어교육접근법 ········ 144
2. 총체적 언어교육접근법 ········ 147
3. 균형적 언어교육접근법 ········ 148
4. 통합적 언어교육접근법 ········ 149

4.2 영유아를 위한 언어교육 환경구성 ········ 153

1. 영유아 언어교육환경의 구성 원리 ········ 153
2. 영아반을 위한 언어교육 환경구성 ········ 159
   1) 듣기를 위한 환경구성 ········ 159
   2) 말하기를 위한 환경구성 ········ 160
   3) 읽기를 위한 환경구성 ········ 162
   4) 쓰기를 위한 환경구성 ········ 163
3. 유아반을 위한 언어교육 환경구성 ········ 165
   1) 듣기를 위한 환경구성 ········ 165
   2) 말하기를 위한 환경구성 ········ 166
   3) 읽기를 위한 환경구성 ········ 168
   4) 쓰기를 위한 환경구성 ········ 171

4.3 영유아를 위한 언어교육 교수 · 학습 구성 ········ 173

1. 영아를 위한 언어교육 교수 · 학습 방법 ········ 173
   1) 영아의 구어지도 지침 ········ 173
   2) 영아의 구어지도 방법 ········ 174
   3) 영아의 문어지도 지침 ········ 177
   4) 영아의 문어지도 방법 ········ 178

2. 유아를 위한 언어교육 교수 · 학습 방법 181
1) 유아를 위한 구어지도 방법 181
2) 유아를 위한 문어지도 방법 203

CHAPTER 05 영유아 언어발달 평가 및 평가결과의 활용

5.1 영유아 언어발달 평가 222
1. 관 찰 222
1) 체크리스트 223
2) 일화기록 226
2. 언어 관련 활동작품 샘플 분석 227
3. 영아나 유아와의 인터뷰 228
4. 녹음 또는 녹화 228
5. 언어검사도구 사용 229
6. 유아 인터뷰, 녹음(녹화), 체크리스트 등에 의한 종합평가 229
5.2 영유아 언어교육에 언어발달 평가결과의 활용 231

PART 03 영유아 언어교육의 실제

CHAPTER 06 놀이 중심의 통합적 언어교육의 실제

6.1. 놀이 중심 통합적 언어교육의 이해 238
1. 유아의 놀이 경험을 기반으로 교육적 지원 계획해 보기 239
2. 교육내용 구성 및 관련 어휘 추출하기 242

3. 놀이 중심의 통합적 언어교육 환경 조성하기 ········ 244
1) 각 흥미영역에서 이루어지는 언어교육 환경 조성의 예 ········ 244
2) 언어교육 내용 요소에 따른 환경 조성의 예 ········ 246
4. 놀이와 연결하여 통합적 언어교육 실행하기 ········ 247

6.2. 연령별 주제 중심 통합적 언어교육의 실제 ········ 255

1. 놀이 중심 통합적 언어교육의 예 – '우리 주변의 동물' ········ 255
1) 교육내용의 구성 및 관련 어휘 추출하기 ········ 255
2) 놀이 중심의 통합적 언어교육 환경 조성하기 ········ 256
3) 놀이와 연결하여 통합적 언어교육 실행하기 ········ 257
2. 놀이 중심 통합적 언어교육의 놀이주제 – '나와 친구' ········ 267
1) 교육내용의 구성 및 관련 어휘 추출하기 ········ 267
2) 놀이 중심의 통합적 언어교육 환경 조성하기 ········ 268
3) 놀이와 연결하여 통합적 언어교육 실행하기 ········ 269
3. 놀이 중심 통합적 언어교육의 예 – '우리 동네' ········ 278
1) 교육내용의 구성 및 관련 어휘 추출하기 ········ 278
2) 놀이 중심의 통합적 언어교육 환경 조성하기 ········ 279
3) 놀이와 연결하여 통합적 언어교육 실행하기 ········ 280

참고문헌 • 290
찾아보기 • 314

PART 01

언어의 이해

Chapter 01 언어의 본질

Chapter 02 언어발달

CHAPTER 01

언어의 본질

1.1 언어의 정의와 기능

1. 언어의 정의

일반적으로 언어는 인간의 의사소통 수단으로 간주된다. 그러나 의사소통의 수단에는 여러 종류가 있을 수 있다. 예를 들어, 말을 못하는 장애인들이 손으로 의사소통을 할 때 그 손으로 하는 소위 수화(手話)도 의사소통의 수단이 될 수 있다. 또는 바다 위에서 멀리 떨어져 있는 배들이 불빛을 이용하여 의사소통을 할 때 그 불빛의 활용도 의사소통의 수단이라고 할 수 있다. 또는 말을 못하는 갓난아기들이 울음으로써 자신의 의사를 나타낼 때 그 아기들의 울음도 일종의 의사소통의 수단이라고 할 수 있다.

그러나 인간의 의사소통의 수단인 언어는 매우 특수한 조직화된 특성을 가지고 있으며 인간의 고유한 정신 기능을 반영한다고 주장되고 있다. 다시 말하면, 인간 언어는 인간만이 습득할 수 있으며, 인간만이 완벽히 습득하여 활용할 수 있다고 본다. 인간만이 언어를 습득하여 쓸 수 있는 고유 능력을 가지고 태어나고 인간 이외의 어떤 동물도 또는 어떤 컴퓨터도 인간의 언어를 완벽히 습득하여 활용하지 못하는 것으로 밝혀지고 있다. 따라서, 촘스키(Chomsky, 1993)는 언어의 본질을 정확히 이해하는 일은 인간의 본성을 정확히 이해하는 일이라고 주장한다.

인간 언어는 소리(음성)와 뜻(의미)을 연관 지은 의사소통 수단이다. 즉, 우리는 말소리를 통해 우리의 의사나 느낌을 전한다. 그런데 그 소리와 뜻의 연관이 매우 정교하고 복잡하여 언어학이란 학문의 대상이 된다. 소리와 뜻의 연관에서 긴요한 요소는 물론 "소리"와 "뜻"이다. 그 "소리"의 요소를 다루는 학문을 음성학(音聲學)과 음운론(音韻論)이라고 하고, 그 "뜻"의 요소를 다루는 학문을 의미론(意味論)이라고 한다. "소리"가 "뜻"을 전하게 되는 과정에서 "소리"가 모여서 최소 단위의 "뜻"을 나타내는 요소를 이루는데 이 최소 단위의 뜻을 나타내는 요소를 형태소(形態素)라고 부르고, 형태소의 구조와 결합을 다루는 학문을 형태론(形態論)이라고 한다. 형태소가 모여서 구(句)를 형성하고 구가 모여서 절(節)을 형성하는데, 이러한 구와 절의 구성과 기능을 다루는 학문을 통사론(統辭論)이라고 한다. 그 다음 통사론은 의미론으로 연결되고 의미론은 화용론(話用論)에 연결되는데 화용론은 어떤 말이 어떤 상황에 어떻게 적절하게 쓰이는가를 연구하는 학문이다. 언어의 하위 체계인 음성학, 음운론, 의미론, 형태론, 통사론과 화용론은 상호 의존적이다(Bloom, 1993; Budwig, 1996). 어떤 언어를 안다는 것은 그 언어의 음성학, 음운론, 의미론, 형태론, 통사론, 화용론을 반영하는 언어를 습득하여 의사소통의 목적을 위해 활용하는 것을 의미한다.

2. 언어의 기능과 중요성

언어에 대한 이해는 언어가 사용되는 상황에서의 언어 경험에서 유추해 낼 수 있다. 언어의 기능에 관하여 할리데이(Halliday, 1973)는 언어 기능을 다음의 7가지 기능으로 설명하고 있다(Halliday, 1973 : pp. 11–16).

① **도구적 기능**(instrumental function)

언어는 인간의 물질적인 욕구와 소망을 표현하고 충족시키기 위한 수단으로 사용된다. 유아는 시야에 바나나가 있거나 원하는 바나나가 없어도 "나, 바나나 먹고 싶어."라는 말을 하여 원하는 것을 갖는다. 이때 언어 사용의 성공은 꼭 잘 형성된 문장 산출이 아니라도 상황적 외침으로 같은 효과를 낼 수 있다.

② **조정적 기능**(regulatory function)

언어는 자신뿐만 아니라 타인의 행동과 감정과 태도를 통제하는 데 활용할 수 있다. 즉 언어는 사고를 자극하고 행동을 조정하는 기능을 한다.

예 "네 것이 아니면 가져가지 않아야 해."
"그런 행동을 하면 엄마가 아주 슬퍼져."
"그렇게 하면 안 되지." (규칙에 의해 통제하는 행동 카테고리)

이와 같은 언어의 반복과 재강화를 통하여 특정한 행동통제의 수단으로 언어가 사용됨을 알게 된다. 이러한 인식을 유아는 또래 친구나 형제의 행동통제 시도에도 적용한다.

③ **상호작용적 기능**(interactional function)

상호작용적 기능은 언어의 조정적 기능과도 밀접한 관련이 있다. 언어는 사회생활에서 자기 자신과 타인 간의 사회적 관계를 형성하는 데 사용된다. 유아와 가장 가까운 개인적 관계에 있는 엄마와의 관계도 주로 언어를 통해서 이루어진다.

언어는 집단의 성격을 정의하고, 포함하거나 제외될 집단을 정의하는 데도 활용된다. 즉, 누가 우리와 함께하고 우리와 함께하지 않는가를 보여주고, 유머, 속임, 설득, 변론, 연극 등 언어가 다양한 놀이에 적용된다. 듣고 말하는 가운데 유아는 언어를 내면화하고 효과적으로 참여자, 관찰자가 될 수 있다. 상호작용에 참여하는 것이 언어적으로 이익이 된다.

④ **개인적 기능**(personal function)

언어를 통해서 인간은 자기의 독특한 생각, 감정, 태도를 표현하게 되고 자기 자신의 개인적 정체감을 의식하게 된다. 언어는 자기 자신에 대한 이해, 보다 높은 단계로서의 인성발달 등에 중요한 역할을 한다. 자신의 느낌과 태도에 대한 직접적 표현뿐만 아니라 상호작용적 기능에서의 개인적 요소로 언어가 사용된다. 다른 사람과의 언어적 상호작용을 통한 자신의 모습 형성이 언어 매개과정이다.

⑤ **발견적 기능**(heuristic function)

언어는 개인이 자기 주변의 환경을 탐색하고 이해하며 나아가서는 학습하기 위한 수단으로서의 기능을 가진다. 유아가 질문을 할 때는 단지 사실을 밝히는 것만이 아니라 사실에 대한 설명, 일반화를 추구하는 것이며, 언어가 이러한 탐색을 가능하게 한다. 그러므로 부모와 유아 간의 상호작용에서는 질문과 대답의 반복적 과정이 중요하다(Bernstein & Henderson, 1969). 초등학교에 들어가기 이전에 유아는 언어의 발견적 기능으로 메타언어를 통제하기 시작한다.

⑥ **상상적 기능**(imaginative function)

언어는 개인이 상상의 세계에 몰입하도록 도와주며 창의적인 활동을 하도록 하는 기능을 가진다. 시, 운율, 수수께끼, 많은 유아의 언어적 놀이 등은 상상적 기능 언어를 재강화한다. 이야기와 극적 게임에서 상상적 기능은 대부분 내용에 기초한다. 이러한 내용 표현 능력은 단지 언어의 흥미 있는 단면의 하나이다.

⑦ **표상적 기능**(representational function)

언어는 개인에게 새로운 정보를 전달해 주며 이를 설명하고 표현하도록 하는 기능을 가진다. 유아는 과정, 사람, 물체, 추상적 개념, 품질, 상태, 관계 등 특별한 참조가 되는 메시지를 언어로 전달할 수 있다는 것을 인식하고 있다. 그러나 표상적 기능은 일찍 나타나는 기능이 아니다.

언어의 기능에 대해 리치(Leech, 1974)는 다음의 5가지 기능으로 설명하였다.

① 정보적 기능

② 표현적 기능

③ 지시적 기능

④ 심미적 기능

⑤ 교감적 기능(언어교환의 기능)

정보적 기능은 언어가 사실과 가치에 근거하여 새로운 정보를 제공하기 위해 사용됨을 의미한다. 정보적 기능의 예를 들면, “차가 크다”, “버스 안에 승객이 꽉 차 있다.” 등을 들 수 있다. 표현적 기능은 언어가 느낌과 태도 등을 표현하는 데 사용됨을 의미한다. 자신의 느낌이나 어떤 토픽에 대한 자신의 견해를 표현하는 것을 의미한다. 예를 들면 “나는 아주 행복하다”, “이번 휴가는 아주 즐겁게 보냈다.” 등을 들 수 있다. 지시적 기능은 다른 사람의 행동이나 태도에 영향을 주는 기능으로 가장 명확한 예는 명령과 요청이다. 지시적 기능은 언어의 직접적 사용이다. 때로 문장은 두 가지 기능을 표현할 수 있다. 예를 들어 “목이 말라.”라고 하는 말은 말하는 사람이나 표현하는 사람의 상태나 느낌을 표현하는 것이다. 또한 누군가에게 물을 달라고 요청하는 표현이기도 하다. 심미적 기능은 감성적 의미로서 개념화할 수 있다. 즉 시적 기능과 연결 지어 생각할 수 있으며, 미학적 개념이나 예술적 표현력을 나타낸다. 마지막으로 교감적 기능은 일상적 대화에서 사용하는 기능이다. 예를 들어 서로 다른 두 사람이 어떤 장소에서 만났을 때 “안녕하세요? 아이들은 잘 지내나요?” 등과 같이 대화 목적으로 일상적 대화를 하는 경우 교감적 기능으로 분류될 수 있다.

할리데이(Halliday, 1975)가 제시한 언어의 기능을 요약하면, 도구적 기능은 언어가 물질에 대한 요구를 만족시키기 위하여 사용되는 기능을 의미하고, 조정적 기능은 행동의 통제를 위해 사용되는 언어의 기능이고, 상호작용적 기능은 다른 사람과 잘 지내기 위하여 언어를 사용하는 언어의 기능이고, 개인적 기능은 자기 자신에 대한 개인 정보의 표현 기능이며, 발견적 기능은 학습을 위해 실제를 탐색하는 언어의 기능을 의미하고, 상상적 기능은 실제를 창안한 ‘흉내 내기’ 놀이 등과 같은 행동과 언어적 표현 기능이고, 표상적 기능은 내용에 대한 의미 표상의 기능이다. 할리데이와 리치의 언어적 기능 분류는 유사하나 언어의 기능에 대한 할리데이의 분류에서는 표상적 기능과 발견적 기능이 좀 더 분류되어 제시되었다.

언어적 기능과 연결된 유아의 언어적 능력과 유아에 대한 요구가 불일치될 때 유아는 언어적 기술 습득에 실패하게 된다. 그러므로 부모 또는 또래와의 다양한 언어적 상호작용을 통한 언어 사용 경험이 언어 기능과 관련된 언어 습득에 중요하다.

1.2 언어의 구성요소

1. 언어의 형태

언어는 형태면에서 듣기, 말하기, 읽기, 쓰기의 네 가지 형태로 구성된다(Bromley, 1988). 듣기와 읽기는 외부에서 받아들인 시각적 · 음성적 기호를 해석하는 수용 언어기술, 즉 이해 언어기술(receptive language skill)이다. 말하기와 쓰기는 이와 반대로 표현 언어기술이며 유아가 의미를 전달하기 위하여 산출하고 표현한 시각적 · 음성적 기호이다. 듣기, 말하기, 읽기, 쓰기의 네 가지 언어적 기술은 밀접히 연결되어 있다. 예를 들어, 우리가 책을 읽을 때 단어를 예측하려면 구어적 지식을 활용한다. 활자를 해독하는 것, 즉 인쇄된 단어를 구어적 형태로 변화하려면 활자의 독특한 특성을 알아야 하지만, 아울러 적절한 구어적 어휘도 알고 있어야 한다. 읽기와 듣기 같은 이해기술과 말하기, 쓰기, 글짓기와 같은 표현기술은 일반적으로 유아의 학습에서의 기초가 된다.

각 언어기술의 기초는 인지과정 또는 사고이다. 사고 없이는 유아가 효과적으로 듣고, 말하고, 읽고, 쓸 수 없다. 언어의 네 가지 형태 간의 관계를 도표로 표시하면 [그림 1-1]과 같다.

언어의 형태에 따라 영구성이 다르다. 읽기와 쓰기는 기록된 문자를 포함하기 때문에 다시 읽을 수 있거나 복습할 수 있고 말보다 오랜 기간 동안 생각해 볼 수 있다. 그러나 듣기와 말하기는 후에 재생해 보기 위해 녹음을 하지 않으면 일시적

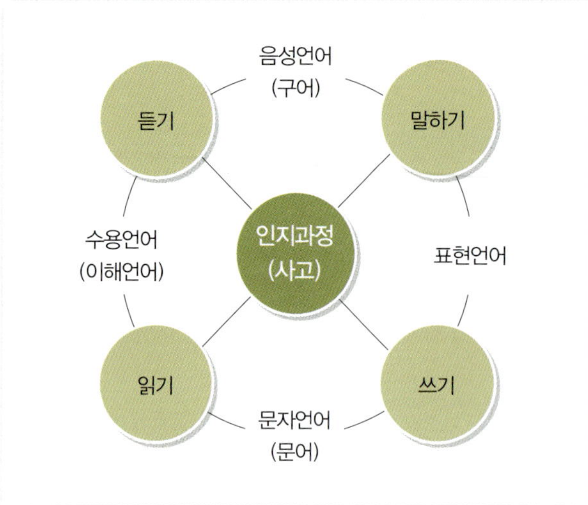

그림 1-1 언어의 네 가지 형태 간의 관계

이다. 몇 분 전에 말하거나 들은 것을 기억에 의해 회상하는 것은 양적 · 질적인 면에서 제한된다. 그러므로 듣기를 통한 음성언어의 이해는 읽기를 통한 문자언어의 이해와 다르다.

언어 형태에 따라 내용과 기능도 다르다. 구어적 대화에서 사용된 언어는 쓰여진 문어에서 사용된 언어와는 아주 다르다. 우리가 말할 때와 쓸 때 사용하는 단어의 선택은 같지 않다.

언어의 형태 중 말하기와 듣기는 음성언어, 즉 구어이고 읽기와 쓰기는 문자언어, 즉 문어라 칭한다. 구어에는 얼굴 표정, 제스처, 음성적 억양이 따라와서 의미의 가치를 부여하거나 감소시키는 작용을 한다. 문어는 구어보다 영구히 기록될 수 있다. 그러므로 문어가 구어보다 형식적인 경우가 더 많다. 언어 자체의 기능에 의해 문어의 문장구조가 구어의 문장구조보다 정확할 수도 있다. 말할 때는 새로운 아이디어에 의해 방해를 받을 때가 있어 한 문장을 완전히 끝맺지 않거나 짧은 문장으로 말하게 될 수 있다.

언어를 이해측면과 표현측면에서 구분할 때 수용언어(receptive language) 또는 이해 언어와 표현언어(expressive language)로 나눌 수 있다. 언어의 형태 중 듣기와 읽기는 수용언어에 속하고, 말하기와 쓰기는 표현언어에 속한다. 수용언어는 상대방의 말을 듣는 사람 또는 다른 사람이 쓴 글을 읽는 사람이 말하는 사람 또는 글을 쓴 사람의 생각과 의도나 감정을 이해하는 능력과 관계되는 것이고, 표현언어는 말하는 사람 또는 글을 쓰는 사람이 자신의 생각과 의도 또는 감정을 말로나 글로 표현할 수 있는 능력과 관계된다. 두 가지 능력을 모두 갖고 있을 때 언어에 대한 정상적인 이해와 표현이 가능하다.

2. 언어의 구조

1) 언어학의 분야

(1) 음성학

음성학은 우리의 조음기관(調音器管)에서 형성되는 음성의 성격을 규명하는 학문이다. 우리의 조음기관에서 형성되는 음성은 우선 모음(母音)과 자음(子音)으로 대별된다. 모음은 폐에서 올라오는 공기가 우리의 발성기관 어디에서도 막히거나 마찰을 일으키지 않고 발성기관의 모양에 의해서 공명되어 나는 소리이고, 자음은 폐에서 올라오는 공기가 우리의 발성기관 어디에서 막히거나 마찰을 일으켜 생겨나는 소리이다. 예를 들어, 우리나라 말의 모음은 "아", "어", "우", "으", "이" 등이다. "야", "여", "유", "의"는 "아", "어", "우", "으"에 "이"와 비슷한 소위 반모음(半母音)이 결합되어 생긴 이중모음(二重母音)들이다. 우리나라 말의 자음에는 폐쇄음, 마찰음, 비음, 기음(氣音)이 있는데, 폐쇄음은 발성기관이 완전히 폐쇄되었다가 열리면서 생기는 음으로서 "ㄱ", "ㄷ", "ㅂ"이 있고, 마찰음은 발성기관이 서로 근접하여 마찰하면서 생기는 음으로서 "ㅅ", "ㅈ"이 있고, 비음은 "ㅁ", "ㄴ", "ㅇ" 등이 있고, 기음은 성대 울림 없이 내는 음으로서 "ㅎ"이 있다. 폐쇄음과 마찰음은 "ㄲ", "ㄸ", "ㅃ", "ㅆ", "ㅉ"과 같이 된소리로 발음될 수도 있고 "ㅋ", "ㅌ", "ㅍ", "ㅊ"과 같이 기음으로 발음될 수도 있다. 성대를 울리면서 내는 소리를 유성음이라고 하고, 성대를 울리지 않으면서 내는 소리를 무성음이라고 한다. 우리나라 말의 모든 모음은 유성음이고 폐쇄음 중에서 "ㄱ", "ㄷ", "ㅂ"은 유성음 사이에서 쓰일 때만 유성음으로 쓰이고 "ㄲ", "ㅋ", "ㄸ", "ㅌ", "ㅃ", "ㅍ"은 항상 무성음으로 쓰이고, 마찰음 중에서 "ㅈ"은 유성음 사이에서 쓰일 때만 유성음으로 쓰이고 "ㅉ", "ㅊ", "ㅅ", "ㅆ"은 항상 무성음으로 쓰이고, 비음 "ㅁ", "ㄴ", "ㅇ"은 모두 유성음이고, 기음 "ㅎ"은 무성음이다.

표 1-1 한국어의 자음과 모음, 유성음과 무성음의 구분

모　음: 아, 어, 우, 으, 이
이중모음: 야(아 + 이), 여(어 + 이), 유(우 + 이), 의(으 + 이)
자음
- 폐쇄음: ㄱ, ㄷ, ㅂ; ㄲ, ㄸ, ㅃ(된소리)
- 마찰음: ㅅ, ㅈ; ㅅ, ㅉ(된소리)
- 비음: ㅁ, ㄴ, ㅇ
- 기음: ㅎ; ㅋ, ㅌ, ㅍ, ㅊ

유 성 음: 모음, ㄱ, ㄷ, ㅂ, ㅈ, ㅁ, ㄴ, ㅇ
무 성 음: ㄲ, ㅋ, ㄸ, ㅌ, ㅃ, ㅍ, ㅅ, ㅆ, ㅉ, ㅊ, ㅎ, ㅂ

예를 들어, 한국어로 "바바리 코트"라고 발음할 때 첫 "ㅂ"은 무성음이지만 두 번째 "ㅂ"은 유성음이다. 따라서 한국어의 "ㅂ"은 유성음으로도 무성음으로도 쓰인다.

(2) 음운론

그 언어를 말하는 사람에게 동일하게 인정되며 의미의 차이를 가져올 수 있는 소리의 최소단위, 즉 최소음성단위들을 음소라 한다(Berko Gleason, 2001). 음소가 다르면 듣는 사람에게 소리가 다르게 들리며 전달되는 말의 뜻도 다르다. 이렇게 뜻의 변화를 가져오는 음을 음소라 하며 음소와 그 상호구조관계를 연구하는 것을 음운론(音韻論, phonemics)이라 한다.

음운론은 음소론(音素論)이라고도 한다. 음성학은 말소리를 있는 그대로 연구하지만, 음운론은 말소리를 언어적 표현 또는 의미와 연관하여 연구한다. 예를 들어, 한국어의 폐쇄음의 발음에 있어 유성음 · 무성음의 차이는 의미의 차이를 가져오지 않는다. 따라서 음운론적 또는 음소론적이 아니다. 즉, "바바리 코트"라는 말에서 비정상적으로 첫 번째 "ㅂ"을 유성음으로 발음하고 두 번째 "ㅂ"을 무성음으로 발음해도 뜻이 달라지지 않는다. 그러나 영어에서 "big"이라는 단어의 첫 음인 "b"를 무성음으로 발음하면 "pig"으로 들리게 되어 뜻이 크게 달라진다. 따라서, 한국어에서는 유성 · 무성의 차이가 음운적이 아니지만 영어에서는 유성 · 무성의 차이가 음운적이다.

영어에서는 폐쇄음이 다음 (1)에서 보듯이 무성 · 유성의 짝을 이루고 있으나 한국어에서는 폐쇄음이 다음 (2)에서 보듯이 무성 · 된소리 · 기음의 3짝을 이루고 있다.

(1) ㄱ : b – p
ㄴ : d – t
ㄷ : g – k

(2) ㄱ : ㅂ – ㅃ – ㅍ
ㄴ : ㄷ – ㄸ – ㅌ
ㄷ : ㄱ – ㄲ – ㅋ

이와 같은 영어와 한국어의 차이는 음성적 차이이면서 동시에 음운적 차이가 된다. 여기서 주목할 점은 영어의 폐쇄음은 모두 2짝인 반면에 한국의 폐쇄음은 모두 3짝을 이루고 있다는 사실이다. 유아는 각각 모국어의 이러한 음운론적 특성을 인식하여 음절, 단어, 문장을 정확히 발음할 수 있어야 한다.

(3) 형태론

형태소는 의미를 나타내는 최소단위이고, 형태론은 형태소의 구성, 기능, 분포를 연구한다. 형태소에는 크게 두 가지 종류가 있다. '남자', '아이', '하다'와 같이 그 자체가 독립적으로 사용될 수 있는 자유형태소(free morpheme)와 '였', '들'과 같이 다른 형태소와 함께 사용되어 의미를 나타내는 의존형태소(bound morpheme)가 있다.

한국어의 경우, "사람들"은 "사람"이라는 명사 형태소에 "들"이라는 의존형태소 성격을 지닌 복수어미 형태소가 결합되어 형성된다고 할 수 있다. 그러나 다음 '(3) ㄴ'에서 보는 바와 같이 형태소 "들"이 결합되지 않았어도 복수의 의미가 전달된다.

(3) ㄱ : 사람들이 많이 왔다.
ㄴ : 사람이 많이 왔다.

'(3) ㄴ'에서 "사람"도 복수의 의미로 간주된다. 따라서, '(3) ㄱ'의 "사람들"은 "사람"에 복수어미 형태소 "들"이 결합되었다고 보고 '(3) ㄴ'의 "사람"은 "사람"에 영 복수어미 형태소가 결합되었다고 볼 수 있다. 그런데 문제는 '(3) ㄱ', '(3) ㄴ'에서 부사 "많이"에도 복수어미 형태소 "들"이 다음 '(4) ㄱ', '(4) ㄴ', '(4) ㄷ'에서 보는 바와 같이 옮겨가서 결합될 수 있다는 것이다.

(4) ㄱ : 사람들이 많이들 왔다.
ㄴ : 사람이 많이들 왔다.
ㄷ : 많이들 왔다.

'(4) ㄱ'에서는 주어 "사람들이"의 복수어미 형태소 "들"이 부사 "많이"에도 복사되어 결합된 경우이고, '(4) ㄴ'은 주어 "사람이"에서 영 복수어미 형태소가 부사 "많이"에 복사되어 결합된 경우이고, '(4) ㄷ'은 주어인 영 복수어미 형태소가 부사 "많이"로 복사되어 옮겨가서 결합되었다고 볼 수 있다.

(4) 통사론

통사론은 구(句)와 절(節)의 구조와 그 구조 속의 요소들의 상호작용을 연구한다. 예를 들어 한국어 통사론에서는 (5)와 같은 규칙이 설정된다.

(5) 한국어에서 재귀대명사의 선행사는 주어이어야 한다.

(6)의 문장을 보자.

(6) ㄱ : 영희가 [철수가 자기를 미워한다고] 생각한다.
ㄴ : 철수가 [영희가 자기를 미워한다고] 생각한다.

'(6) ㄱ'에서 재귀대명사 "자기"는 종속절의 "철수"도 주절의 "영희"도 지시할 수 있고, '(6) ㄴ'에서도 재귀대명사 "자기"는 종속절의 "영희"도 주절의 "철수"도 지시할 수 있다. 그리고 재귀대명사는 그 선행사보다 낮은 위치에 와야 한다는 것이다. 예를 들어,'(6) ㄱ'에서 만일 재귀대명사가 그 주절주어 자리에 있고 선행사가 재귀대명사 자리에 와 있다면 그 문장은 비문법적 문장이 된다. 그리고 "자기"는 성 구별이 없으므로 '(6) ㄱ', '(6) ㄴ'에서 영희도 철수도 지시할 수 있다. 다음 '(7) ㄱ', '(7) ㄴ'을 보자.

(7) ㄱ : 영희가 [철수가 자기 자신을 미워한다고] 생각한다.
ㄴ : 철수가 [영희가 자기 자신을 미워한다고] 생각한다.

즉, '(7) ㄱ'에서는 "자기 자신"이 "철수"만을 지시할 수 있고 '(7) ㄴ'에서도 "자기 자신"이 "영희"만을 지시할 수 있다. 따라서, '(7) ㄱ', '(7) ㄴ'의 "자기 자신"은 '(6) ㄱ', '(6) ㄴ'의 "자기"와 달리 (8)과 같은 원리를 준수한다.

(8) 복합재귀대명사의 선행사는 같은 절 안에 있어야 한다.

"자기 자신"은 복합대명사이고 "자기"는 복합대명사가 아니다. 즉, "자기 자신"은 "자기"와 "자신"이 복합되어 이루어진 재귀대명사이다.

유아가 자신이 표현하려는 의미론적 관계를 합리적으로 제시하려면 언어의 통사구조, 즉 문법적 규칙을 습득해야 한다.

(5) 의미론

의미론은 언어구조의 의미현상을 연구하는 이론이다. 다음에 통사구조에 대한 의미현상을 고려해 보자. 다음 '(9) ㄱ', '(9) ㄴ'의 문장의 의미를 살펴보자.

(9) ㄱ : 모든 사람이 누군가를 사랑한다.
ㄴ : 누군가를 모든 사람이 사랑한다.

(10) ㄱ : 모든 사람이 자신이 사랑하는 사람이 각각 있다.
ㄴ : 어떤 한 사람이 모든 사람에게 사랑을 받고 있다.

'(9) ㄴ'은 '(9) ㄱ'에서 뒤섞기로 도출된 문장이다. 따라서 '(9) ㄱ', '(9) ㄴ'은 의미역상 동의문이다. 그러나 양화사의 작용역상으로는 완전 동의문이 아니다. 다시 말하면, '(9) ㄱ'은 주로 '(10) ㄱ'을 뜻하고 부차적으로 '(10) ㄴ'을 뜻한다. 이와 같이 의미론은 의미역상으로 동의문을 도출하는 통사현상이 양화사의 작용역상 비동의문이 되는 이유를 밝혀낸다.

유아의 의미론 습득은 어휘와 그 어휘와 연결된 의미의 습득으로 시작된다. 궁극적으로 상위언어학적 지식의 습득이 이루어지면 언어에 포함된 어휘들을 인식하고 그에 대한 평가를 할 수 있게 된다.

(6) 화용론

화용론은 의사소통 목적을 위하여 상황 내에서 어떤 언어 사용의 적절성 여부를 밝히는 이론이다. 즉, 문법적으로 완벽한 문장 또는 표현이지만 그 표현이 어떤 상황에서 적절한 문장 또는 표현이 되는가를 밝히는 이론이다. 어떤 표현이 화용론에 비추어 적절한지의 여부는 표현된 말 또는 문장의 문법성이나 해석 가능성이 아니라 상황에서의 적절성과 의사소통 효과로 결정된다(Ninio & Snow, 1999). 예를 들어, 다음과 같은 문법적으로 완벽한 문장도 상황에 따라 부적절한 표현이 될 수 있다.

(11) 영희는 영어를 잘 읽고 곱셈도 잘한다.

(11)은 초등학교 학생 영희에 대한 선생님의 평가보고서로는 적절하지만, 영희를 어떤 대학의 교수로 추천하는 글로서는 완전히 부적절하다. (11)은 틀린 말은 아니지만 그것은 대학교수로 추천하는 글로는 너무도 부족하다. 따라서, 문장으로는 정확해도 불충분한 말이나 표현은 화용론적으로 부적절하다. 따라서, 화용론의 규칙으로서 (12)가 제안된다.

(12) 말하는 주제에 대해 최대한 정보를 제공해야 한다(최대화 원리, maximization principle)(Grice, 1975).

따라서 (11)은 대학교수를 추천하는 글로서는 (12)를 크게 위반하고 있으므로 화용론적으로 부적절한 표현이 된다.

화용론은 자신의 의도를 표현하고 의도하는 일을 이루기 위한 의사소통 목적을 달성하기 위해 다양한 사회적 상황에서 적절한 언어를 사용하는 방법과 관련된다. 음운론에서 음운규칙이 있고 통사론에서 문법규칙이 있듯이 사회적 상황에서 적절한 화용규칙이 있다. 다시 말하면 대화를 할 때 대화에서의 기본적 원리를 적용하여 대화하여야 한다(Grice, 1975). 그라이스(Grice)는 대화의 기본 원리로 대화의 양, 대화의 질, 관련성, 예절의 네 가지를 제시하였다. 대화의 양은 대화 시 필요한 적정 수준의 정보를 의미한다. 대화의 질은 대화의 진위에 관한 것으로 대화하는 사람은 거짓을 제시하지 않는 것을 의미한다. 대화의 관련성은 진행되는 대화의 명제와 연결지어 논리적 순서가 맞게 대화하는 것을 의미한다. 예절은 대화 차례를 기다려 상호 교환적으로 말하기, 전화, 일대일 대화, 집단토의 등에서의 대화규칙을 지켜 말하는 것 등을 의미한다.

2) 언어의 구조

언어는 두 개의 구성요소로 이루어져 있다. 하나는 형태적 구성이고 다른 하나는 의미적 구성이다. 형태적 구성은 대체로 우리의 발성기관과 그것이 만들어 내는 음성의 조합으로 이루어진다. 의미적 구성은 형태적 구성의 기초가 되는 의미의 조합으로 이루어진다. 음성 부문의 단위는 음소 또는 음운적 요소로 구성된다. 언어의 형태를 구성하는 언어 구성은 형태소로 이루어진다. 형태소는 의미를 지니며 단어의 가장 작은 기초 단위이다. 형태적 구성과 의미적 구성의 접합을 규명하는 것이 문법규칙이다. 즉, 음성을 나타내는 음성적 요인과 형태를 나타내는 형태적 요인은 언어를 구성하는 원리인 문법규칙에 의해 결합된다.

따라서, 언어는 음성적 요인과 형태적 요인으로 구성된다. 소리를 조합하여 단어를 이루고 단어를 조합하여 문장을 만드는 규칙을 언어의 구조라 할 수 있다. 그러므로 언어의 구조는 소리, 단어, 문장의 수준에서 논의할 수 있다(이승복, 1994).

소리의 가장 기초적인 단위는 음소이고, 음소의 조합에 의해 단어가 이루어지며, 단어는 하나 또는 하나 이상의 형태소와 하나 이상의 의미의 결합으로 단어를 이루며, 하나의 단어 또는 하나 이상의 단어가 모여 문장이 구성된다. 문장은 하나 또는 하나 이상의 단어가 문법규칙에 의해 조직적으로 연결되어 이루어진다.

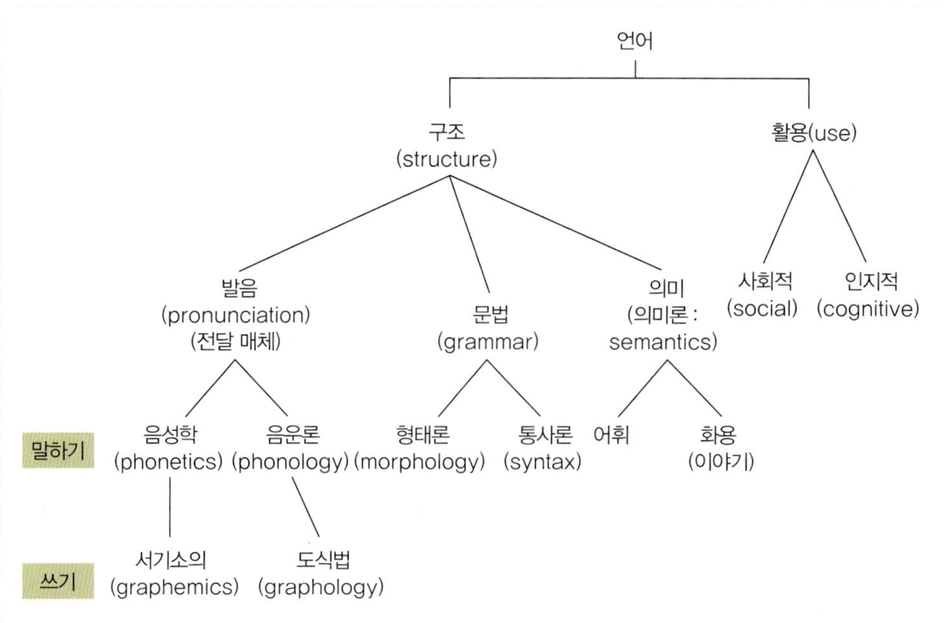

그림 1-2 언어의 내부 구조

CHAPTER 02

언어발달

2.1 언어습득이론

언어습득이론은 유아가 말하는 이유뿐만 아니라 성인처럼 말하게 되는 발달과정을 설명해 준다. 언어습득이론은 크게 행동주의 이론, 생득주의 이론, 상호작용주의 이론으로 나누어진다.

언어는 음성학과 음운론, 의미론, 형태론, 통사론, 그리고 화용론을 포함한다. 현존 언어습득이론은 이 언어의 구성요소에 대한 습득과정을 모두 설명해 주지는 못한다(Bohannon III & Bonvillian, 2001). 언어습득이론들은 언어행동과 언어발달에 관련된 설명에서 몇 가지 비교되는 측면이 있다. 그 중 하나는 구조주의 대 기능주의로서 구조주의의 경우 통사론을 기초로 유아의 언어행동을 설명하고, 기능주의의 경우 화용론, 즉 언어의 사회적 이용을 중심으로 언어행동을 설명한다. 또 다른 비교 측면은 능력 대 수행으로서 능력은 개인의 언어지식 또는 개인 내에 갖추어진 언어 규칙을 일컫는 것이고, 수행은 실제 언어표현으로서 언어지식의 활용을 의미한다. 세 번째, 비교 측면은 생득적 요인 대 환경적 요인(경험)의 강조이다. 즉, 언어습득의 강조를 생득적 요인에 두느냐 아니면 환경에서의 경험(교육)에 두느냐 하는 것이다.

본 장에서는 언어습득이론의 주된 이론인 행동주의 이론, 생득주의 이론, 상호작용주의 이론에 대하여 논하고, 언어 기능을 담당하는 뇌의 언어영역 발달과 언어발달을 살펴보려고 한다.

1. 행동주의 이론

행동주의 이론을 따르는 학자들은 언어습득은 후천적인 것이며 경험에 의해 이루어진 것이라고 본다. 즉, 인간이 말을 할 수 있고 상대방의 말을 이해할 수 있는 것은 환경 내에서의 자극 통제 하에서 이루어지는 모방, 강화, 보다 발달된 수행으로의 형성과정(shaping)을 통해 이루어진다고 본다(Skinner, 1957).

스키너(Skinner, 1957)는 행동주의 원리에 기초한 언어습득이론을 개발하였다. 그는 유아의 최초의 음성화와 옹알이는 스스로 강화되고 후에는 유아 주변의 성인이 그 문화권 안의 언어의 일부가 되는 소리만 선택적으로 강화해 주어 이러한 소리만 사용하게 되고 다른 소리들은 사라져 버리게 된다고 주장하였다. 이 이론들에서 유아는 그들이 들은 말의 모방을 통해 언어구조를 배운다고 설명하고 있다. 유아가 말을 듣고 문장과 문장이 아닌 것을 구별함에 따라 문법과 적절한 단어 순서를 학습한다. 따라서 말을 먼저 학습하고 문법을 알게 되며 우리가 말을 배우는 것은 전적으로 후천적 경험에 의존하고 문법적 능력도 마찬가지라고 스키너는 주장하였다. 즉, 우리는 언어경험을 통하여 배운 대로 말할 뿐이라는 것이다. 그러므로 언어능력이란 단순히 언어경험을 통하여 반복적으로 들은 것을 익혀서 그것을 습관적으로 말할 수 있게 된 상태라고 간주한다. 스키너는 유아가 환경적 언어 자극에 대한 수동적인 수용자라고 보았으며 유아가 자신의 언어행동이나 발달과정에서 능동적인 역할을 할 수 있다는 것에 대해서는 인정하지 않았다.

행동주의 이론에서는 능력보다는 수행을 강조한다. 따라서 언어에서도 외적으로 관찰되고 측정이 가능한 언어 수행 측면에 초점을 둔다. 행동주의자들은 행동으로 관찰되지 않는 어떤 능력이나 지식의 존재를 인정하지 않는다. 그러므로 개인의 의도나 문법규칙에 대한 내면적 구조지식 형성과 같이 언어행동을 위한 정신적 구성과정의 설명을 피한다. 이러한 정신적 과정은 쉽게 정의 내리기 힘들고 측정이 불가능하다고 보기 때문이다. 행동주의자들은 언어의 내적 구조를 피하면서 언어의 기능, 언어적 행동을 야기하는 자극, 그리고 언어 수행의 결과에 초점을 둔다.

행동주의 이론에서는 행동의 변화는 환경에서의 자극과 유기체의 반응 간의 연결 또는 연합으로 이루어진다고 본다. 이와 같은 연합이 형성되는 과정을 고전적 조건화(classical conditioning)라 부른다. 언어적 측면에서 보면 외적 · 언어적 자극과 이에 대한 반응 간에 형성된 연합이 단어 의미의 출처라 할 수 있다(Staats, 1971).

예를 들어 유아가 '우유'라는 단어를 알게 되는 것이 행동주의 이론에서는 다음과 같은 방법으로 이루어진다고 본다. 배고픈 유아에게 우유를 먹이면 유아는 생리적 반응을 일으킨다. 이때 우유 자체는 비조건적 자극(UCS = Unconditioned Stimulus)이며 생리적 반응은 비조건적 반응(UCR = Unconditioned Response)이다. 유아의 어머니가 우유를 먹이면서 '우유'라는 단어를 말했다면 이 단어는 조건적 자극(CS = Conditioned Stimulus)이며, 이 조건적 자극은 우유에 대한 일차적 자극으로 연합되고, 조건적 반응(CR = Conditioned Response)을 야기하는 힘을 갖게 된다.

일단 우유라는 조건적 자극(CS)이 조건적 반응(CR)을 야기하여 반복적으로 제시되어 익숙하게 되면 이 조건적 자극이 다른 조건적 자극에 대한 반응을 일으키기 위한 비조건적 자극(UCS)으로 사용된다. 예를 들어, 단어 "우유병"과 같은 새로운 조건적 자극은 흔히 익숙하여 의식하지 않고 받아들이게 된 비조건 자극 단어 '우유'와 함께 제시되면 새로운 단어 '우유병'이 새로운 조건적 반응(CR)으로 나타나게 된다. 즉, 여러 자극들과 자극들 간의 연합형성을 야기한 단일 반응 사이에 연합(association)이 형성되었다고 본다. 그 결과 추상적 · 언어적 · 조건적 자극들이 연합되면서 단어들 자체의 자극-자극 연합으로 연결되어 새로운 의미를 지닌 단어를 배우게 된다는 것이다.

이와 같이 행동주의자들은 유아의 어휘 이해 발달에는 고전적 조건화의 원리를 적용하는 한편 유아의 말하기 발달에는 조작적 조건화의 원리를 제시하고 있다(Moerk, 1983; Staats, 1971). 조작적 조건화는 환경적 영향으로 그 행동이 일어날 수 있는 자발적 행동변화와 관련된다. 간단히 설명하면 조작적 조건화는 무시되거나 벌을 받은 행동은 사라지고 보상을 받은 행동은 반복되는 경향을 말한다. 예를 들어, 유아가 한 말은 환경에서 부모에 의해 형성되는데, 이때 부모는 유아가 한 말이 부모가 기대한 말에 가깝게 들릴 때 보상을 제공하고, 부적절하고 의미 없는 말은 무시하며 바르게 발음하는 말을 강화하기 때문에 유아가 다른 사람이 이해할 수 있는 뚜렷한 말을 형성하여 말하게 된다는 것이다. 조작적 조건화의 반응 단위는 단순한 소리에서 점차 단어에 이르는 등 그 복잡성이 증가된다(Bohannon III & Bonvillian, 2001).

행동주의자들은 언어발달은 훈련에 의하여 결정된다고 본다. 즉, 주변의 성인이 성숙된 말의 예를 제시하고 유아가 이를 모방하도록 훈련하면 성숙된 말을 할 수 있게 된다고 본다. 유아는 이러한 모방을 통해 힘든 형성과정 없이 유아가 어휘(단어)뿐만 아니라 문법구조도 습득할 수 있다고 본다(Whitehurst & Vasta, 1975). 이때의 모방은 즉각적 모방뿐만 아니라 지연적 모방도 포함된다. 훈련과정에서는 모방뿐만 아니라 고전적 · 조작적 조건화가 적용되며 이에 따라 유아는 어휘를 습득하게 된다.

2. 생득주의 이론

생득주의 언어습득이론을 따르는 학자들은 인간의 언어습득은 "생득적"이라고 주장한다. "생득적"이란 이 세상에 태어날 때 이미 언어습득의 능력을 가지고 태어난다는 뜻이다. 다시 말하면, 인간이 이 세상에 태어날 때 이미 얼굴, 손, 발이 어떻게 생길 것인가가 결정되어 태어나듯, 인간의 언어를 습득할 능력도 이미 결정되어 태어난다는 것이다. 우리의 얼굴, 손, 발의 생김새와 발육과정이 우리가 부모에게서 받은 유전인자에 의해 결정되듯, 우리의 언어습득의 능력과 발달과정도 우리의 부모에게서 받은 유전인자에 의해 결정된다는 것이다. 따라서, 우리가 우리의 얼굴, 손, 발의 생김새와 발육과정을 후천적으로 인위적 노력에 의해 획기적으로 변화시킬 수 없듯이, 우리의 언어습득능력과 그 발달과정을 후천적으로 인위적 노력에 의해 획기적으로 변화시킬 수 없다. 결국, 언어는 후천적 노력으로 배우는 것이 아니라 선천적 요인에 의해 우리의 팔 · 다리가 자라듯 자라난다고 본다(Chomsky, 1986; Pinker, 1994). 영양 상태에 따라 아이들의 신체적 성장이 약간 영향을 받을 수 있으나 아무리 영양 상태를 조정해도 신체적 성장에 획기적 변화를 가져올 수 없다. 예를 들어, 아이에게 아무리 서양 음식을 많이 먹여도 그 아이의 머리카락이 서양 아이처럼 노랗게 되지 않는다. 똑같은 논리로 아이들의 모국어 습득능력과 그 발달과정도 아무리 후천적 노력을 많이 해도 획기적으로 달라지지 않는다고 주장한다.

이와 같이 생득주의 이론의 첫 번째 주장은 언어습득능력과 그 발달과정이 선천적으로 결정되어 있어서 후천적 여건이나 노력으로 획기적 변화가 초래되지 않는다는 것이다.

생득주의 이론의 두 번째 주장은 언어습득능력과 그 발달과정에 있어서 개인차가 없다는 것이다. 우리 인간은 많은 능력 면에서 개인차가 상당히 있다. 예를 들어, 어떤 사람은 노래를 잘하지만, 어떤 사람은 노래를 전혀 못한다. 어떤 사람은 많은 사람들 앞에서 말을 잘하지만, 어떤 사람은 여러 사람 앞에서는 말을 잘 못한다. 그러나 사람들 간에 개인차가 거의 없는 능력들도 많이 있다. 예를 들어, 우리는 장애아로 태어나지 않는 한 모두 1세가 되면 두 발로 일어서서 걸을 수 있는 능력을 가지고 있다. 또 우리는 신체적으로 예외적인 조건이 아니면 모두 6개월경이면 주변 사람들의 얼굴을 알아보는 능력을 가지고 있다. 그런데 이렇게 개인차가 없는 능력은 대체로 선천적으로 주어지는 능력이다. 걷는 능력이나 사람의 얼굴을 알아보는 능력은 후천적으로 습득하는 능력이 아니라, 우리가 모두 선천적으로 타고나는 능력이라는 것이다. 따라서, 개인차를 보이지 않는 언어습득능력과 그 발달과정의 특성은 선천적으로 타고난 것이라고 생득주의 이론을 따르는 사람들은 주장한다.

과연, 개인차를 보이지 않는 능력인 사람 얼굴 알아보기, 두 발로 서기, 언어습득능력 등은 후천적 노력으로 획기적 발전을 기하기 어렵다. 그러나 개인차를 보이는 능력인 노래하기, 여러 사람 앞에서 말하기 등은 후천적 노력으로 획기적 발전을 기할 수 있다.

생득주의 이론의 세 번째 주장은 언어습득능력과 그 발달과정이 인간발달의 어떤 특정 시기에만 발현된다는 것이다. 다시 말하면 모국어 습득과 발달과정의 특성은 대체로 사춘기가 지나면 끝난다고 본다. 이 언어습득의 결정적 시기(critical period)는 생후 12개월에서 만 12세 또는 13세 사이이며 이 결정적 시기가 지나면, 선천적 언어습득능력이 소멸되어 모든 종류의 언어습득이 어려워진다고 본다. 따라서, 결정적 시기 이후의 언어습득은 반복 · 연습의 후천적 노력에 의존하게 되므로 우리 모두 외국어 습득에 있어 어려움을 겪는다. 다시 말하면, 우리의 모국어 습득은 아무런 인위적 반복 · 연습의 노력 없이 자연스럽게, 자동적으로, 거의 무의식적으로 이루어지지만 중 · 고등학교에서 시작하는 외국어 습득은 많은 의식적 반복 · 연습의 노력에도 불구하고 잘 이루어지지 않는다.

생득주의 이론의 네 번째 주장은 인간 언어습득과 그 발달과정은 오직 인간에게만 가능하다는 것이다. 다시 말하면, 인간 이외의 어떤 동물도 또는 컴퓨터 같은 기계도 인간의 언어를 인간처럼 완벽하게 습득하지 못한다는 것이다. 앵무새가 몇 마디 인간의 언어를 흉내 내도 그것은 단편적인 토막말을 기계적으로 반복 · 연습으로 암기하는 것이지 인간과 같은 언어능력을 완벽히 습득하는 것은 아니다. 컴퓨터로 로봇이 인간의 언어를 몇 마디 할 수 있게 할 수 있으나 그것도 인간 언어능력을 완벽히 갖추는 것은 아니다. 따라서, 인간의 언어습득능력과 그 발달과정의 특성은 인간에게만 나타나는 독특한 특성으로서 인간 고유의 선천적 기능이라는 것이다.

이상의 4가지 증거에 의해 주장되는 인간 고유의 언어습득능력과 그 발달과정의 생득주의 가설은 기본적으로 소위 문법적 능력에 국한한다. 따라서, 앞서 논의한 화용론적 능력은 이 생득주의 가설에 포함된다고 주장되지는 않는다. 그래서 촘스키는 그의 문법이론에서 생득주의 가설에 입각하여 보편문법(universal grammer)의 개념을 설정하여 그의 문법이론을 전개하고 있다(Chomsky, 1965, 1988, 1999). 즉, 우리 인간은 모두 보편문법을 선천적으로 가지고 태어나서 자기 주변의 언어 경험을 통해 그 보편문법에서 특정 문법을 도출한다고 본다. 즉, 모든 인간은 똑같은 보편문법을 가지고 태어나서 주위에서 듣는 언어의 문법을 그 보편문법을 통해 도출해서 습득한다고 본다. 따라서, 생득주의 가설에 입각한 언어이론은 기본적으로 인간의 문법적 능력만을 규명한다고 보고, 생득주의 이론을 "언어학적 이론(Linguistic theory)"이라고 부르기도 한다.

구체적으로, 생득주의 이론은 1957년에 시작된 촘스키의 생성문법이론의 기초가 되었다. 즉, 1965년에 출판된 촘스키의 『Aspects of Theory of Syntax』에 의하면, 생성문법은 생득주의 이론에 입각하여 보편문법의 설정에 기초하고 있다. 다시 말하면, 앞서 설명한 바와 같이 우리 인간은 보편문법이라는 언어습득기구(LAD = Language Acquisition Device)를 가지고 태어나는데(Chomsky, 1999; Lenneberg, 1970), 보편문법을 가지고 갓 태어난 그 상태를 최초 상태(S0)라고 부르고, 그 아이가 주위의 언어 환경에서 언어경험을 쌓아 12세경에 주위에서 얻은 언어경험에 의해 모국어를 습득한 상태를 안정 상태(SS)라고 부른다. 촘스키의 생득주의 가설에 입각한 생성문법에서는 매개변인(Parameter)이라는 것이 함께 설정되어 있어 보편문법의 요인들이 실제 언어경험을 통해 어떻게 실제 모국어의 문법으로 확정되는가를 결정해 준다. 구체적인 예를 들면, 보편문법에는 다음 (1)과 같은 보편문법 원리와 함께 (2)와 같은 매개변인이 설정되어 있다고 본다.

(1) 보편문법 원리 : 타동사의 동사구는 동사와 목적어로 구성되어 있다.

(2) 매개변인 : 타동사의 동사구 안에 동사와 목적어의 어순은 언어에 따라 다르다.

따라서, 한국에서 태어난 어린이도 미국에서 태어난 어린이도 모두 보편문법 원리 (1)을 가지고 태어난다. 그러나 한국에 태어난 어린이는 주위에서 듣는 한국어 경험에 따라 매개변인 (2)에 의해 목적어+동사의 어순을 확정 짓고, 미국에서 태어난 어린이는 주위에서 듣는 영어경험에 따라 매개변인 (2)에 의해 동사+목적어의 어순을 확정짓는다. 이렇게 매개변인에 의해 모든 보편문법 원리가 확정지어진 개별 언어의 문법을 개별문법이라고 한다. 결국, 생성문법에서는 언어습득이란 보편문법에서 개별문법에 이르는 과정이라고 본다. 그리고 12세경에 개별문법이 확정된 뒤에는 더 이상의 언어습득은 일어나지 않고, 다만 새로운 단어들만 더 배워간다고 본다. 결국 생성문법은 개별 언어들의 개별문법을 연구하여 보편문법을 규명하는 문법이론이다. 따라서, 촘스키의 생성문법은 기본적으로 생득적 언어습득 가설에 입각한 문법이론이다.

3. 상호작용주의 이론

언어습득에 대한 행동주의와 생득주의 이론이 각각 양극단에 위치한 이론적 접근이라면 상호작용주의 이론은 중간 절충이론이라 할 수 있다. 상호작용주의 이론에서는 여러 요인들이 발달에 상호 영향을 미친다고 생각한다. 예를 들어 사회적 · 언어학적 · 성숙적 · 인지적 제 요인들이 상호 의존하고 상호작용하여 각각의 요인들에 영향을 미친다고 본다. 즉 인지적 · 사회적 요인이 언어습득을 조절 · 변화시킨다(Vygotsky, 1962). 따라서 여러 변인들이 상호작용하면서 상호 인과관계를 갖는다.

언어습득에 대한 상호작용주의 이론에는 세 가지 유형이 있다(Berko Gleason, 2001). 그 하나는 피아제(Piaget, 1954) 이론에 근거한 언어발달에서의 인지적 상호작용주의 이론이고, 다른 하나는 언어행동에 정보처리과정 패러다임을 적용한 정보처리 인지적 모델(경쟁모델, competition model)이다(Bates & MacWhinney, 1987). 또 다른 하나는 언어습득은 사회적 상호작용 요구로 발생하고 그 안에서 발달하는 것이라고 생각하는 사회적 상호작용주의 이론이다.

1) 인지적 상호작용주의 이론

언어습득에 대한 인지적 상호작용주의 이론은 스위스의 심리학자 피아제(Piaget, 1954)에 의해 주장되었다. 피아제식 인지적 상호작용주의 이론은 전통적인 생득주의 이론과 몇 가지 측면에서 공유하는 견해가 있다. 첫째, 행동의 궁극적 결정요인으로서 내적 구조를 강조한다. 둘째, 언어의 본질이 의도 또는 의미의 표현을 위한 상징적 체계라는 것에 동의한다. 셋째, 능력과 수행(표현) 간의 차이에 대한 인정 면에서 같다(Bohannon III & Bonvillian, 2001).

그러나 인지적 상호작용주의 이론은 생득주의 이론과 몇 가지 중요한 이론적 차이를 지닌다. 가장 중요한 점이 인지적 상호작용주의자들은 언어발달이 주로 비언어적 인지발달에 의존한다는 견해를 갖고 있다는 것이다. 다시 말하면, 언어는 생득적 특성이라기보다는 인지발달에서 출현되는 것이며, 인지적 성숙 결과 획득되는 여러 능력 중의 하나라는 것이다. 피아제(1952)에 의하면 언어는 추론에 의해 조직되거나 제한되어지는 것으로 언어발달은 기본적이면서 일반적인 인지발달에 기초한다는 것이다(Bates & Snyder, 1987). 그러므로 인지발달에서의 순서가 언어발달의 순서를 결정짓는다고 본다.

피아제(Piaget, 1952, 1980)는 언어발달이 인지발달과 상징적 체계의 이해에 기초한다고 보았다. 피아제는 언어는 타고난 것도 반복적 경험에 의해 학습된 것도 아니고 유아가 현재 지닌 인지수준과 현재의 언어학적 · 비언어학적 환경 간의 계속적 상호작용으로 구성한 것이라고 주장하였다. 이러한 인지적 상호작용주의 이론은 생득주의 또는 경험주의에 맞서는 구성주의로도 알려져 있다. 피아제는 문법적 이해의 기초는 생득적 언어습득기구(LAD)에 의한 것이라기보다는 오히려 감각운동기의 지적 능력의 행동적 스키마에 의한 것이라고 제안하였다. 다시 말하면 행위자, 행위, 그리고 물체 간의 관계와 같은 순서적 관계에 관한 감각운동적 지식을 지녔을 때 유아가 언어문법의 기초를 이해할 수 있게 된다고 보았다(Bruner, 1975).

피아제학파의 견해에 의하면 언어 사용 이전에 물체의 영속성에 대한 개념형성이 필수적이다(Sinclair-deZwart, 1969). 즉 감각운동기 초기에는 물체가 유아의 바로 앞에 있지 않으면 그 물체는 유아에게는 존재하지 않는 것이기 때문에 언어적 상징을 사용할 필요가 없으나 물체의 영속성이 형성되면 앞으로 존재하지 않는 물체를 표상하기 위하여 상징을 사용하기 시작하여 유아의 초기 단어(어휘)로 나타난다는 것이다.

인지적 상호작용주의 이론에서는 물체의 영속성에 대한 개념 형성과 함께 다른 인지발달이 이루어지면서 이 인지발달이 유아의 언어발달에 반영된다고 보았다. 예를 들어, 유아 초기에 나타나는 단어 조합은 물체와 사람 간의 의미적 관계 지각에 의해 이루어지는 것이다(Bowerman, 1982). 즉 살아 있는 존재(예 사람)가 살아 있지 않은 물체에 행동을 취한다는 인식이 형성된 유아는 이러한 개념을 언어적 상징에 나타내며 그 결과 살아 있는 행위자(주어) 다음에 살아 있지 않은 행위를 가한 물체(목적)와 행위(동사)가 뒤따르는 언어적 상징을 구성한다. 발달이 진전됨에 따라 초보적 의미론적 범주들을 재조직하여 명사구, 동사구 등으로 형성된 보다 추상적인 문법적 범주들을 지닌 언어적 상징이 나타난다는 것이다(Bohannon III & Bonvillian, 2001). 이 이론에 의하면 인지발달에 의해 새로운 개념이 형성되어도 한동안 기존의 언어적 구조로 말하다가 새로운 언어구조를 사용하는 경향이 있다(Slobin, 1982). 예를 들어, 유아가 과거에 대한 초보적 개념을 형성하였더라도 과거의 사건을 현재로 "있잖아요. 어제 해요"와 같이 표현하다가 동사의 과거형을 사용하여 "어제 했어요"라고 정확하게 표현하게 된다는 것이다.

인지적 상호작용주의 이론에서는 언어의 의미와 언어 사용목적(화용목적)을 문법과 마찬가지로 중요시하며 이에 대한 이해와 사용이 일찍부터 유아기에 나타난다고 본다(Clark & Clark, 1977). 언어발달의 인지적 상호작용주의 이론을 취하는 사람들이 의미론적 발달을 강조하는 것은 유아는 자신의 요구를 전달하려는 의미를 표상하는 언어를 먼저 사용한다고 가정하기 때문이다.

2) 정보처리이론

언어학습에 대한 가장 최근의 인지적 접근의 하나는 정보처리 패러다임에서 유래된다. 이 패러다임은 인간의 기억, 지각, 문제해결에 대한 실험으로 잘 알려져 있다. 근본적으로 인간의 정보처리 체계는 환경에서의 자극을 받아들여 이 자극을 해석하고 기억 속에 자극표상과 그 조작결과를 저장하고, 그리고 정보를 인출하도록 허락하는 기제이다. 이 이론은 유아의 언어처리와 기억을 성인의 언어처리와 기억의 성격에 비추어 접근하며 유아의 언어처리와 기억이 성인에 비해 미숙하고 초보적이지만 질적으로는 유사하다고 본다(Bock, 1982). 단순하게 말하면 영유아는 초보적 정보처리 단계에 있고 성인이 되어가면서 정보처리기술이 보다 진전된다고 본다.

언어 정보처리모델 접근에는 여러 가지가 있으나 그 중 대표적 이론으로 경쟁모델(competition model)을 들 수 있다(Bates & MacWhinney, 1987, 1989; MacWhinney, 1987, 1989).

경쟁모델은 언어학습에서 언어의 구조와 기능의 두 측면을 강조한다. 여기서 기능이란 특히 의사소통 기능을 말한다. 의사소통 기능이란 대화 주제의 설정, 요청하기, 장소 제시하기 등을 의미한다. 언어의 구조는 의사소통 수행 기능을 나타내는 언어기제이다. 베이츠와 맥휘니(Bates & MacWhinney, 1987)는 언어구조는 그 구조가 나타내려는 의사소통 기능에 의해 결정된다고 주장하였다. 경쟁모델과 같은 정보처리모델은 언어능력보다는 언어 수행에 좀 더 강조를 둔다. 언어 수행에서의 언어구조는 언어학자들이 제시하는 문법적 구조와 같다. 따라서 이 이론은 언어수행모델이지만 언어능력도 고려한다. 그러나 생득주의 이론이 주로 순서적 처리과정에 의존하는 반면에, 정보처리과정에서는 순서적 처리와 함께 병행적 처리가 이루어진다고 본다. 연속 · 순서적 처리과정에서의 조작은 한 번에 하나씩 순서적으로 수행된다. 그러나 병행적 처리과정에서는 복합조작이 동시에 일어날 수도 있다.

즉, 병행적 처리과정에서는 처리망들이 서로 연결되어 여러 조작 또는 결정이 동시에 진행될 수 있다. 이러한 처리망을 병행적 배분처리장치(parallel distributed processors 또는 PDPs)라 부른다(McClelland & Rumelhart, 1981).

PDP 모델은 일련의 활성마디(activation nodes)라고 부르는 처리단위로 구성되어 있다. 이는 두뇌의 개별 뉴런(neurons)이나 뉴런의 집합과 같다. 각 마디가 다른 마디들에 통로로 연결되어져 있으며 이들의 연결 힘은 다양하다. 따라서 이 모델을 연결주의 모델이라고도 부른다. 통로는 두뇌 속의 뉴런을 연결하는 댄드라이트(수지상 돌기=dendrites)와 액손(axons)을 모델로 삼기 위한 것이다. 활성마디(activation nodes)는 뉴런과 마찬가지로 결정기제이다. 활성마디는 다양한 힘을 지닌 통로를 통해 다른 마디로부터의 입력을 받아 입력을 분석하고 이 입력을 활성화시켜 정보를 하위 수준에 보낼지의 여부를 결정한다. 예를 들어, 유아가 처음에 '아빠' 소리를 내고자 한다면 이 소리를 만드는 일련의 음성자질이 초기 처리망 수준에 입력이 된다. 활성 패턴이 패턴 연결망(pattern associator network)의 초기 수준을 통과하고, 초기 단어자질이 좀 더 수정되어 패턴 연결망의 두 번째 수준을 통과한다. 출력망으로 알려진 출력 연결이 이 수정된 단어자질을 받아서 다른 활성 패턴을 생성하여 출력 소리 패턴이 산출되게 된다. 모든 학습이 이루어지는 장소는 중간 마디 세트인 패턴 연결망이다(Bohannon III & Bonvillian, 2001, p. 282).

이들은 영어의 경우를 예를 들어 설명하면서 복수 형태의 새로운 패턴 학습과정을 제시하였다. 예를 들어, 'house'의 복수를 생성하는 시도를 하였을 때 'house'의 음성표상이 연결망에 활성 패턴으로 표시된다. 연결망에서 출력망(decoding network)에 또 다른 활성 패턴을 보낸다. 그때, 'houses'라는 복수기준이 출력요인과 비교가 될 것이다. 만일 체계가 'houses'와 똑같은 것을 생성하면 패턴 연결망에 있는 연결인자들에서 재조정이 이루어진다. 기본 단어 형태들과 이에 해당하는 정확한 복수 형태의 표상으로 점차 각 기본 단어 형태에 대한 정확한 복수 표상이 이루어질 수 있게 된다. 체계(system) 면에서 비슷한 소리로 이루어진 단어들의 경우 과잉일반화 등의 실수 단계를 통해 진행 · 처리될 수도 있음을 유의해야 할 것이다. 예를 들어, 'house'와 'houses'로 PDP 네트워크에 제시된 후 'mouse'의 복수형태를 'mouses'로 반응할 경향이 있다. 활성 패턴이 비슷하기 때문이다.

베이츠와 맥휘니(Bates & MacWhinney, 1989)는 PDP 모델을 기초로 하여 파생적 경쟁모델을 제안하였다. PDP 연결망은 특정 의미와 의사소통 기능을 표상하기 위하여 모든 알려진 통사론적 형태, 단어, 음성 패턴이 동시에 상호 경쟁하게 될 수 있다. 예를 들어 'mice'와 'mouses' 둘 다 가능한 활성 패턴으로 등장한다. 이 중의 어느 것이든 각 활성의 현재 수준에 따라 사용될 것이다. 발달이 경과함에 따라 다양한 기준 중에서 바른 패턴이 다시 나타날 것이고 틀린 초보적 패턴은 결국 사라질 것이다. 이러한 짝짓기 기능(matching function)은 유아의 짝짓기 반응 기준과 성인의 말의 기준이 다를 때 일어난다. 따라서 일반적 PDP 모델이나 경쟁모델은 언어습득이 경험적인 것이며 생득적인 것이 아니라고 본다. 즉 유아는 주변에서 제공된 말을 듣고 말하기를 배운다.

경쟁모델은 언어발달 과정에서 언어학습이 형태-기능의 짝짓기 가능성에 의존한다고 본다. 그러므로 유아에게 가장 빈번히 제시되어 유아가 기준을 형성할 수 있었던 형태가 드물게 제시되어 충분히 구체적 형성의 기회가 없었던 형태보다 먼저 학습될 것으로 예상한다. 즉, 제시된 언어 신호 형태의 구성 기회에 따라 학습 여부가 달라진다. 우리나라 아이들이 한국어 언어 형태에 익숙한 것도 이러한 이유 때문이라 본다. 즉, 가정에서 영어 형태를 사용하면 영어 형태를 배우고 한국어 형태를 사용하면 한국어 형태를 배우며 자주 사용하는 어휘를 더 잘 배운다는 것이다.

언어 수행의 경쟁모델은 PDP 정보처리체계의 특별 적용을 한다. 이 모델 내의 언어학습 기제는 아주 다른 인지적 구조를 적용한다. 이들은 행동주의에서의 자극-반응 연합도 아니고 언어학적 접근에서 제안하는 상호 연결된 규칙체계도 아니다. 오히려 언어학적 입력과 생성되는 말을 해석하는 기능을 하는 다층으로 된 네트워크 연결망으로 구성되어 작용한다고 본다. PDP 네트워크가 기능하는 방법은 언어발달과정에서 이루어질 것들과 관련한 예상을 가능하게 한다. 경쟁모델에 의하면 특정 언어 형태를 학습하는 속도는 그 언어체계에서의 형태-기능 관계의 성격과 이러한 관계가 유아에게 제시된 방법에 의해 결정된다. 그러므로 이 체계 내에서 언어학습은 경험적인 것이며 요구되는 유일한 타고난 구조는 PDP 학습기제이다.

정보처리이론(연결주의 이론)에서는 유아가 언어적 입력에 민감하다고 주장하며 언어적 입력의 민감성에 대한 주장이 경험주의자들의 언어습득에 대한 생각과 같다고 생각하여 이 이론을 경험주의와 같다고 보는 경향이 있다(Plunkett, 1995). 그러나 정보처리이론(연결주의 이론)과 경험주의 이론은 동일한 것이 아니다(Plunkett, 1995). 정보처리이론에서는 연결된 단위들로 된 망으로 들어온 입력과 그 출력 간의 관계로서 언어지식을 표상한다. 예로서 루멜하트와 맥클리랜드(Rumelhart & McClelland, 1986)는 동사와 동사의 과거형 간의 관계를 제시하였다. 이들은 입력으로 동사 어원이 들어오고 출력으로 과거형이 산출될 때 이루어지는 관계를 학습이라고 제시하였다. 출력 형태가 동사의 과거 형태와 짝지어 보아 맞지 않으면 연결망을 조정하게 된다. 출력 형태와 실제 형태 간의 차이는 시간이 지나면서 점점 감소되어 출력 형태와 실제 형태가 같게 되며 이때 언어지식이 습득되었다고 본다. 언어습득에서의 PDP 적용, 즉 소위 경쟁모델은 약간의 지지를 받고 있으나 아직은 새롭고 관련 연구도 아직 미비한 상태이다.

3) 사회적 상호작용주의 이론

사회적 상호작용주의 이론에서는 다른 사람과의 상호작용에서 습득되는 언어에 강조를 둔다(Ninio & Snow, 1988, 1996; Snow, 1989). 사회적 상호작용이 언어습득을 돕고, 언어습득으로 보다 성숙된 사회적 상호작용을 하게 된다는 것이 이 이론의 주장이다. 아울러 언어발달은 순서적으로 이루어지며 복잡한 상호작용과정을 통해 이루어진다고 보았다.

사회적 상호작용주의 이론은 전통적 행동주의 이론과 생득주의 이론(언어학적 접근

이론)의 여러 측면을 복합적으로 받아들이고 있다. 예를 들어, 사회적 상호작용주의자들은 언어에는 구조규칙이 있고 언어발달은 이러한 문법구조를 포함한 언어의 원리 습득이라고 생각하는 생득주의자들의 주장에 동의한다. 동시에 언어구조 습득에서 환경의 역할을 강조하는 측면에서는 행동주의자들의 생각과 유사하다. 이 이론에서는 유아의 언어습득 상황에 여러 생득적 소질이 작용하는 반면에 언어발달에 필요한 다양한 유형의 언어적 경험을 제공하는 환경도 중요한 작용을 한다고 본다.

그러나 사회적 상호작용주의 이론이 제시하는 언어발달과정에서의 환경의 성격은 행동주의 이론이나 생득주의 이론에서 제시하는 환경의 성격과는 다르다. 행동주의 이론에서의 언어환경은 부모나 다른 사람에 의해 적용되는 일방적 언어적 훈련의 성격을 띤다. 즉, 유아는 환경의 수동적 수용자일 뿐이다. 생득주의에서는 유아는 능동적이며 구체적 언어처리자이며 신경체계의 성숙 정도가 발달을 안내한다. 유아의 언어 경험 시 부모가 제시하는 것은 유아의 생득적 소질의 성숙을 야기하는 역할을 할 뿐이다. 이러한 견해들과는 대조적으로 사회적 상호작용주의자들은 유아가 부모에게 언어발달에 요구되는 적절한 언어경험을 제공받기 위한 신호를 보낸다고 주장한다. 상호작용주의자들은 유아와 언어 환경이 역동적 체계로 작용하여 유아와 다른 사람 간의 사회적 상호작용이 원활히 이루어지면서 유아의 언어기술이 발전한다고 본다.

사회적 상호작용주의자들은 생득주의자들이 제안하는 바와 같이 언어발달을 언어의 원리의 습득, 즉 문법규칙 습득과 동일한 것으로 보며 유아, 문화, 언어가 다름에도 불구하고 공통적인 문법 형태를 연구한다(Bohannon & Warren-Leubecker, 1988). 그러나 이러한 규칙이 사회적 상황 내에서의 단순한 연상과 모방으로 학습되어진다고 본다. 그러므로 이 이론에서도 언어구조를 설명하려고 시도하나 생득주의 이론에서 전념하듯이 구조 유형의 발달이나 그 발달시기에 전념하지는 않는다. 오히려 사회적 의사소통 시의 언어의 기능이 중요한 것으로 간주된다. 동시에 사회적 의사소통에서 언어의 기능을 제대로 발휘할 수 있는가가 언어발달 정도 판단의 중심이 된다. 유아가 지닌 문법구조가 다른 사람의 말을 이해하고 자신의 생각을 다른 사람이 이해하도록 만드는 실천적 기능을 제공하지 못한다면 유용성이 없다고 본다. 한편 문법구조도 인간관계에서 언어가 작용하는 사회적 의사소통 기능에서 터득하게 된다고 믿는다(Bates & MacWhinney, 1982; Ninio & Snow, 1999).

언어발달에 대한 사회적 상호작용주의 견해를 가진 대표적인 사람으로는 비고츠키(Vygotsky, 1962)를 들 수 있다. 비고츠키는 언어발달은 사회적 경험이 내면화되는 것이며 사회적 언어는 개인의 언어를 형성해 준다고 보았다. 즉, 유아는 처음에는 언어를 사회적 상호작용의 도구로 사용하다가 점차적으로 놀이하며 크게 말하거나 의도한 행동을 말로 하면서 환경과 개인적 상호작용을 시작한다. 그 결과 언어가 유아의 생각을 지배하거나 사고의 방향을 정하는 등 행동구조의 근원이 되거나 사고를 지시하는 근원이 된다. 따라서 유아가 언어적 형태를 내면화함에 따라 언어가 사회적 도구에서 개인적 도구로 변환되어 간다고 주장하였다. 사회적 상호작용주의자들은 유아가 언어습득을 위한 성향을 타고났지만 언어습득을 생득적 기제로만 설명할 수 없다고 주장하였다. 또한 언어능력은 순서적으로 말하기, 상호 응시, 함께 주의를 기울이기, 상황이나 문화적 관습 따르기와 같은 비언어적 상호작용이 포함되는 것으로 발달과정에 단순한 조건화와 모방 이상의 것이 포함된다고 주장한다. 사회적 상호작용주의자들은 유아를 향한 말의 특성을 지적하면서 이러한 유아 지향적인 말(child-directed speech = CDS)이 정상적 언어발달을 조성해 주는 중요한 언어적 경험이라고 지적하였다.

사회적 상호작용주의 이론에서는 영유아에게 적절한 언어경험을 제공해 주는 어머니의 역할이 강조된다. 어머니의 음성적 행동(CDS)은 타고난 언어변별능력과 함께 소리의 흐름을 적절히 분절시킬 수 있는 능력의 습득에 중요하다. 사회적 상호작용주의자들은 영아의 음성적 기제 통제능력은 어머니가 영아를 대상으로 내는 과장된 소리의 관찰을 통해서 길러지는 것이라고 본다(Field, Woodson, Greenberg, & Cohen, 1982). 또한 어머니와 영아 간의 사회적 놀이에서의 상호작용 패턴이 후의 대화적 패턴의 기초가 된다고 본다(Stern, Beebe, Jaffe, & Bennett, 1977). 비고츠키(Vygotsky, 1962)는 유아가 이미 완성한 언어 형태와 사회적 지원을 받아 형성될 언어 형태의 차이를 '근접발달영역(zone of proximal development)'이라고 부르고, 부모나 다른 사람이 유아와 언어적 상호작용을 할 때 이 근접발달영역에 접근하여 상호작용하는 것이 언어발달을 촉진시켜 줄 수 있는 방법임을 주장하였다.

부모는 유아의 의사소통을 돕기 위하여 중요한 내용 단어를 음성적으로 강조하고 말의 속도를 느리게 하며 반복하여 말하고 손으로 지적하여 주면서 언어신호와 의미를 짝지을 수 있는 중요한 단서를 제공한다(Berko Gleason, 1977; Ninio & Snow, 1999; Snow, 1972, 1977). 이를 초보적 언어체계를 소유한 유아가 의사소통할 수 있도록 부모가 '비계설정'하는 것이라고 말하기도 하고 지지적 의사소통 구조를 제공한다고 말하기도 한다(Bruner, 1978).

유아가 성장함에 따라 부모는 유아의 언어수준에 맞게 유아에게 말할 때 문법적으로 단순한 말에서 점차적으로 복잡한 말로 바꾸어 사용하게 된다. 상호작용주의자들은 이와 같은 유아에게 하는 말의 복잡성이 유아 자신이 보내는 언어신호에 의해 결정되기 때문에 언어습득이 자기 조절적 학습에 의한 것이라고 보았다(Bohannon & Marquis, 1977).

넬슨(Nelson, 1977, 1991) 또한 영아의 말을 부모가 자연스럽게 바람직한 언어로 제시하여 상호작용해 주는 것이 영아로 하여금 미숙한 문장과 좀 더 원숙한 문장 간의 차이를 알게 하며 좀 더 발전된 형태로 수정하여 사용하는 계기가 된다고 주장하였다. 예를 들어, 유아가 "문 열었어. 어떤 사람이가" 하고 말했다면 어머니가 "문 열어 주신 분이 외삼촌이셔. 외삼촌이 문을 열어주셨어." 하고 말해 줄 것이다. "외삼촌?" 하고 아이가 대답하면 다시 "그래. 외삼촌이 문을 열어주셨어." 하고 말할 수도 있으며 이와 같은 상호작용에서 새로운 언어 형태를 유아가 습득한다는 것이다. 즉, 모방, 다시 말해 주기 등이 포함되는 대화적 상호작용에서 새로운 언어 형태에 대한 학습이 이루어질 수 있다고 본다.

4. 뇌의 발달과 언어발달

1) 뇌의 언어영역

원숭이와 달리 인간은 대뇌피질 속에 언어와 관련되는 영역들이 있다. 뇌의 두 반구는 대칭적이 아니다(Geschwind, 1982). 인구의 85% 정도는 오른손잡이이며, 이 경우 거의 좌반구에서 언어적 기능을 담당한다. 왼손잡이인 경우도 절반 정도는 좌반구에 언어적 영역을 지니고 있다. 그러므로 인구의 대다수는 좌반구에 언어를 담당하는 부위가 있다. 좌반구 내의 특별 영역에 대한 정보는 사고나 충격 등으로 인한 뇌의 손상 시 일어나는 현상에 관한 연구 결과에서 얻은 것이다. 뇌의 언어영역의 손상은 실어증(aphasia)을 초래한다. 실어증은 장애의 부위에 따라 다양한 특성으로 나타나는 일반화된 의사소통장애를 말한다(Goodglass, 1981; Berko Gleason & Goodglass, 1984). 좌반구에는 세 개의 중요한 언어영역이 있다(Berko Gleason, 1985). 세 개의 언어영역은 브로카(Broca) 영역, 베르니케(Wernicke) 영역, 활모양 연결섬유다발(Arcuate fasciculus)이며 그 위치를 살펴보면 [그림 2-1]과 같다.

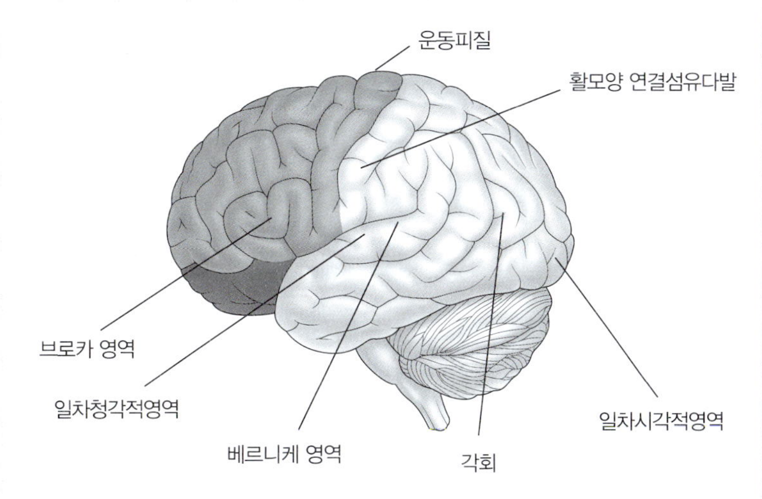

그림 2-1 좌반구에 위치한 세 개의 언어영역

2) 뇌의 언어영역별 기능과 언어발달

소리를 들으면 귀에서의 감각이 일차청각적 피질에 전달된다. 그러나 그 신호가 근처의 베르니케 영역에서 진행될 때까지는 단어가 이해되지 않는다. 만일 단어를 말하려면 그 생각의 표상이 베르니케 영역에서 활모양 연결섬유다발(Arcuate faciculous)을 지나 브로카 영역에 전달되어야 한다. 브로카 영역에서 단어가 발음될 구체적 프로그램이 짜여져 얼굴 부위의 운동피질(motor cortex)에 공급된다. 운동피질은 다시 입술, 혀, 목젖의 근육을 움직인다. 문어를 읽을 때는 감각이 먼저 일차적 피질에 전달되고, 다시 베르니케 영역에 이어진다. 말하기도 앞의 듣기에서와 같은 신경조직에서 다루어진다.

브로카(Broca) 영역은 19세기 프랑스의 외과의사이며 인류학자인 폴 브로카(Paul Broca)의 이름을 따라 정해진 언어영역이다. 브로카는 1861년 뇌의 좌측 앞 부위에 언어의 산출영역을 발견하여 브로카 영역이라고 이름지었다. 브로카 영역은 혀와 입술을 조정하는 운동 구획 부분에 아주 가까이 있다. 브로카 영역의 손상은 전형적인 브로카 실어증으로 불리우는 실어증 증세를 나타낸다. 이 브로카 실어증을 가진 환자는 언어이해능력은 있으나 관사와 전치사와 같은 단어를 발음하고 산출하는 데에 어려움을 겪는다. 머뭇거리며 말하거나 말의 일부를 빼고 말하기 때문에 문법적으로 조직되지 않은 전보형 언어로 표현하는 경향이 있다.

베르니케 영역은 독일의 신경학자 칼 베르니케(Carl Wernicke)가 발견하였기에 붙여진 이름이다. 베르니케 영역은 좌측 측두골 뒤쪽에 뇌의 청각 관련 부위 근처에 있으며 언어이해를 다루는 영역이다. 베르니케 영역이 손상되면 말은 유창할지 모르나 새롭고 의미 없는 말들로 이어진 말을 하므로 의미를 파악하기 힘들다. 무슨 말을 하려고 하는지에 대한 아이디어가 분명치 않고 이해도 부족하다.

활모양 연결섬유다발(Arcuate faciculous)는 베르니케 영역과 브로카 영역을 연결하는 하위 피질(subcortical)의 섬유질이다. 다른 사람에게 어떤 말을 해 주고 방금 말한 것을 반복해서 말하도록 요구하면 들어온 메시지는 베르니케 영역을 통과하여 활모양 연결섬유다발을 거쳐 브로카 영역으로 보내진다. 브로카 영역에서는 들어온 메시지를 산출하기 위한 프로그램이 짜여진다. 활모양 연결섬유다발 부위에 손상을 입은 환자는 말을 반복할 수가 없다. 이러한 손상을 유도 실어증(conduction aphasia)이라고 부른다.

위의 세 가지 영역 외에 쓰기와 연결된 뇌의 영역이 있다. 모서리 이랑(Angular gyrus)의 손상은 쓰기능력의 손상을 가져온다. 증거에 의하면 아주 어린 유아의 경우 이러한 영역의 기능이 완전히 분화되기 이전에는 주도적 반구에 손상을 입을 경우에 비언어 반구가 그 일을 떠맡는다. 좌측에 손상을 입은 5, 6세 유아의 경우 우반구가 언어적 기능을 떠맡아 완전한 언어를 구사하는 경향이 있다. 그러나 성인이 되어 실어증이 된 경우 손상을 본 후 반년 이내에 회복되지 않으면 계속 실어증 상태에 있게 된다.

신생아의 뇌의 시냅스 수는 성인에 비해 아주 적은 수이나 2세에는 성인과 시냅스의 수가 같은 수준에 이른다. 4세와 10세 사이에 시냅스 수는 급속히 증가하여 성인의 수준을 초과한다. 시냅스의 성장기간이 곧 발달에 민감하고 결정적인 신경조직의 기초가 형성되는 시기라 할 수 있다. 따라서 이 시기에 언어 경험을 할 수 없다면 언어발달을 위한 신경 연결부가 약화된다. 15세나 16세경 시냅스의 수는 다시 성인의 수준으로 되돌아간다(Berko Gleason, 2001).

2.2 구어발달

1. 영아의 구어발달

1) 영아 초기

보통 생후 만 1세 미만을 영아 초기로 본다. 생후 몇 시간이면 영아는 주변 소리에 주의를 기울인다. 다양한 생활 주변 소리들 가운데 영아가 주의를 기울이는 소리는 사람들이 내는 소리이다(Columbo & Bundy, 1981; Glenn, Cunningham, & Joyce, 1981). 영아 초기에는 울음으로 시작하여 가성적 울음, 쿠잉, 옹알이와 같은 언어적 행동이 나타난다. 영아에 따라 8개월, 10개월경 일어표현이 나타나기도 하나 대부분 만 1세가 되어야 일어표현이 나타난다.

(1) 울음과 쿠잉

생후 3개월 동안 영아는 자신에게 말을 거는 사람에게 열중하여 반응한다. 특히 말소리가 상승된 높은 소리이거나 다양한 변화를 준 소리, 음절에 과장된 강세를 준 소리일 경우 더욱 그러하다(Cooper & Anslin, 1990). 이와 같은 특성을 지닌 말을 유아 지향적인 말(child-directed speech=CDS)이라 부른다. 영아는 이렇게 자신에 맞추어진 말에 민감하다. 그러나 아직까지 왜 영아가 이러한 말을 좋아하는지, 이러한 말이 어떻게 영아로 하여금 언어를 습득하도록 돕는지 연구자들도 아직 확실한 증명을 하지 못하고 있다(Snow, 1995).

영아는 태어나자마자 소리를 내며 초기 1년 동안 모국어의 소리 구성에 대해 배우기 시작한다. 분절자질(segmental features), 즉 자음과 모음과 같은 단어를 구성하는 기본 음성단위나 초분절자질(supra segmental features), 즉 강세 패턴, 억양, 어조와 같은 단어의 소리 속성에 대해 배우기 시작한다. 최초의 발성은 영아 탄생 시의 울음이다. 울음이 아닌 발성도 출생 후 곧 나타난다. 울음이 아닌 발성은 울음과 비슷하나 자세히 들으면 울음과 구별할 수 있다. 처음엔 소위 '가성적 울음' 형태로 출현되며 흔히 영아가 아주 화가 났거나 배고프거나 고통스러울 때 내는 톤이 낮고 날카롭지 않은 소리가 이에 해당된다. 영아가 우연히 가성적 울음소리를 내게 되면 순환적 형태로 개별 소리를 재산출한다. 이러한 유형의 울음이 아닌 음성화를 쿠잉이라고 한다(Wolff, 1966; Menyuk, 1977). 3개월경에는 다양한 쿠잉 소리를 낼 수 있다. 쿠잉은 단일 소리로 영아가 처음 내는 모음 같은 소리이다. 영아는 음식을 잘 먹고 난 뒤 기분 좋을 때면 소리를 많이 낸다. 이와 같이 만족한 때에는 자신을 향하여 웃거나 말을 거는 사람에게 반응해 쉽게 쿠잉을 한다.

초기의 쿠잉은 /aaaah/, /ooooo/와 같은 발성이다. 초기 쿠잉 시기에는 몇 가지 자음 같은 소리를 내며 목의 아주 끝에서 내는 폐쇄음(/k/ 또는 /g/)이나 입술로 내는 폐쇄음(/w/, /p/)이 주가 된다. 이와 같은 개구음, 즉 유사 모음과 같은 소리(vowel-like sound)로 구성된 초기 쿠잉에서 4, 5개월경이면 모음과 자음의 쿠잉 수가 증가하게 된다.

쿠잉의 단계에서도 엄마와 영아 간의 상호 발성(coactional vocalization)이 이루어진다. 즉, 약 3개월경 엄마가 영아가 표현했던 쿠잉 중 하나를 소리 내고 기다리면 영아가 이에 응하여 같은 쿠잉으로 반응한다. 이러한 반응으로 이 시기에 이미 언어를 통한 상호교환적 의사소통이 시작된다고 볼 수 있다.

4개월에서 6개월 사이에 영아는 모음과 같은 쿠잉 산출에 자음 같은 소리가 더해진다. 이들 쿠잉 소리 중에 /W(우)/, /P(프)/, /M(음)/ 소리는 입모양을 다양하게 바꾸어 만들어지는 소리이다. 영아는 자동차가 부르르릉 지나간다는 것을 알리기 위하여 입술을 떠는 것을 배울 수도 있다(Oller & Eilers, 1988).

어른과 영아는 이제 놀이 같은 대화에 참여할 수 있다. 영아가 소리를 내면 어른(양육자)이 소리를 내고 영아가 대답하면 그때 어른이 그 다음 차례로 소리를 낸다. 이와 같은 영아와 어른 간의 소리를 다루는 놀이는 보편적으로 이루어지는 놀이이다.

(2) 옹알이

영아는 처음에는 언어 자체보다는 상대방이 자신에게 전달하려는 의미를 파악하는 것을 학습하고, 그 다음 의미와 언어와의 관계를 생각하게 된다(Katz, Baker, & McNamara, 1974). 6개월경 영아의 음절 반복 소리를 들을 수 있다(Kent & Miolo, 1995). 영아는 "다-다-다-다-다-다", "바-바-바-바-바-바", 그리고 "라-라-라-라-라"와 같은 자음과 모음으로 구성된 소리를 반복적으로 연결하여 낸다. 이러한 음절 혼합의 음성적 행동을 옹알이라고 한다. 영아에 따라 4개월경에 자 · 모음 반복의 옹알이가 나타나기도 한다. 일어표현 시기에 가까운 영아의 옹알이는 긴 옹알이 대신 한 음절 또는 두 음절 길이의 옹알이를 반복한다(Menyuk, 1977). 이러한 짧은 반복적 옹알이를 부모들이 일어표현으로 생각하는 경우가 많다. 8~10개월경 영아는 처음으로 단어를 인식하고 단어의 의미를 이해하기 시작(Benedict, 1979; Huttenlocher, 1974)하지만, 첫 번째 단어를 말하기까지는 몇 달 더 있어야 한다. 소리 듣기와 발성 간의 감각 운동적 연결뿐만 아니라 발성기관의 생리구조 성숙과 함께 사회적 요인이 음절 발성에 공헌한다. 이때 성인이 영아가 내는 소리와 같은 소리를 내주면 영아의 말소리에 대한 민감성이 발달하며 듣는 소리와 자신이 만드는 소리 간의 유사성을 감상하는 기회가 된다. 그리고 이러한 경험이 말소리 범주에 가까운 발성에 요구되는 피질 연결을 가능하게 한다. 자음과 모음 소리를 연속하여 발성하는 조절능력의 발달과 연결 지어 성인이 내는 소리와 유사한 소리 내기가 가능하다(Kent & Miolo, 1995).

영아의 음절 반복에서 들리는 특정 소리는 영아가 속해 있는 사회의 언어에 따라 차이가 있다(deBoysson-Bardies et al., 1989). 영아의 모국어에서 발견되는 특정 억양 패턴이나 강세도 영아가 옹알이를 하는 방법에서 나타난다(Levitt & Wang, 1991). 옹알이에 대한 연구는 영아가 언어의 소리에 민감하고 이를 연습한다고 제시하고 있다. 연구에 따르면, 영아가 내는 옹알이의 양이 아주 다르며, 이러한 차이는 사람들이 사용하는 언어와 영아가 받는 사회적 자극의 양과 밀접한 관련이 있다(Oller et al., 1995).

영아는 다른 주변 사람들과 상호작용하기 위하여 옹알이의 억양을 다양하게 변화시키며 어른들이 질문과 진술을 위해 사용하는 신호에 일치하는 패턴을 사용한다(Bruner, 1975). 이와 같은 영아의 음성적 행동에 민감하고 반응적인 성인이 주변에 있는 것이 영아가 말할 차례 기다리기와 같은 대화 시의 사회적 양상을 학습하는 데 중요하다. 그리고 영아에게 억양에 의해 달라지는 신호의 의미를 가르쳐 주는 계기가 된다.

영아가 말하기를 배우고 언어를 이해하려면 어휘를 습득해야 한다. 최소한 소리 패턴을 인식하고 이에 적절한 의미를 부여할 수 있어야 한다. 소리 패턴을 기억하고 연결된 단어들에서 각각의 단어를 변별할 수 있어야 한다. 영아가 일반적으로 사용하는 말에서 단어 간의 경계를 파악하는 방법에는 몇 가지가 있다. 한 가지 가능성은 자주 쓰는 단어의 강약 패턴에 대한 지식에 의존하는 것이다. 맥락상 자주 나타나는 소리 패턴으로 단어 간의 경계를 파악한다. 예를 들어 '맘마'와 같이 자주 쓰이는 단어가 다른 단어와 사용되는 경우(예 "맘마 먹자", "아가 맘마 먹자", "맘마 먹었니?", "맘마 맛있지?") 이것이 다른 단어와 구분지어 파악하는 소리 패턴으로 인식된다. 대체적으로 말에서 친근한 단어를 알아채는 능력은 6개월에서 7.5개월 사이에 나타난다(Jusczyk, 2001).

반복적 음절 제시 옹알이가 다른 자음과 모음이 병합되는 음절로 구성될 때 영아가 단어를 말하려는 노력을 하는 것으로 볼 수 있다(Oller & Eilers, 1988).

12개월경 영아는 단어로 된 말을 처음 시작하고 새로운 단어를 습득하기 시작한다. 이 시기 유아는 본인이 산출할 수 있는 단어 수보다 훨씬 많은 단어를 이해할 수 있다. 영아는 아직 단어를 하나나 둘 정도밖에 산출할 수 없지만 50단어 이상 이해할 수 있다(Fenson et al., 1994). 영아 부모들의 보고에 의하면 8~9개월경 이미 단어에 대한 이해가 시작되며(Jusczyk, Cutler, & Redanz, 1993) 이때에 첫 단어 말하기가 나타나는 영아도 있다(Bates, Dale, & Thal, 1995). 우리나라 영아를 대상으로 한 연구 결과에서는 영아가 단어를 처음 사용하기 시작하는 것은 9개월경이고, 18개월경까지 약 50개의 단어를 사용할 수 있다고 보고되고 있다(Pae, 1993). 12개월에서 18개월 사이의 영아에게 "네 코가 어디 있지?" 하고 질문하면 적절한 반응을 기대할 수 있다. 예를 들어, "뽀뽀해 봐", "가서 공 가져와", 또는 "네 신발 찾아보자"와 같은 요청에 11개월이나 12개월 영아는 이해하고 반응한다. 단어가 나타나기 시작한 후에도 옹알이는 계속되며(Oller & Eilers, 1988; Vihman, 1993), 이때의 옹알거리는 소리는 단어들에서 내는 소리와 같다(Bloom, 1998).

2) 영아 후기

만 1세 이후에서 만 2세까지를 영아 후기로 본다. 흔히 이 시기를 걸음마기라고 한다. 이 시기 동안 산출적 언어가 폭발적으로 나타나기 시작한다. 많은 단어를 말할 수 있고 이해할 수 있다. 사물 이름 말하기를 좋아하고, 이름을 들려주기를 원하는 사물을 손가락으로 지적한다. 한 단어로 여러 의도를 전달한다. 일어문(一語文, holophrase)을 사용할 때에 이들이 나타내는 특정한 의미는 억양으로 구분된다. 이 시기 말쯤 되면 몇몇 영아는 초보적 문장 형성을 위하여 두 단어를 병합하기 시작한다. 이때 표현적 웅얼거림(expressive jargon)도 사용한다. 이 재잘거림의 경우 의미는 없으나 억양, 강세, 멈춤 등은 실제의 말과 유사하다. 이 시기 영아는 전반적 문장의 리듬과 흐름을 놀이하며 연습하는 것처럼 보인다.

이제는 텔레비전 어린이 프로그램을 즐길 수 있고 텔레비전 프로그램에서 들은 친근한 노래를 흥얼거리며 따라 부르고, 잘 아는 노래를 불러 주면 함께 따라 부른다.

일어문 표현 시작 후 보통 6개월 정도 지나면 이어문이 나타나고 이어문 표현 이후 2개월 정도 후가 되면 삼어문 이상 다어문이 나타난다. 이와 함께 어미의 사용, 존댓말의 사용, 어순의 발달, 부정문의 사용, 관계절의 사용 등이 영아 후기 동안 이루어진다. 다음에는 각각의 형태가 나타나는 시기와 특성을 제시하였다.

(1) 일어표현

12개월경이 되면 유아는 실제 단어를 말한다. 일어의 처음 단어발음은 흔히 성인의 발성에 가깝긴 하나 분명치 않다. 예를 들어, /물/을 /무/라고 말하는 것이 보통이다. 또한 일어표현(holophrase)에서 사용된 단어의 의미가 성인이 사용하는 의미와 달리 사용되곤 한다. 때로는 단어의 의미의 과잉축소현상이 나타나고 때로는 단어의 의미의 과잉확대현상이 나타난다. 즉, 일반적으로 사용되는 의미보다 축소하여 사용하거나 지나치게 확대하여 사용한다. 예를 들어, 구두라고 할 때 자신의 구두에 한정하여 구두라는 단어를 사용한다거나 네 발 달린 짐승은 고양이든 말이든 모두 개라고 부르는 것이 그 예이다. 이러한 단어의 과잉축소와 과잉확대현상은 짧은 기간 동안만 나타나며 모든 영아에게 나타나는 것이 아니다. 일반적으로 1세에서 2.5세 사이에 나타나는 현상이다. 영아의 단어 이해와 사용은 영아의 인지 기술이 발달됨에 따라 변화한다. 영아가 질문이 많아지면서 어휘력이 급속도로 성장하고 과잉확대현상이 점차 사라진다.

일어표현이 시작되었다고 하여 모든 표현이 일어표현으로 바뀌는 것은 아니다. 처음 일어표현 시기에는 옹알이와 실제 단어가 뒤섞여 사용되어진다. 그리고 사람을 대상으로 말할 때는 실제 단어를 사용하고 말소리와 단어를 연습할 때에는 옹알이를 사용하곤 한다(Elbers & Ton, 1985).

13개월이 되면 영아들은 대략 6개 정도의 단어를 산출해 내며, 50개 정도의 단어를 이해할 수 있을 정도에 이르게 된다(McCabe, 1994). 1세와 2세 사이에 영아는 많은 새로운 단어를 학습하게 된다. 16~18개월경이면 영아들은 조합된 의미나 문장의 의미를 전달하는 한 단어의 사용이 증가하고 어휘의 놀라운 신장을 보이는 것으로 나타났다(Jusczyk, Cutler, & Redanz, 1993). 한 번에 한 단어씩 말하지만 유아는 일어표현으로 여러 가지 의미를 전달한다. 예를 들어, 영아가 "우유"라고 말할 때 이는 "여기 우유가 있다", 또는 "나 우유 먹을래"라는 뜻을 의미할 수 있다. 영아가 말하는 의미를 분명히 알려면 상황에 의존해야만 한다(Schickedanz, Hansen, & Forsyth, 1990).

일어표현 시작 후 14개월에서 18개월경이면 문장의 억양 패턴을 포함하는 말의 초분절자질 특징(suprasegmental feature)을 연습하기 시작한다.

처음 사용하는 단어는 영아마다 다르다. 영아가 처음 사용하는 단어의 종류 및 특성을 알아보기 위하여 넬슨(Nelson, 1973)은 1세와 2세 사이의 영아 18명의 처음 일어표현 50개를 기록하여 분석하였다. 분석결과 영아들은 '양말(sock)', '구두(shoe)', '열쇠(key)'와 같은 단어들을 주로 사용하는 것으로 나타나, 영아 주변에서 흔히 들을 수 있는 말이면서, 영아 자신이 직접 다루고 쉽게 만질 수 있는 사물이 첫 단어로 사용된다는 것을 밝혀내었다. 넬슨(Nelson, 1973)은 연구결과 영아의 첫 단어 종류를 다음의 5가지 종류로 구분하였다.

① 명사

영아가 표현하는 명사를 구분하면 호격명사(예 엄마)와 일반명사(예 우유, 강아지)로 구분된다.

② 동사

행위의 설명, 요구를 전달하거나 주의를 요구하는 표현이 이에 해당된다(예 빠이빠이).

③ 수식어

사물 또는 사건의 속성이나 질을 표현하는 말이 이에 해당된다(예 예쁘다, 뜨거워, 없다).

④ 개인적-사회적 상태나 관계 표현

개별적인 느낌 등의 정의적 상태나 사회적 관계를 표현하는 말이 이 분류에 해당된다(예 주세요, 줘, 아파, 싫어 등).

⑤ 문법적 기능어(예 무엇, 어디 등)

넬슨(Nelson)에 의하면 영아의 처음 50개의 일어표현은 일반명사였고 이 일반명사의 대부분이 영아가 어떤 형태로든 행동을 취한 것의 이름이었다. 넬슨은 영아가 책상, 잔디, 카펫과 같이 항상 제자리에 있는 것에 대해서는 관심을 보이지 않는다고 제시하였다. 즉, 영아는 자신이 어떤 행동을 취하는 사물에 관심을 가지고 그 이름을 알게 된다. 한편, 린드포스(Lindfors, 1987)는 영아들이 잘 습득하는 단어들은 주로 주변에 있는 사람이나 사물에 관한 이름, '싫어', '다시', '없어' 등과 같이 거부나 부인을 표시하는 단어, 좋아하는 것을 반복적으로 요구하는 단어, 어떤 것이 없음을 나타내는 단어들이라고 지적하였다.

넬슨은 일어표현 시기에 성인이 영아와 상호작용하는 방식에 따라 영아의 일어표현 목록이 다름을 제시하였다. 넬슨은 영아가 주로 표현하는 일어표현 범주에 따라 참조적 영아(referential children)와 표현적 영아(expressive children)로 구분하였다. 참조적 영아는 의사소통 시 주로 개념을 전달하기 위하여 언어를 사용하는 영아이고, 표현적 영아는 주로 요구나 느낌을 표현하는 영아이다. 넬슨이 영아와 어머니의 의사소통 유형을 살펴본 결과 참조적 영아의 어머니는 참조적 어휘를 많이 사용하고 표현적 영아의 어머니는 표현적 어휘를 많이 사용하였다.

영유아의 단어 학습에서 두 가지 주된 접근을 들 수 있다(Tomasello, 2001). 그 하나는 제약적 접근(constraint approach)이고 다른 하나는 화용적 접근(pragmatic approach)이다. 제약적 접근이란 학습자가 새로운 단어의 습득을 시도할 때 실제 세계에서 새로운 단어가 참조하는 대상을 파악하기 위하여 가능한 여러 가설을 세우고 그 다음 점차적으로 틀린 가설을 제외시켜 정확히 단어가 무엇을 표상하는 것인지를 파악하는 것이다(Markman, 1992; Gleitman, 1990). 제약적 방법의 하나로 어린 영아는 새로운 단어를 물체의 부분이나 속성으로 보기보다는 하나의 전체로 보는 경향이 있다. 그리고 한 물체에 두 개의 다른 이름을 적용하지 않는다. 그러므로 만일 새로운 단어를 영아가 이미 이름을 알고 있는 물체와 같이 사용하면 영아는 이 새로운 단어가 알고 있는 물체를 표상하는 것은 아니라고 가정한다. 또 다른 제약으로 영아는 새로운 단어의 의미 결정에 자신이 지닌 통사론에 대한 지식을 활용한다(Gleitman, 1990). 단어 주변의 통사론적 구조 특히 동사는 이 단어를 주변세계의 어떤 사건 또는 상태와 짝짓는가를 결정하게 하는 제약 요소이다.

이러한 단어학습 제약은 주변 특정 상황에서 다른 사람이 어떠한 참조적 의도로 그 단어를 포함하여 말했는지에 대한 사회적 · 화용적 정보와 연결할 수 있을 때 해결 가능하다. 그 한 가지 예로 화용적 정보로서 새로운 단어 참조물이 무엇인지를 파악할 때 말하는 사람의 시선이 어떤 것에 있는지를 파악한다(Baldwin, 1991, 1993). 영아가 1세경이 되었을 때 눈의 선이 성인이 바라보는 물체를 향하여 따라가며 응시하는 현상이 나타난다(Tomasello, 1995). 아울러 다른 사회적 관례를 학습하는 것과 마찬가지로 성인과의 사회적 상호작용으로 언어상징을 알게 된다(Tomasello, Kruger, & Ratner, 1993).

그러나 단순히 성인이 유아의 주의를 끌면서 새로운 물체의 이름을 제시한다고 하여 유아가 기계적으로 단어와 물체 짝짓기를 하는 것은 아니다. 성인이 학습과정을 용이하게 하기 위한 일을 하더라도 유아가 성인의 참조적 의도를 파악할 수 있어야 한다. 그러므로 새로운 단어의 학습은 유아가 성인의 의도를 지각하고 이해하는 능력에 달려 있고 유아는 사회적 · 화용적 신호를 활용하여 성인의 의도를 지각하고 파악한다(Tomasello, 2001). 한편 성인은 유아가 관심 있고 마음이 끌리는 물체나 현상에 대하여 말하고(Bruner, 1983; Nelson, 1985; Tomasello, 1988, 1992), 유아는 자신의 내적 인지적 · 정의적 차원으로 물체와 사건을 분류하여(Bloom, 1973), 단어 학습이 이루어진다. 18개월에서 24개월에 이르는 동안 유아의 어휘는 눈에 띄게 증가한다(Bloom, 1973; Goldfield & Resnick, 1990). 이 시기는 새로운 단어 학습의 숙련기라 할 수 있다. 24개월경이면 영아는 200 내지 500단어를 말한다(Fenson, Dale, Resnick, Bates, Thal, & Pethick, 1994).

단어의 의미 발달과정에서, 영아들은 하나의 단어를 성인들이 통상 적용하는 대상물 이외의 물체에까지 확대 적용하거나 축소 적용하는 양상을 나타낸다(조숙환, 1997).

영아의 일어표현은 같은 말이라도 다양한 의미론적 기능을 나타낸다. 그린필드와 스미스(Greenfield & Smith, 1976)는 두 영아의 일어표현의 의미론적 기능을 분석하여 다음의 〈표 2-1〉과 같이 제시하였다.

영아의 표현은 어머니와 다른 외부 관찰자에 의해 서술되었으며 영아의 표현 의도는 성인 두 사람에 의해 분석되었다. 영아의 표현서술에는 상황, 영아의 제스처 등이 포함되었다.

표 2-1 일어표현에서 제시된 의미론적 관계

- 수행어(모방적 표현)
- 이름 말하기
- 부르기
- 요구하는 물체
- 부정(거부, 비존재)
- 행위자의 행위(행동주-자기, 다른 사람)
- 행위의 무생물적 대상
- 행위의 무생물적 대상의 상태
- 소유와 거주지
- 위치(행위주-행위의 위치, 대상의 위치)
- 경험자
- 행위의 행위자
- 사건의 수식어(일어표현의 두 번 연속)

할리데이(Halliday, 1974), 그린필드와 스미스(Greenfield & Smith, 1976)가 분석한 언어의 기능에 준하여 이승복(1982)은 '현'의 말의 의미론적 기능을 분석하였다. 그는 최초기의 일어표현은 동작 충족적이며, 다음 단계는 상황적 기능의 언어표현 단계로 참조기능의 일어표현이 나타난다고 하였다. 또한 참조기능의 가장 기본적인 형태는 대상의 이름이며 참조기능의 일어표현을 계기로 어휘의 증대가 활발해진다.

의미기능은 실행하기, 부르기, 요구하기 및 감탄하기 등을 들 수 있으며 동작을 관찰하지 않고는 이 시기의 언어표현의 의미를 옳게 이해할 수 없다. 같은 "엄마"라는 표현도 10개월 16일의 엄마를 부르기 위한 표현과 10개월 19일의 엄마에게 공을 달라고 요구하기 위한 표현은 상황을 관찰하지 않고는 이해할 수 없다. 위의 '현'이 제일 먼저 표현한 참조기능을 하는 단어는 "맘마"로서 현은 12개월 16일 되는 날 자신의 손에 쥐어진 빵을 보며 "맘마"라고 하였다. 이 표현은 전의 표현과 달리 단어 자체의 뜻이 된다.

최초기의 동작 충족적인 의미기능의 일어표현에 대해 분석한 것을 제시하면 〈표 2-2〉와 같다.

표 2-2 최초기 언어의 동작 충족적인 의미론적 기능(이승복, 1982, p. 28)

때	이전 상황	언어표현	수반된 동작	의미론적 기능
10(16)		아빠	장난감 수화기를 흔들며	실행하기
10(16)	엄마가 방에 들어옴	엄마	엄마를 쳐다보며	부르기
10(19)	엄마가 공을 침대 밑에 넣었음	엄마	팔을 벌리며	요구하기
11(09)	업혀서 밖에 나가 아이들이 노는 것을 봄	아 – 아	칭얼대며, 엄마 등을 두드리며	감탄하기

*이것이 말이냐의 여부는 다른 시간과 다른 상황에 반복하여 사용하는가의 여부로 결정되었음.

어휘 증대에 따라 참조하는 바를 좀 더 분명하게 분화하게 되며 일어표현 이 좀 더 명제다운 의미기능의 표현 단계로 발전하고 그 결과 동작만으로 전달될 수 없는 대상에 대한 의미작용이 언어표현으로써 이루어지기 시작하였다. 모든 먹는 것에 대해 "맘마"라고 표현했던 것이 14개월에는 컵에 넣고 마시는 것에 대해 "물"이라는 말을 사용하기 시작하고, 15개월부터는 과자 먹는 것에 대해 "까까"로 표현하는 등으로 참조하는 바를 좀 더 분화시켜 가는 동시에 상황의 몇 가지 측면을 다른 표현방식으로 분화하여 격의 의미관계를 표현해 내게 된다. 〈표 2-3〉은 이와 관련하여 행위자격의 출현시기와 언어표현을 제시하고 있다.

표 2-3 행위자격의 출현시기와 언어표현(이승복, 1982, p. 35)

출현시기	이전 상황	표 현	수반된 동작
1;3(01)	초인종 소리가 남. 엄마가 일어나니까	아빠	밖을 내다보며
1;3(01)	아빠의 손을 TV 단추 위에 올려놓고	아빠	아빠의 손을 잡고
1;3(25)	엄마가 밖으로 나가려고 하니까	엄마	언니에게 가서 문쪽을 가리키며
1;3(25)	기저귀에 쉬하고 엄마에게 와서	엄마	(기저귀를 갈아달라는 뜻으로) 기저귀를 만지며

〈표 2-3〉에서 보듯이 '현'은 1년 3개월부터 행위자격을 사용하고 있다. 이러한 행위자격의 출현 이후 '현'은 1년 4개월부터는 '행위자-행위'의 관계를 동사로 표현하였으며(예 "인나(일어나)", "낸내(자다)"), 적어도 1년 5개월부터는 여타의 다른 격들에 대한 활발한 언어표현을 하였다. 이러한 자료로 영아가 단일 언어로 다양한 의미론적 관계를 표현할 수 있게 된다는 것을 알 수 있다. 이인섭(1986)은 언어의 기능에 의한 일어표현 분류 대신 前田(1984)의 어휘체계(이인섭, 1986, p. 101)에 의해 미선(1;5), 정영(1;5), 진희(1;8)의 어휘와 이성진 외(1977)에 나타난 어휘를 다음의 〈표 2-4〉와 같이 분류하고 연령별로 계수화 하였다.

〈표 2-4〉에 의하면 동작어와 음식을 표현하는 말이 18.3%씩으로 가장 많고, 그 다음은 사람의 호칭이 14.1%, 감각이나 감정을 나타내는 형용어가 12.7%이다. 이인섭은 인물, 신체, 의류, 생물, 음식, 도구, 지시 등을 대상어로 묶어 이어수 39개(54.9%)가 대상어였으므로, 결과적으로 일어표현 시기의 영아 어휘에서는 대상어, 동작어, 형용어의 체계가 중심이 된다고 하였다(p. 101).

표 2-4 영아(1;8세 미만)의 어휘체계별 어휘 수(이인섭, 1986, p. 101)

연령	인물	신체	의류	생물	음식	도구	지시	동작	형용	존재	부정	부응	기타	계(어휘 수)
1:5 1:8	6 7	2 3	0 2	2 4	5 13	0 5	2 0	12 15	6 5	1 1	1 1	2 0	5 2	44 58
이어수 (%)	10 (14.1)	3 (4.2)	2 (2.8)	4 (5.6)	13 (18.3)	5 (7.1)	2 (2.8)	13 (18.3)	9 (12.7)	2 (2.8)	1 (1.4)	2 (2.8)	5 (7.1)	71 (100.0)

(인물~지시: 대상어)

9개월에서 24개월에 이르는 영아가 사용하는 어휘 조사에 의하면(김금주, 2000), 월령이 증가함에 따라 사용하는 어휘의 수가 증가하였다. 자연 상태에서 사용한 평균 어휘 수는 9~12개월의 경우 평균 45개인 데 비해 21~24개월의 경우 평균 522개였다. 이를 사용 품사별로 볼 때 9~12개월에는 명사, 부사, 감탄사가 사용되었고, 13~16개월에는 대명사, 수사, 동사도 사용했으며, 17~20개월에는 형용사의 사용이 나타났고, 21~24개월에 조사의 사용이 나타났다.

2세경 유아는 정서에 대한 언어적 표현 단어인 '기쁘다', '슬프다', '화난다'와 같은 단어를 배우기 시작한다(Bretherton, Fritz, Zahn-Wexler, & Ridgeway, 1986; Ridgeway, Waters, & Kuczaj, 1985).

(2) 이어문과 다어문

24개월에서 28개월 사이에 영아는 바로 전에 경험한 자신이 잘 아는 사건에 대한 어른의 질문에 더 많이 대답할 수 있게 된다. 27개월과 30개월 사이에 영아는 바로 전의 사건에 대하여 질문하기 시작하고, 부모나 양육자가 제시한 단순한 질문에 잘 대답할 수 있다(Sperry & Sperry, 1996; Miller, Wiley, Fung, & Liang, 1997).

17, 18개월경이면 영아는 이어(two-words) 또는 이어 이상의 다어(multi-words)로 된 아주 초보적 문장을 형성하기 시작하며 2세경이면 대부분의 영아가 초보적 문장을 사용한다. 이들이 사용하는 문장은 문법적으로 불완전하며, 잘 형성된 문장은 아니고, 소위 전보형 문장을 사용한다. 전보형 문장은 소유와 동사의 시제와 같은 것을 제시하는 데 사용되는 단어들이 불완전하다. 예를 들어, "그건 내 책이야." 하고 말하는 대신 "이거 내 책." 하고 말하거나, "그건 엄마 지갑이야." 하고 말하는 대신 "엄마 지갑."이라고 하고, "두 친구들이 놀고 있어." 대신에 "두 친구 놀아." 하고 말한다. 후에 영아가 의문문이나 부정문을 형성하기 시작할 때 처음에는 단어 순서를 잘못 배열하여 말한다. 예를 들어, "이게 뭐야?" 대신에 "뭐야 이게?" 하고 말하든지, "밥 안 먹어."라는 말을 "안 밥 먹어."라고 한다. 이러한 문법적 어려움이 있지만 걸음마기 영아는 문장 형태로 상당한 정보를 전달한다. 영아가 말하는 데 어려움이 있으나 맥락 속에서 영아가 의미하는 것을 이해하기는 쉽기 때문에 어른들은 걸음마기 영아와 실제 대화를 진전할 수 있다. 이 시기에는 평균형태소(MLU = Mean Length of Utterances)의 길이가 발달 진행의 좋은 지표가 된다(Brown, 1973).

이어문 표현 바로 전에는 영아는 일어표현을 연속해서 말하는 현상이 나타난다. 일어표현의 연속과 이어문 표현은 다음과 같은 점에서 구분된다. 첫째, 일어표현을 두 번 연속적으로 하는 경우 각 단어가 구별되는 음조형(音調型, intonational contour)을 갖는 데 비해 이어문인 경우 하나의 음조형을 갖는다. 둘째, 일어표현을 두 번 연속적으로 할 때의 시간은 1.7 내지 3.9msec의 범위인 데 비해 이어문의 경우 0.75 내지 1.5msec의 범위이다. 셋째, 일어표현을 두 번 연속적으로 할 경우 단지 두 가지 관계표현이 관찰되는 데 비해 이어문에서는 일곱 가지 관계표현이 관찰된다(Menyuk, 1977).

그러나 브레니건(Branigan, 1976)은 단일 일어표현에서의 음조형과 두 번 연속적인 일어표현에서의 첫 번째 일어의 음조형이 다르며, 같은 관계의 범주 기준 표를 사용할 때 두 번 연속적 일어표현에서 표현된 관계와 이어문 시기에 표현된 관계가 유사하다는 것을 발견하였다. 따라서 연속적 일어표현과 이어문 표현에서의 차이에 대해서는 좀 더 검토가 요구된다.

조숙환(1997)은 18개월에서 30개월 이전 영아에게서 나타나는 두 단어 말의 구조와 의미를 분석하여 제시하였는데, 두 단어 발화의 특징으로 기능어(전치사, 조사, 접사 등)가 누락되어 있는 전보문 형태로 표출됨을 밝혔다. 이러한 전보문 형태의 발화에 주로 나타나는 어휘의 품사는 명사, 동사, 형용사 등이다. 그러나 영아의 인지발달과 상호작용에서 자주 표현되는 의미가 무엇이냐에 따라 나타나는 어휘의 품사도 달라진다(이영자, 이종숙, 이정욱, 1998).

한동안 이어문 표현은 주축어(Pivot) + X구조(개방어)로 구성되어 있는 표현으로 설명되었다(Braine, 1963; McNeill, 1966). 주축어란 수가 얼마 되지 않으며 주축어의 품사(지시사, 형용사, 동사)에 따라 이어문의 첫 번째 또는 두 번째에 위치하는 단어이고, X구조는 수가 많으며 주축어의 보어와 내용어가 되는 단어이다. 주축문법 주창자들은 이 단계에 있는 영아는 모든 단어들을 기능사(또는 주축어)와 내용어와 구분하고 내용어와 관련지은 기능사의 위치에 대한 규칙을 학습하는 것처럼 보인다고 주장한다.

표 2-5 주축문법적인 단어조합(조명한, 1982, p. 52)

주축어	개방어
엄마	쉬
아빠	이리와
애기야	얘야
언니야	우유
아	이거
우	아찌
또	이뻐
.	추워
.	무거
.	여기
	.

그러나 이어문의 의미관계 분석결과 어문을 주축어+개방어로 설명하는 것은 타당치 않다는 블룸(Bloom, 1970)의 연구결과 발표 이래 주축문법은 초기 단계 이어문의 단어조합에 국한될 뿐 모든 단어조합을 문법으로 설명하려는 시도는 과잉 시도라는 주장이 나오게 되었다(조명한, 1982).

최근 설명에서는 이어문이 통사론적 관계와 의미론적 관계를 모두 포함한 것으로 분류되거나(Bloom, 1970), 주로 의미론적 관계의 표현으로 분류되고 있다. 블룸(Bloom, 1970)은 표현과 함께 상황을 고려하면 같은 통사론적 구조(N + N)로 설명되는 말도 다른 의미를 지닐 수 있다고 제시하였다. 예를 들면, 'mommy sock'이라는 표현이 '엄마가 양말을 신긴다'라는 의미를 나타낼 수도 있고 '엄마의 양말'이라는 의미를 나타낼 수도 있다는 것이다. 즉, 의미론적 관계용어로 '행위자–목적'의 관계일 수도 있고 '소유자–소유'의 관계일 수도 있다. 또한 관찰에 의하면 영아기에는 표현된 모든 행위자는 '생물'이고 모든 목적(대상)은 '무생물'이었다. 그러므로, 언어적 표현을 주어+동사 또는 동사+목적으로 분류하는 것은 이어문 표현을 다음의 두 가지 점에서 잘못 해석하는 것이라고 지적되고 있다. 첫째, 영아가 내리는 구분이 무시되었고, 둘째, 주어와 같은 복잡한 상위 성분으로 이어문의 요소를 분류하는 것은 영아의 언어능력을 과잉 평가하는 것이 된다(Schlesinger, 1974). 또한 의미론적 설명과 의미론적 관계에서 나타나는 순서는 영아의 인지발달과 일치되므로 통사론적 설명보다 의미론적 관계로서 설명하는 것이 영아의 언어표현을 보다 잘 설명해 준다. 따라서 이어문 표현의 설명은 의미론적 설명이 보다 타당하고 만족한 것으로 간주되어지게 되었다(Menyuk, 1977).

이 시기 영아가 사용하는 단어의 수는 제한되어 있으나 이어문 또는 다어문의 표현으로 상당히 많은 의미와 관계를 나타낼 수 있다. 이 시기에 이들은 자신의 소유물이나 하고 있는 일, 원하는 것과 원하지 않는 것을 표현하며 의사소통할 수 있다(Schlesinger, 1974; Bloom, Lightbown, & Hood, 1975; Schickedanz, 1990).

이어문에서의 의미관계를 잘 설명해 주는 것은 필모어(Fillmore, 1968)의 소위 격문법(Case grammar)이다. 격관계란 인간 주변의 사건에 관해 누가 그것을 행하고, 그것이 누구에게 일어났고, 무슨 일이 일어났으며, 무엇이 변화되었는지를 판단하는 판단의 기초가 되는 한 집합의 보편적 개념이다. 격문법 설명은 기저가 되는 의미관계와 통사론적 관계를 나타내 준다(Menyuk 1977).

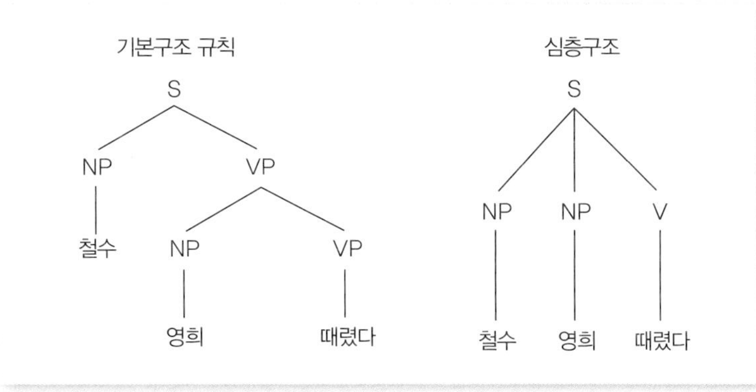

그러나 격문법 설명이 영아의 이어문을 잘 설명해 준다고 해서 이 시기에 영아가 의미론적 규칙만 습득하는 것은 아니다. 격문법 설명에서는 주어와 동사보다 동사와 목적어가 좀 더 밀접히 관계된다는 것을 지정하는 기본구조 규칙을 부과하지 않고 심층구조로 소개되어질 수 있고 심층구조에서는 주어가 설정되지 않는다.

이러한 설명은 영아의 말에서 빠트린 요소들을 설명해 준다. 그러나 이 설명도 역시 여격과 같은 추상적인 의미론적 범주에 대한 설명에는 부적절하다.

격문법을 영아 언어에 처음 적용한 이는 보워만(Bowerman, 1973)이며, 브라운(Brown, 1973)은 자신이 관찰한 세 어린이를 포함한 무려 12개의 자료 집성체(corpus)에 이를 적용하여 집대성하였다(조명한, 1982). 이어문 시기의 영아가 표현한 의미관계에 대한 보워만(Bowerman, 1973), 브라운(Brown, 1973), 슐레진저(Schlesinger, 1974) 등의 분류(Menyuk, 1977, p. 70)와 우리나라 영아의 표현(조명한, 1982, pp. 54–66)을 종합하여 제시하면 〈표 2-6〉과 같다.

표 2-6 이어문에서 표현된 의미관계

의미 관계	예	우리나라 영아의 표현 예
* 행위자 – 행위	(daddy eat)	경 · 2;4 아빠 어부바 현 · 1;8 엄마 맴맴 일 · 2;2 해피 간다 미 · 1;8 아빠 쥐
* 행위 – 목적 (목적 – 행위)	(hit ball)	경 · 2;0 빵 줘 석 · 2;0 줘 숟갈 현 · 1;5 까까 줘 미 · 1;9 쉬 했다
* 소유자 – 소유	(baby shoe)	경 · 2;0 아빠 책 현 · 1;8 고모 꺼 일 · 1;11 아빠 책 미 · 1;8 내 꺼
* 지시하기 – 실체	(that book)	현 · 1;9 강냉이 이거 일 · 2;4 이거 뭔데? 미 · 1;8 요거 불

의미 관계	예	우리나라 영아의 표현 예
* 수식 – 실체	(big truck)	경 · 2;3 엄마야 아퍼 경 · 2;2 은냐 통 석 · 2;1 주사 아야 석 · 2;5 이거 큰 거 이거 봐 현 · 1;7 고모 이뻐 현 · 1;11 무서운 아찌 일 · 2;2 물 줄줄 일 · 2;0 엄마 소 미 · 1;9 엄마 이뻐 미 · 1;11 우리 언니야 미숙이 언니야
실체 – 장소, 장소 – 실체	(book table)	경 · 2;4 샘에 물 석 · 2;2 바까 달 현 · 1;11 사탕 여기 미 · 1;9 저기? 새? 저기? 새?
행위 – 장소, 장소 – 행위	(put floor)	경 · 2;3 오토바이 타 석 · 2;1 바까 쫑쫑 현 · 1;8 빵빵 가 일 · 2;1 배 타 미 · 1;9 여기 앉어
행위자 – 목적	(daddy car)	경 · 2;0 엄마 밥 현 · 1;6 엄마 꼭지 일 · 1;11 아야 똥 미 · 1;8 아빠 밥
부정 (거부, 무시, 비존재)		
재현	(more milk)	
경험자	(want book)	

*보워만(Bowerman, 1973)에 의하면 모든 언어에서 발견되는 의미관계이다.

이와 같은 의미관계가 이어문 표현에서 삼어문, 사어문으로 확장되었을 때 확장된 관계와 그 예를 들면 다음과 같다(조명한, 1982, p. 78).

표 2-7 삼어, 사어 의미관계 구성

의미관계	예
행위자 – 목적 – 행위*	아찌 흙 파
행위자 – 장소 – 행위*	아빠 학교 가
장소 – 목적 – 행위*	아빠 전화 하야?
행위자 – 공존자 – 행위	엄마야 같이 가
공존자 – 목적 – 행위	애기야 호미 찾자
공존자 – 장소 – 행위	아빠 요 가자
행위자 – 수여자 – 목적	엄마 아야 하나
수여자 – 목적 – 행위*	엄마 물 주까?
행위자 – 수여자 – 목적 – 행위*	엄마 아가 종이 줘
행위자 – 장소 – 목적 – 행위	고모 요기 코피 놔

*조명한에 의하면 브라운(Brown, 1973)이 보고한 의미관계와 합치되는 사례들이다.

위의 삼어문 이상 다어문의 의미관계를 보면 이어문의 의미관계와는 달리 행위, 즉 동사가 모든 의미관계에 포함된다. 그 결과 표현한 뜻이 좀 더 분명히 이해된다.

영아들이 좀 더 복잡한 의미관계를 나타내는 문장구조를 사용하여 세 단어 이상의 단어조합형식의 말을 사용하기 시작하면, 영아는 표현하려는 내용의 상황에서 벗어나서도 의사소통이 가능하며 완전한 문장에 가까운 표현이 나타난다. 표현하는 문장에서 사용하는 어휘의 수가 많아진다는 것이 단순히 단어의 양이 증가한다는 것을 의미하는 것이 아니라, 영아가 형태소를 조합하는 규칙과 단어를 조합하는 방법 및 문장의 구조에 대한 규칙을 알고 사용하기 시작함을 의미한다(김명순, 1999). 24개월에서 30개월 사이에 문법적 발달이 정식으로 나타나기 시작하여 모든 기본 어미와 기능어휘가 나타나기 시작한다(Brown, 1973).

(3) 어미의 사용

영아들은 24개월경이면 문장을 사용하여 비교적 자유로운 언어표현을 구사하고, 문법에 대해서 많은 것을 알고 있는 것으로 보고되었다(이영자 외, 1998). 이 시기에는 의문형 어미인 '–니?', '–까?', '–지?'를 사용한 의문문도 나타나며(Kim, 1992), 의문사 '무엇', '어디에', '왜', '어떻게' 등을 사용한 의문문도 이 시기에 출현한다(이영자 외, 1998). 30개월경에는 좀 더 복잡한 의미관계를 나타내는 문장구조를 사용하기 시작하는데, 세 단어 이상의 단어조합형식의 말을 사용하기 시작하면서 완전한 문장에 가까운 표현이 나타난다.

한국어를 말하는 어린이는 술어 굴절어미와 조사를 일찍이 사용하기 시작한다(Kim, 1992). 즉, 다른 시제, 시상(완료형, 진행형), 서법(moods : 다, 냐, 자, 라), 조동사(modalities : 해야 한다, 해도 좋다), 접속사, 그리고 발화계층(해라, 하소, 하게, 하였습니다 등) 등을 표현하는 다양한 술어 굴절어미를 2세 이전에 많이 사용하며 이 술어 굴절어미 사용에서의 실수율은 매우 적은 것으로 보고되고 있다(Kim, 1992, p. 17). 또한 일어표현 시기에도 술어 굴절어미는 나타나며 어미의 제시순서에서도 실수를 범하는 일이 없다. 그리고 이 시기에 이미 말하기와 이해에서 술어 굴절어미 형태소로 구분되는 발화계층 차이뿐만 아니라 의미론적 · 화용론적 차이에 민감하다. 대체적으로 2세경에 영아들이 사용하는 술어 굴절어미를 제시하면 〈표 2–8〉과 같다.

우리말을 하는 유아는 위에 제시한 바와 같이 굴절어미 습득이 조기에 이루어지고 실수가 별로 없다. 그러나 간혹 실수하는 예를 들면 서술문 어미 '–다'를 의문문에도 과잉 적용하여 사용하는 것을 들 수 있다.

예 ① 영아(연령 : 1;10) : 함무니, 토끼다?

(의문문에 서술문 어미 사용)

할머니 : 토끼 아니야, 쥐야, 쥐야.

② 영아(연령 : 2;2) : 엄마, 이게 어떤 거다?

(의문문에 서술문 어미 사용)

위와 같은 술어어미 사용 실수도 초기 단계에 제한된다.

표 2-8 2세경 영아가 사용하는 굴절어미(Kim, 1992)

–다	서술문
–아 / –어 / –오	서술문 / 의문문 / 명령문
–니	의문문
–까	의문문
–래	의지
–께	미래 / 의지
–자	청유문
–요	공손
–지	서술문 / 의문문
–대	보고
–네	예사높임
–습(입)니–	공식의
–았 / –었	과거시제
–잖–	부가질문(부가의문)
–(우)시	주어 경칭
–고	문장 연결 / 동사 연결
–우(면)	조건

영아들이 완전한 문장에 가까운 표현을 하기 시작하면서 문장의 문법에 잘 맞는 문법적 형태소라는 기능어를 습득하게 된다. 즉, 과거나 미래형 보조어간을 사용한다든지 주격 조사를 붙이기 시작하는 것이다. 영아들이 이러한 문법적 형태소를 사용한다는 사실은 바로 영아들이 언어의 문법적 범주를 분명히 이해하고 있다는 증거이기도 하다(이승복, 1997). 또한 문장의 형태도 단순한 문장에서 점차적으로 복잡하게 구성할 수 있게 되어 중문과 복문을 사용할 수 있게 된다. 아울러 중문과 복문을 사용하는 데 있어서도 초보적인 단계와 발달된 단계에서 나타나는 양상이 다르며 발달적인 순서가 있다고 연구자들은 제시하고 있다(Kim, 1992; Radford, 1991).

일찍 표현되는 조사들은 주격조사(nominative marker) '–가', 제한적 조사(delimiter) '–도', 동행조사 '함께', '와', 그리고 공존격조사 '–랑' 등이다. 이러한 조사는

1;8~2;00세 사이에 획득된다(김금주, 2000; 김영주, 1992; 조명한, 1982).

주격조사 '가'의 이형태(異形態, Allomorph)인 '–이'와 주제조사(topic marker) '–은(는)'은 주격조사보다 수개월 후에 나타나며 장소격조사(locative marker) '–에'도 2세 전에 습득된다. 그러나 영아 후기에는 대격조사(accusative marker; 목적격조사라고도 함) '–을(–를)'이 아직 습득되지 않는다. 다음의 예에서처럼 대격조사를 사용할 곳에 주격조사 '–가' 또는 '–이'의 확대 적용이 발견된다.

예 이 아이는 얼굴*이 씻어. 얼굴

조사습득과정에서도 조사 사용의 실수가 나타난다. 영아 후기에 일반적으로 나타나는 주격조사 사용의 실수는 '–이'에 대한 음성학적 문맥에 '–이가'를 사용하거나 '–가'로 대치하는 것이다. '–이' 대신 '–이가'를 사용하는 것은 '–이'를 사용하기 시작한 후에도 지속된다.

예 "할머니, 삼춘*가 토끼 만지어 토끼, 삼촌*이가"

어떤 유아는 주제 조사 '–는(–은)' 앞에 '–이'를 삽입한다.

예 "그럼 이 곰*이는?"

영아 후기에 대격조사 습득 이전에 대격조사를 사용할 곳에 주격조사 '–가' 또는 '–이'의 확대 적용이 발견된다. 이러한 실수는 대격조사를 사용하기 시작한 후에도 한동안 없어지지 않는다.

예 "이 아이는 얼굴*이 씻어 얼굴(2;3 영아)"

두 가지 이형태 '–가'와 '–이', 그리고 주격조사 '–가(–이)'와 대격조사 '–을(–를)' 간의 습득 순서를 결정짓는 요인은 영아의 지각적 특징과 주변 사람들의 이형태 사용 빈도이다(Cho, 1981).

(4) 존댓말의 사용

중류층 영아의 상당수가 2세경이면 주어 존대를 한다고 보고되고 있다(Kim, 1992). 그러나 이 존댓말의 습득에서는 개인차가 있으며 이는 존댓말 습득이 성인의 분명한 가르침과 모델링을 요구하기 때문인 것으로 보인다.

대부분의 유아를 위한 그림 이야기책의 해설은 주어 존칭어미 '–시', 공손어미 '–요', 공식어미 '–습(입)니–' 등을 포함하고 있기 때문에 2세경에 이러한 어미의 사용을 시작한다. '–요'는 '–시'보다 일찍 나타나고 먼저 안정화된다(Lee, 1990; Kim, 1992). 이는 언어 심리적 전략상 슬로빈(Slobin, 1973, 1985)이 제시한 조작원리 중의 하나인 유아가 말의 마지막 음절이 지각적으로 명확하기 때문에 다른 음절보다 주의를 기울이는 경향이 있다는 원리와 맞다고 볼 수 있다.

(5) 어순의 발달

한국 어린이는 언어습득 초기 단계에서 말할 때 기본적인 SOV(주어+목적어+동사)의 어순을 따른다. 그러다가 자라면서 점점 이 어순에 대해 유동성을 갖게 되어 기본을 벗어난 말들을 하게 된다(Kim, 1992; Cho, 1981).

Kim(1992)이 1;8~2;00세 사이의 영아 5명을 대상으로 5~8개월 동안 수집한 자료에 의하면 이미 1년 8개월된 유아가 SOV어순의 문장을 표현하였으며 5명 영아의 전체 발화에서 SOV어순의 발화는 각각 158/166, 30/33, 80/96, 89/94, 113/136이었다. 이 자료를 기초로 김영주는 "한국말을 하는 유아는 언어습득 초기에 기본적 SOV어순을 지킨다.(p. 30)"고 제시하였다. Cho(1981)는 캐나다에 거주하는 세 명의 한국 유아를 대상으로 이들의 일상적인 말에서 나타난 어순을 조사하였다. 연구 시작 시의 세 유아의 연령은 2년 2개월, 2년 7개월, 2년 10개월이었다. 격주 간격으로 4~6개월간 수집한 자료를 분석한 결과 다음 〈표 2–9〉와 같은 어순 패턴이 제시되었다.

표 2-9 세 명의 유아의 이어문과 다어문(multi-words)의 말에서 나타난 어순 패턴(Cho, 1981)

	Alicia	Paul	Anne
	말의 횟수 / %	말의 횟수 / %	말의 횟수 / %
SV	122 / 34.2	182 / 41.4	336 / 40.4
VS	24 / 6.7	14 / 3.2	14 / 1.7
OV	121 / 33.7	110 / 25.0	187 / 22.5
VO	16 / 4.5	4 / .9	3 / .4
SO	4 / 1.1	14 / 3.2	28 / 3.4
SOV	16 / 4.5	38 / 8.6	133 / 16.0
SVO	9 / 2.5	2 / .5	2 / .2
OVS	10 / 2.8	4 / .9	1 / .1
OSV	2 / .6	2 / .5	4 / .5
SCV	29 / 8.1	63 / 12.0	90 / 10.8
CVS	6 / 1.7	8 / 1.8	3 / .4
기타	0 / 0	10 / 22	29 / 3.5
계	359	441	830

*S – 주어　V – 동사　O – 목적어　C – 보어

〈표 2-9〉에 제시된 자료는 2~3세 영아가 언어습득 초기 단계부터 주로 기본적인 어순이나 기본적 어순의 일부분을 따른다는 것을 뒷받침해 주고 있다. 이 영아들의 어머니를 대상으로 말의 어순을 분석해 본 결과에서 영아와 어머니가 사용하는 어순 간에 밀접한 상관이 있음이 나타났다.

외국의 여러 연구 결과도 언어습득 초기 단계에서는 고정된 기본 문장 어순을 사용하는 것으로 보고되고 있다(Brown, Cazden, & Bellugi-Klima, 1969; Slobin, 1966; McNeil, 1966). 영아들이 비기본적인 OSV와 SVO어순의 말을 할 때는 성인의 말에서 적용되는 것과 같은 화용적 고려가 작용하는 것 같다. 대부분의 경우 OSV어순의 말에서 제안된 목적어 NP(Noun Phrase 명사절)는 다음의 표현에서처럼 영아가 즉각적 주의를 기울이고 있는 것이나 핵심적 주제로서 설정하려는 것을 포함하고 있다(Kim, 1992).

예 "아톰, 아톰, 엄마, 아톰시계 아이들이가 뺏었어."
"포도, 이것도 엄마가 사왔다."

(6) 부정문의 사용

영아는 1년 7개월에 성인이 사용하는 형태의 부정형을 사용하기 시작한다(Kim, 1992). 영아가 자주 사용하는 부정의 형태는 거절의 경우 "싫-"; 비존재의 경우 "없-"; 거부 또는 실패의 경우 "안+동사"; 금지나 실패의 경우 "안 되-"; 할 수 없는 경우 "못+동사"이다. 2세경에 단일구 "아니-"를 부인뿐만 아니라 거부, 금지를 나타내기 위하여 사용하는 영아도 있다. 이 시기에는 "아니-"가 여러 다른 폭넓은 의미론적 기능을 나타내기 위해 부정의 형태로 사용된다. 그러나 〈표 2-10〉의 ⑩과 ⑪에서 나타나듯이 의미론적 거부기능을 "-아니-"로 표현할 경우 성인의 문법상으로는 틀린 진술이다. 이와 같이 이 시기에 영아가 부정의 형태와 기능을 연결하여 말하기에 실수하는 경우도 볼 수 있다.

표 2-10 영아 후기 부정문 사용의 예

① 성인: 들어와	영아: 싫어.
② 성인: 이 책 보자.	영아: 그거 싫어.
③ 영아: 막대기 없다.	
④ 영아: 아가 없다.	
⑤ 영아: 괴물 안 무서워.	
⑥ 성인: 말 탈래?	영아: 안 탈래.
⑦ 성인: 맘마, 엄마가 먹을까?	영아: 안 되어(금지).
⑧ 영아: 할머니, 얼음 안 되어?(금지)	
⑨ 영아: (레고 블록을 끼우려고 시도하다가) 안 되어(실패).	
⑩ 성인: 저기 벽에 그리면 인제부터 맴매 맞는 거야.	영아: *맴매 아니야!
⑪ 성인: 송아지 해 보아.	영아: *송아지 아니야!

2세 영아의 경우 부정요소의 위치를 성인의 문법에서 제시되는 것과 같이 동사에 두는 것이 아니라 다음의 예에서와 같이 전체 동사구 앞에 위치하게 하는 '구구조규칙(phrase structure rule)'을 갖고 있다(Cho & Hong, 1988; Kim, 1992).

예 *나 안 밥 먹어.	(영아 연령 2;2~2;6)
*못 잘 타.	(영아 연령 2;2~2;6)
*안 여기서 해.	(영아 연령 2;2~2;6)
*안 골 났어?	(영아 연령 1;11)
*안 바보야.	(영아 연령 2;1~2;4)
*정희는 안 까까 먹고 안 낸내한다.	(영아 연령 2;2)

(7) 관계절 사용

영아는 2세경에 관계절 표현을 시작한다. 관형적 형용사(예 예쁜 꽃)와 관계절의 출현은 거의 같은 시기에 관찰되며 2세경에 나타난다(Kim, 1987; K. O. Lee, 1990). Kim(1987)은 관계절 습득과정을 다음과 같이 제시하고 있다.

▶ 1단계 : 관계절 어미 없이 두 개의 절의 혼합

예 이모가 사주어 없다. 밥 먹어 있었어.

▶ 2단계 : 적절한 굴절어미와 의미론적 미결정적인 선행명사 '것'을 사용한 관계절

예 괴물 티비(TV)에서 나오는 거야? 밥 먹는 거 있었어.

▶ 3단계 : 선행명사 '것'과 의미론적으로 결정적인 선행명사의 혼합

예 배 타는 거 사람이야? 밥 먹는 거 스님 있었어.

▶ 4단계 : 의미론적으로 결정적인 선행명사를 사용한 관계절

예 밥 먹는 스님이 있었어.

관형적 형용사와 관계절 술어의 정확한 어미를 산출하기 시작한 후에도 다음의 예에서 보는 것과 같은 관형적 형용사 사용의 오류가 나타난다.

예 이거는 크다 구두 신었어.

영아는 선행사 '것'을 사용하는 관계절을 먼저 습득하고 후에 선행사로서 명사를 포함하는 관계절을 습득한다(H. J. Lee, 1990; Kim, 1987; K. O. Lee, 1990).

2. 유아의 구어발달

3, 4, 5세 유아기 동안 유아는 완전한 문법적 문장을 형성하는 것을 학습한다. 유아는 문법적 규칙에 대한 지식을 구성하고 여러 수준에 적용되는 규칙을 알게 된다. 따라서 "영희가 철수를 찼어"나 "철수가 영희한테 차였어" 등에서와 같이 어순은 다르나 같은 의미를 갖는 문장을 이해하고 사용할 수 있다. 유아는 형태소 규칙(morphological rules)을 이해하고 이 규칙을 단어나 문장의 의미를 바꾸기 위하여 적용할 줄 알게 되며, 이러한 규칙 적용으로 많은 문법적 문장을 창안하게 된다. 3세경이면 대부분의 정상 유아는 모국어의 기본 형태론과 통사론 구조를 습득한다(Brown, 1973).

문법적 범주에 있어 가장 기초적인 것은 품사이다. 품사에는 명사, 동사, 형용사, 부사, 후치사(조사 포함), 접속사 등을 들 수 있다(Kim, 1987; 이영자, 이종숙, 이정욱, 1997). 매카시(McCarthy)의 품사 발달에 대한 연구에 의하면, 최초에는 명사와 감탄사가 나타나고, 동사가 뒤따르며, 그 후 형용사, 부사, 대명사가 나타나며, 명사가 전 어휘의 50%를 차지한다. 또한 1세에서 30개월 사이의 영아의 어휘 중 명사가 50~85%, 동사가 0~35%를 차지하고 있다(Choi, 1995, 재인용).

반면에 우리나라 유아에 관한 언어발달 연구에 의하면, 2;5세의 경우 명사가 차지하는 비율이 40~46% 정도였고, 3;2세 때에는 25.6% 정도였다(권경순, 이연섭, 정인실, 1980). 또 다른 연구에서는 유아가 표현하는 어휘의 품사는 발달적 변화를 보이며, 명사가 65%로 가장 많고 동사가 14%, 형용사가 9%, 부사가 8%, 기타 기능어가 4%인 것으로 나타났다(Choi, 1995).

이영자, 이종숙과 이정욱(1997)의 연구에 의하면, 영유아가 사용하는 품사는 연령에 따라 그 사용비율이 다르게 나타난다고 보고되었다. 즉 1세에서는 명사, 감탄사, 동사, 조사, 대명사, 부사, 형용사, 접속사의 순이었고, 2세에서는 명사의 사용비율은 가장 높게 나타났으나, 감탄사보다 동사의 사용비율이 높았으며, 3세에서는 조사, 형용사, 접속사의 사용비율이 1, 2세 영아보다 높을 뿐 아니라 다른 품사보다 사용비율이 높아서 명사, 조사, 동사, 형용사, 대명사, 감탄사의 순으로 나타났다고 하였다.

3, 4세에 유아는 대명사, 조사, 형용사, 부사를 포함하는 복합 문장을 사용하게 되고 4, 5세가 되면 문법적으로 정확한 문장을 사용하며 대부분의 기본 언어규칙을 터득하여 쉽게 다어문(多語文)을 말할 수 있다.

이 시기는 말의 의미, 문장, 발음 등을 이해할 수 있기 때문에 단어의 발음, 의미 문장의 구조의 애매 모호성에 기초한 농담과 수수께끼를 할 수 있게 된다.

1) 어휘

유아기가 되면 점차 단어 수가 늘고 문장에서도 단어 수가 증가하며 이에 따라 격조사의 수가 증가하며 결과적으로 형태소 수도 증가된다. 이연섭, 권경안과 김성일(1979)에 의하면 연령단계별로 보아 3;3~3;6세 사이에 8~9개 이하의 형태소로 된 문장이 90% 정도 되는 데 비해 5;1~6;0세 사이에서는 문장의 형태소의 수가 거의 배로 뛰어 16~17개로 되었다고 한다. 또한 이들이 제시한 연령단계별로 출현되는 품사의 평균 비율은 〈표 2-11〉과 같다.

대명사는 연령 증가에 따라 줄어드는 경향이 있고 감탄사도 줄어드는 경향을 보인다. 접속부사는 3;7세가 넘으면서 배로 증가하는 것으로 보아 이 시기를 기점으로 문형이 복잡해짐을 암시하고 있다(이연섭, 권경안, 김성일, 1979, p. 10).

표 2-11 연령단계별 각 품사의 평균 출현율(%)

연령	N	총계	명사	대명사	수사	동사	형용사	관형사	부사	접속 부사	감탄사
3;3~3;6	7	2514	34.1	11.8	0.2	29.7	9.1	1.4	10.4	1.7	1.6
3;7~3;12	5	1920	33.3	12.0	0.3	28.9	8.7	1.9	10.2	3.5	1.3
4;1~4;6	3	915	28.7	9.4	1.0	27.4	9.9	2.4	16.4	3.1	1.7
4;7~4;12	3	1180	31.8	8.5	0.1	31.5	8.2	3.4	12.2	3.5	0.8
5;1~6;0	4	1691	33.5	9.2	0.5	29.6	8.0	2.0	11.7	4.7	0.8

2) 어미의 사용

3세 후반기 내지 4세가 되면 유아기는 대격조사(對格助詞, accusative maker) '–을(–를)'을 사용하기 시작한다(이승환, 배소영, 1989; Kim, 1992). 3세에서 6세 유아를 대상으로 격조사의 바른 사용률을 조사한 결과(이연섭, 권경안, 김성일, 1979) 이 시기 유아는 주격(이/가), 대격(목적격; 을/를), 속격(의), 보격(이/가), 여격(에/에게), 부사격(에/으로/와) 등을 93%에서 100%까지 올바르게 사용한다. 이승환과 배소영은 2세에서 7세 유아의 격조사 이해에 대한 실험 연구결과 65% 정확도를 습득 기준으로 했을 때 주격조사 '–가'는 3세에 습득되고, 대격조사 '–을(–를)'은 4세에 습득되는 것을 발견하였다(Kim, 1992, 재인용). 이영자, 이종숙과 이정욱(1997)은 1, 2, 3세 모두 가장 많이 사용하는 조사는 주격조사이며 연령에 따라 주격조사, 목적격조사, 공존격조사 사용비율에 차이가 있어 주격조사와 목적격조사의 경우 1세보다 3세가, 공존격조사의 경우 1세보다 2세가 유의하게 사용비율이 높다고 보고하였다.

연결어미의 경우 병렬되는 경우와 주종관계를 형성하는 경우를 들 수 있다. 병렬되는 유형에는 중복형(–고, –서, –면서, –다, –가 등), 선택형(–나, –도), 또는 대립형(–지만, –ㄴ데) 등이 있고 주종관계 유형에는 가정형(–면서, –도), 원인형(–니까, –니, –(어)서), 또는 전제형(–어야, –게) 등이 있다. 병렬 유형 중 중복형의 사용은 3세 때에는 93.2%나 되는데 5세가 되면 20%로 감소하고, 대립형 어미는 6.1%에서 22.4%로 증가하며, 선택형은 이 시기에 별로 나타나지 않는다. 주종관계 형성어미 중 원인형은 3세에서 5세 사이에 2~3배의 증가를 보이는 데 비해 가정형은 반 이상으로 줄어들고 전제형은 이 시기에 별로 사용되지 않는 경향을 보였다. 연령에 차이 없이 중복에서는 '-고', '-서' 등이 주로 쓰이고 대립에서는 '-ㄴ데', 가정에서는 '-면', 원인에서는 '-니까', '-(어)서', 전제에서는 '-어야' 등이 주로 쓰이고 있다.

유아의 사고능력의 발달과 함께 어미 사용이 보다 바르게 이루어지며 사용되는 어미 유형에 영향을 줌을 알 수 있다.

조명한(1982)은 유아의 동사시제는 현재형, 과거형, 미래형, 진행형의 순서로 나타난다고 하였고, 이영자, 이종숙과 이정욱(1997) 역시 1, 2, 3세 유아 모두 같은 순서의 결과가 나타난다고 하였다.

3) 부정문의 사용

3세 초반에는 존재치 않음, 금지, 거절, 부인, 할 수 없음(무능력) 그리고 무지 등과 같은 다른 의미론적 기능을 표현하기 위한 어휘적 부정형을 사용한다. 3년 2개월경 이후 V(동사)+지 아니하-(구어의 경우 -지 않-) 등과 같은 후치동사 부정형(post verbal negation form)이 나타나며(이인섭, 1986; Kim, 1992), 4세가 되면 많은 유아가 후치동사 부정형을 사용한다.

그러나 3세 초반에는 아직도 부정형태소의 위치를 잘못 배치하는 오류를 범하는 것이 나타난다(예 참조).

예 ① 나 못 밥해. (3;0)
② 안 똥 마려워. (3;0)
③ 안 계란 먹어. (3;4)
④ 안 이빨 썩어. (3;4)

3세초에 "안 이빨 썩어, 이빨 안 썩어" 등과 같이 부정형태소의 바른 배치와 틀린 배치를 혼합하여 사용하는 것도 흔히 접할 수 있다. 이와 같이 '안'을 사용하는 부정문은 유아기에 계속 많이 나타나는 부정문의 유형이며 점차 바른 배치가 나타난다. 연령이 증가함에 따라 '아니'를 사용하는 부정문은 감소하고 '못 먹는다'에서와 같이 '못'을 동사나 형용사 앞에 위치하여 해당 동사나 형용사를 부정하는 부정문의 유형이나 "…하지 못한다"를 사용하는 부정문이 증가한다. "…하지 못한다"를 사용한 형태의 부정문의 사용은 발달상 뒤에 나타나며 5세 이후에나 나타난다(이연섭, 권경안, 김성일, 1979).

4) 대명사의 사용

대명사의 사용에 있어, Kim(1992)은 한국 유아의 경우에는 1인칭 단수 대명사(예 나)를 주로 사용하며, 2세와 3세 사이에 2인칭 단수 대명사(예 너)를 산출하게 된다고 하였다. 또한 성인과 유아 모두 대화 시에 1인칭 복수 대명사인 '우리'를 사용하는 경향이 높으며, 3인칭 대명사나 재귀대명사는 늦게 습득된다고 지적하였다. 또한 1, 2, 3세 유아는 비사물 대명사, 1인칭 단수 대명사를 주로 사용하며, 1인칭 단수 대명사의 사용비율은 연령이 높아짐에 따라 유의하게 높았다고 보고하였다.

구어에서는 3인칭 대명사를 잘 사용하지 않기 때문에 유아는 3인칭 대명사를 일찍부터 이해하거나 산출하지 못한다. 대신, 3인칭 대명사의 위치에 그 사람 또는 그 아이를 사용하여 표현한다. 4세경에는 '자기'와 같은 재귀대명사를 어휘로서 그 의미를 이해한다(Kim, 1992).

5) 피 · 사동구문의 사용

이상억(1972)에 의하면 피 · 사동구문은 미분화형, 음운론적 유형, 형태론적 유형, 통사론적 유형, 어휘론적 유형의 다섯 가지 유형으로 구분된다. 각각의 유형의 특성과 예를 들면 다음과 같다(이연섭, 권경안, 김성일, 1979).

① 미분화형 : 동사의 형태가 변화 없이 능동, 사동, 피동으로 고루 쓰이는 것을 말한다.

예 차가 움직인다. (능동)

요렇게 움직인 거 샀어. (피동, 5;2)

아빠의 마음을 움직인다. (사동)

② 음운론적 유형 : 동사의 어근에 피 · 사동어미 –이, –히, –리, –기, –우, … 등이 붙어서 피동사나 사동사를 파생시키는 경우를 말한다.

예 빵꾸 뚫린 데 어딨어? (피동, 3;5)

아빠가 '봄비'란 거 보여줬잖아. (사동, 3;3)

③ 형태론적 유형 : 명사에 '하다'를 첨가시켜 동사화시키는 규칙이 있는데 '하다' 대신에 '시키다', '당하다' 등을 첨가하여 사동과 피동을 만드는 경우이다.

예 아빠가 사고당했다. (피동)

아빠가 일을 시켰다. (사동)

④ 통사론적 유형 : 이는 동사를 '–게 하다'의 형태로 바꾸거나 '…하여 지다'의 형태로 바꾸는 것을 말한다.

예 여기 구멍 뚫어진 바퀴야. (피동, 4;1)

동생을 다치게 하려고. (사동, 3;5)

⑤ 어휘론적 유형 : 문자의 구조를 바꿈으로써 형성되는 것이 아니라 각각 별개의 단어를 교체시킴으로써 생성되는 사동 유형이다.

예 장난감이 됐다. (피동) (능동형 : 장난감을 만들었다)

동생을 보냈다. (사동) (능동형 : 동생이 가다)

이연섭, 권경안과 김성일(1979)의 연구에 의하면 사동구문이 피동구문보다 어려워서 형태론적, 어휘론적, 미분화형(동형)의 사동구문은 3~6세 유아에게는 나타나지 않았고 음운론적 사동구문이 주로 나타나고, 피동문의 경우도 5세가 넘어서야 다섯 가지 유형이 나타났으며 통사론적 피동구문이 3세에서 6세 사이의 유아들이 가장 많이 사용하는 유형임을 보고하고 있다. 아울러 이 연구에서는 5세 이전에는 피동 · 능동을 혼동하는 예가 많이 나타나고 있음을 제시하였다.

6) 관계화 구문 사용

이영옥(1979)은 유아의 관계화 구문 습득에 관한 연구에서 5, 6세 유아는 목적어에 관계절이 온 다음의 (나)구조 구문보다는 주어에 관계절이 온 (가)구조 구문을 주로 사용하며 나이가 들어감에 따라 (나)구조 구문을 말하는 비율이 높아져 11세에는 유아의 79%가 (나)형태의 구문을 사용한다고 하였다.

(가) 내가 어제 만났던 그 사람이 사과를 좋아한다.

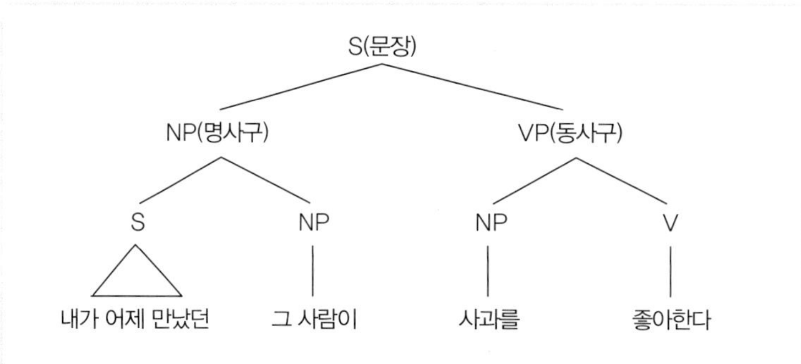

(나) 나는 사과를 좋아하는 그 사람을 만났다.

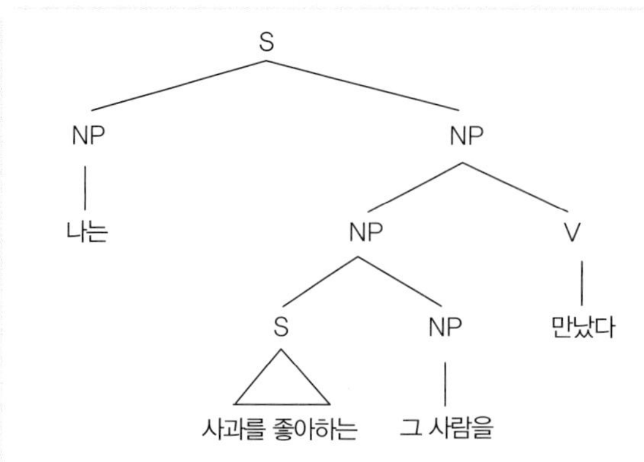

5, 6세 유아는 관계절을 문장 첫머리에 두려는 경향이 있어 다음의 예에서 보듯이 (나)의 구조로 나왔어야 할 문장인 경우에도 (가)의 형태가 되도록 전체 문장의 순서를 뒤바꾸거나 주어를 생략하거나 하는 경향을 보인다(이영옥, 1979, p. 22).

주어를 생략하는 경우;

① 지나가는 차 봤어요? (5;5)

② (인터폰이 있는데요) 방으로 가는 거예요. (5;1)

③ 책에 있는 거하구 똑같애. (5;6)

후치하는 경우;

① 아까랑 똑같은 거다. 소방차가. (5;11)

② 붙이는 건 누나가 줬구. (5;5)

문두에 위치하는 경우;

① 나요. 술에다가요. 사이다를 친 거는 먹어봤어요. (5;1)

② 우리 아빠요. 튜브 살 돈두 없는데요. (5;3)

한편 이영옥(1979)의 연구에 의하면 5세에서 7세 사이의 어린이는 관계절을 따로 떼어놓으려는 경향을 보여 다음과 같은 불완전한 관계문을 압도적으로 빈번하게 사용함이 관찰되었다.

① 기어다는 거요. 그게 와 가지고요. (5;1)

② 우리 노는 데, 거기요. 악기요. 있는 데요. (5;12)

③ 그게 없어졌어요. 벌레 같은 거요. (6;11)

④ 배도 탔어요. 빵빵 도는 배요. (5;3)

⑤ 피 빨아먹어요. 목에서 나온 거요. (6;5) (p. 22)

또한 9세 이후는 복합문장구문의 관계절을 포함하는 문장을 사용하는 것을 발견하였다.

7) 의사소통능력의 발달

의사소통능력이란 상호작용하는 방법, 다른 상황에서 서로 적절히 의사소통하는 방법, 의사소통 상황에서 다른 사람이 말하고 행하는 것에 관한 의미를 파악하는 방법 등을 포함한다(Bromley, 1988).

하임스(Hymes, 1972, 1974)는 의사소통능력에 대한 정의에서 의사소통능력은 언어를 산출하기 위한 문법적 규칙에 대한 지식뿐 아니라 특정한 상황에 맞는 말을 하기 위해 적절한 화용적 규칙(pragmatic rule)에 대한 지식도 포함한다고 주장하였다. 즉, 의사소통능력이란 다른 상황에서는 다른 언어 패턴과 어휘가 사용된다는 것에 관한 지식이다. 의사소통이란 대화하는 두 사람 간의 협력적 노력이다. 같은 의사소통의 안내의 원리에 따라 대화참여자가 대화를 조절하고 제안하고 반응한다. 그러므로 적절한 의사소통 행동의 공유된 규칙을 알지 못하거나 사용하지 않으면 의사소통이 가능하지 않다.

유아의 구어적 언어는 두개의 범주, 즉 개인적 언어와 사회적 언어로 분류될 수 있다. 개인적 언어란 피아제(Piaget, 1974)에 의하면 다른 사람의 입장을 생각하지 못하는 자기중심적 언어를 의미하며, 사회적 언어란 타인의 입장, 사고, 감정, 견해 등을 파악하여 이루어지는 언어를 말한다. 따라서 사회적 언어는 의사소통능력이 좀 더 발전된 상태의 언어적 표현이라고 할 수 있다. 피아제(Piaget, 1974)는 전조작기 유아는 대체로 자기중심적 언어, 즉 청자의 요구에 순응되지 않는 말을 하며, 이는 전조작기 유아가 자신 이외의 다른 사람의 입장에서 생각할 수 없기 때문이라고 진술하였다. 아울러 그는 언어는 자기중심적 언어에서 사회적 언어로 발전되어 가며 사회적 언어로의 전환은 구체적 조작기에 이루어진다고 주장하였다. 또한 청자의 특성은 유아의 말의 양과 질에 전혀 영향력이 없다고 단정하였다.

그러나 비고츠키(Vygotsky, 1962, 1978), 루리아(Luria, 1961), 브루너(Bruner, 1975) 등은 아주 어린 유아의 언어도 사회적 기능을 지닌다고 제안하였다. 이들은 유아의 언어는 유아와 어머니가 함께 활동할 때 물체를 지적하거나, 찾거나, 물체를 가지고 사회적 상호작용을 하는 가운데 발달한다고 주장하였다. 비고츠키(Vygotsky, 1962)는 이러한 대화전략이 점차 내면화된다고 제시하였다. 다시 말하면, 유아의 개인적 언어는 발달적 연속상의 중간 지점, 즉 대화전략이 공공연하고 사회적인 상태와 완전히 내면화된 상태의 중간점에 해당된다는 것이다. 비고츠키(Vygotsky)의 모델에 의하면 유아의 개인적 언어와 사회적 언어는 구별되지 않는다. 비고츠키의 개인적 언어와 사회적 언어의 동일성 견해는 그가 개인적 언어가 청자로부터 응답을 야기할 가능성이 있는 상황에서만 생성된다는 것을 실험적으로 보여줌으로써 지지되었다.

브루너는 초기 영아의 의사소통에 관한 연구에서 영아의 최초 의사소통은 듣기와 관찰하기, 소리에 대한 실험, 사람의 소리에 대한 모방이라는 의미를 포함하고 있다고 지적하였다(Whitehead, 1996). 따라서 영아들의 행동적 · 비언어적 측면, 즉 손짓, 몸짓, 얼굴표정 및 분위기 등은 의사소통에 있어 매우 중요하다.

언어를 습득하기 이전 시기의 영아들도 의사소통을 하고자 하는 의도가 있으며(이승복, 1994), 유아는 대화의 규칙을 주변 사람과 상호작용하면서 배우게 된다(Labos, 1970; Tizard & Hughes, 1984; Vygotsky, 1962). 영아는 첫 단어를 말하기 전 쿠잉, 옹알이 단계에서 의사소통 기술을 습득하기 시작한다. 영아는 사회적 존재로서 양육자의 눈을 응시하며 주변 소리의 정서적 음조에 민감하다. 자신을 향한 말에 주의를 기울이고 대화에서 순서를 지킨다(Masataka, 1993; Snow, 1977).

영아를 향한 말은 성인을 향한 말보다 짧고 반복이 많으며 단순한 문장구조로 되어 있다(Shatz & Gelman, 1973; Snow, 1972). 음성 특성(acoustic characteristics)도 영아를 향한 말은 어조가 보다 높고, 과장되고 단어를 좀 더 천천히 길게 발음한다(Fernald & Simon, 1984; Garnica, 1977). 이러한 영아를 향한 과장된 말의 음조는 영아의 주의를 끌고 유지하는 역할을 하며(Fernald & Mazzie, 1991; Kaplan, Goldstein, Huckeby, Owren, & Cooper, 1995), 중요한 문법적 단위를 표시하는 역할을 하고(Hirsh-pasek, Kemler Nelson, Jusczyk, Wright Cassidy, Druss, & Kennedy, 1987), 영아에게 의사소통 의지를 심어준다(Fernald, 1992). 6개월 된 영아는 음성의 고저를 다르게 하여 표현함으로써 부모와 대화하기 위한 음성적 신호를 보내며, 이때 영아는 '말할 차례 기다리기'와 같은 의사소통 시의 사회적 양상을 대화과정에서 배우게 된다.

영아는 상호작용과정에서 아무 의미 없이 생긴 소리나 표정이 다른 사람들과의 관계 속에서 어떤 결과를 가져온다는 사실을 깨달으면서 소리, 표정 등이 자신의 필요와 요구를 충족시키는 수단이라는 것을 배운다. 이때 영아는 결과를 미리 예견하면서 선택적 · 의도적으로 행동하게 된다. 이처럼 언어는 다른 사람과의 의사소통을 가능하게 하고, 사고를 도와주며, 행동을 조정하도록 하여 이러한 사회적 필요를 충족시켜 준다(Eckerman, Paderson, & Stein, 1982). 11개월경이면 많은 영아들이 50개 또는 그 이상의 단어를 이해하며 말을 하지 못하더라도 어떤 사람이 "아빠 어디 있니?" 하면 손으로 아빠를 지적하는 것과 같은 상호작용이 가능하다(Fenson, Dale, Reznick, Bates, Thal, & Pethick, 1994). 1세경이 되면 영아는 성인이 물체에 대해 하는 행동을 그대로 따라서 하는 등 성인의 주의, 정서와 행동을 따르고 공유하는 능력이 나타난다(Tomasello, 1995).

16개월경이면 영아는 물체에 대한 성인의 의도적 행위를 모방하나 "이런!" 등과 같이 성인이 우연히 잘못 제시하는 말이나 행동은 무시하고 따라하지 않는다(Carpenter, Akhtar, & Tomasello, 1998). 그러나 영아기의 의사소통능력은 제한되어 있으므로 비록 언어를 사용할 수 있다고 하더라도 약 3세경까지는 상황이나 몸짓, 음성어들의 비언어적 요소에 강하게 의존하게 된다(Halliday, 1975).

쉐이프(Chafe, 1970)에 의하면 사회적 언어에서 화자는 각각의 말에서 의사소통을 위한 가장 가치 있는 정보를 내포하게 되며, 새로운 정보는 술부에, 기존의 정보는 주부에 내포한다. 아울러 대화 시 기존의 정보는 생략되거나 대명사화하여 표현하기 때문에 술부만으로 구성된 말을 하게 된다. 이때의 술부로 구성된 말은 대명사화한 문법적 주어가 포함되거나 문법적 주어가 없는 말이다(예 빨리 달렸어, 그 사람이가. 또는 빨리 달렸어). 비고츠키(Vygotsky, 1962)는 개인적 언어에서도 유사한 현상을 보인다고 제시하였다. 즉, 개인적 언어에서 술부로만 구성된 말이 나타남을 지적하였다.

펠레그리니(Pellegrini, 1981)는 4, 5세 유아의 언어적 표현은 사회적 상황에 민감하며, 청자에게서 응답이 예상되는 상황에서 좀 더 개인적인 언어가 생성되는 경향을 보이고, 자신을 향한 질문에서의 대화구조와 다른 사람에게 던지는 질문의 대화구조가 같고, 개인적 언어의 경우 술부로만 구성되어 있음을 제시하였다. 아울러 유아의 자신을 향한 개인적인 언어와 다른 사람을 향한 사회적인 언어는 구별되지 않는다고 주장하였다.

대화 시의 우리의 반응은 우리가 화자의 의도, 말의 의사소통 기능뿐만 아니라 의사소통 형식을 이해하고 반응한다는 것을 나타내 준다. 의사소통에는 어떤 목적을 수행할 의도가 포함된다. 우리가 말할 때에는 우리는 단순히 말하기 위해 말하지는 않는다. 우리의 언어를 통해 어떤 일을 수행하려고 말을 하는 것이다(Austin, 1972).

유아기에 유아는 사과하기, 약속하기, 계약하기, 거짓말하기, 공손한 요청 등과 같은 화행을 효과적으로 하는 방법을 습득한다. 또한 이야기 나누기 또는 언어 사용에서 다른 사람과 협동하는 기초적 의사소통능력도 습득한다. 그러나 유아의 화행에서 자기중심적인 발화가 나타난다(Piaget, 1974). 유아기 동안 유아의 발화는 좀 더 분명해지며, 다른 사람의 발화가 불분명한 경우 명확히 하기 위해 명료한 설명을 요청하는 의사소통 기술도 발달한다. 예를 들어, 다른 사람의 발화가 분명하지 않을 때 "무엇을 했니?", "누가 갔니?", "어디로 갔니?" 등의 질문을 하여 내용을 분명히 할 수 있게 된다.

뮐러(Mueller, 1972)는 3;6~5;6세 유아들을 동성끼리 짝지어 의사소통의 상호작용을 조사한 결과 62%는 화자의 말에 적당하게 성공적인 상호작용을 하였고, 15%는 의사소통 상호작용에 실패했으며, 23%는 중간으로 화자에게 시각적으로 집중하기만 하는 것을 발견하였다. 연령 사이의 뚜렷한 차이는 없었으나 의사소통 상호작용의 성공과 실패를 좌우하는 요소로서 ① 말의 명확성, ② 말의 구조적 완성, ③ 참조의 명확성, ④ 상황에 대한 관계, ⑤ 말의 형태(명령문, 의문문, 서술문), ⑥ 집중의 요구 및 유지, ⑦ 화자 간의 거리 등을 들 수 있다고 하였다.

샤츠와 겔만(Shatz & Gelman, 1973)이 4세 유아가 다른 청자의 의사소통 요구에 말을 맞추는 능력을 요구한 결과 2세아에게보다 성인이나 또래에게 이야기할 때 더 길고 복잡한 문장을 사용하고 2세의 청자에게는 말의 반복, 주의적인 단어를 사용하는 것으로 나타났다. 반면에 4세 유아는 또래와 성인에게는 적당한 말의 형태로 이야기하나, 어린 유아들의 의사소통 요구에는 맞추지 않으며, 5~6세 유아는 맞추려는 시도를 하지만 적절하지 않고, 8세 유아는 적절하게 조절한다는 연구결과도 있다(Gleason, 1973).

8) 구어이야기에 요구되는 지식과 구어이야기 발달

(1) 구어이야기에 요구되는 지식

구어이야기(oral narrative)는 사람들이 생각과 감정을 표현하는 의사소통 양식의 하나이다. 구어이야기는 사람들의 행위와 경험을 탐색하여 나타내고 자신과 가상적 존재의 욕구와 동기를 드러내 주므로(Kavanaugh & Engel, 1998) 다른 사람과의 상호작용에 중요한 역할을 한다.

구어이야기는 인지적 · 언어학적 과제로서 여러 종류의 지식이 구어이야기에 요구된다. 예를 들어, 구어이야기를 말하는 사람은 사건에 대한 일반적 지식, 특정 에피소드의 기억, 사람과의 일상적인 사회적 상호작용에 대한 지식, 다른 이야기 장르의 구조적 특성에 대한 지식, 동사시제와 언어학적 연결에 대한 지식, 청자의 요구에 대한 지식 등이 있어야 한다(Hudson & Shapiro, 1991). 구어이야기를 말하는 사람은 이러한 지식을 이야기 말할 때 통합할 수 있어야 한다. 즉, 아는 것을 구어이야기로 조직하여 말로 표현할 수 있어야 한다.

구어이야기에 요구되는 여러 지식과 지식을 이야기로 전환하는 방법에 대해 제시하면 다음과 같다. 구어이야기에 요구되는 지식은 크게 내용지식, 구조지식, 언어학적 지식, 상황(맥락)적 지식으로 구분될 수 있다. 내용지식은 일반화한 사건 표상, 특정 에피소드와 스토리 기억, 사회적 상호작용의 일반적 유형에 대한 지식을 포함한다. 구조지식(structural knowledge)은 다른 유형의 이야기 구조 요소에 대한 지식이다. 언어학적 지식은 시제, 대명사 사용, 대용참조 적용방법뿐만 아니라 여러 종류의 연결어에 대한 지식을 포함한다. 상황적 지식(contextual knowledge)은 특별히 야기된 상황에서의 이야기의 기능에 대해 알고 믿는 것에 대해 참조하는 말이다. 유아가 말하는 구어이야기의 세 가지 유형은 스크립트(scripts), 개인적 내러티브(personal narratives), 그리고 가상적 내러티브(fictional or fantasy stories)를 들 수 있다. 이야기 유형을 크게 개인적 내러티브와 가상적 내러티브의 두 가지 이야기 장르(narrative genres)로 구분하기도 한다(Uccelli, Hemphill, Pan, & Snow, 1999). 스크립트, 개인적 내러티브, 가상적 내러티브는 내용과 구조에서 아주 다르다. 이야기의 토픽이나 끌어낸 지식의 유형이 각 장르의 이야기 내용과 구조에 영향을 준다. 개인적 내러티브와 가상적 내러티브는 둘 다 주변 대화와 이야기를 별도로 생각하는 능력을 요구한다.

① 내용지식

구어이야기는 단순히 연결된 대화 이상의 사건(event)에 대한 지식을 포함한다. 구어이야기를 제시하려면 그 토픽이 되는 사건에 대한 지식이 있어야 한다.

하지만 유아에게 개인적으로 경험한 사건에 대하여 이야기해 보라고 했을 때마다 그에 대해 이야기할 근거가 되는 지식을 가지고 있을 거라고 생각하기는 어렵다(Hudson & Shapiro, 1991). 그 예로 허드슨과 넬슨(Hudson & Nelson, 1986)이 발견한 바에 의하면 유아는 아주 일상적인 사건들에 대한 특정 에피소드를 기억할 때에는 기억 속에 일반적 사건 표상들이 서로 얽혀 기억하는 데 어려움을 느낀다고 하였다. 구체적으로 예를 들자면 생일에 대한 기억은 회상이 어려워 생일에 대한 개인적 내러티브는 "생일에는 선물을 받아요."와 같은 일반적 정보들이 대부분 포함되고 에피소드 세부적 요소는 거의 포함되지 않는다. 대조적으로 디즈니랜드에 방문했던 기억과 같이 한 번만 경험한 사건 같은 것은 비교적 세부사항이 많이 포함된다.

구어이야기에서의 원인-결과 관계의 이해는 일부 물리적 현상의 원인에 대한 이해에 기초한다. 예를 들면, '바닥에 물을 엎지르면 젖은 부분이 있기 마련이다', '길의 보도 위에 얼음 언 곳이 있으면 미끄러지기 쉽다', '날이 따뜻하면 눈이 녹는다.' 등과 같은 사실을 예로 들 수 있다. 원인-결과 이해는 심리적 요인에 대한 이해에 달려 있다. 따라서 물리적 현상의 원인-결과 또는 심리적 요인의 원인-결과를 제시하는 이야기의 경우 각각에 해당되는 내용지식이 있어야 한다.

가. 스크립트 이야기

스크립트 이야기란 사건에 대해서 항상 일어나는 일반적 서술이며 일반적 사건 지식은 아주 뚜렷하다. 그러나 특별 에피소드에서 나온 정보가 일반적 경우를 제시하기 위하여 또는 규칙에 대해 가능한 예외적인 정보를 제공할 수 있다. 사건 스키마로서 조직된 사건에 대한 일반적인 지식 또는 일반적인 사건 표상은 비교적 일찍 습득된다.

나. 개인적 내러티브

개인적 내러티브(personal narratives)는 자신의 경험을 다른 사람과 공유하기 위해서 이야기하는 것이다. 부모-유아 간의 대화나 간식시간, 점심 · 저녁 식탁에서 이야기 나누기와 같은 상황에서 개인적 경험을 이야기하는 이야기 유형이다(Aukrust & Snow, 1998; Ochs, Tayler, Rudolph, & Smith, 1992).

개인적 내러티브는 이야기 말하는 사람이 일반적 정보를 배경자료로 포함할 수도 있지만 주로 단일 에피소드 기억에서 끌어내어 말한다. 과거 경험으로부터 서로 연결된 만족할 만한 이야기를 선정해야 하며 어떤 정보가 청자와 공유하는 것이고 어떤 것이 공유하지 않는 정보인가를 생각해야 한다. 즉, 개인적 내러티브는 개인의 행위, 사고, 느낌이 이야기 주제 또는 사건의 시간적 순서와 논리적 순서 속에 상호 연결지어 이루어진다. 개인적 이야기를 통해 경험을 알려 주고 가르칠 수도 있다. 예를 들어, 유치원에 가는 아이가 걱정을 할 때 아버지가 자신의 개인적 이야기를 들려줌으로써 아이가 다른 사람들도 자신이 걱정하는 것과 비슷한 걱정을 하였음을 알고 구체적 대처 방안을 고려함으로써 걱정을 누그러뜨리는 작용을 할 수 있다.

다. 가상적 내러티브

유아들이 가장놀이하면서 나타나는 이야기 유형이다. 가상적 내러티브(fictional or fantasy stories)에서 이야기를 말하는 사람은 이야기에서 일어나는 사건에 대한 지식에서 구어이야기를 이끌어 내어야 한다. 일반적 사건지식, 단일 에피소드 기억 또는 다른 가상적 이야기 기억에서 가상적 내러티브를 이끌어 내어야 한다. 이야기 줄거리를 전개하기 위해서 가상적 내러티브를 말하는 사람은 일종의 해결될 문제를 포함시켜야 한다. 개별적으로 경험한 에피소드나 다른 이야기 줄거리에서 이끌어 내서 이루어질 수 있지만 사회적 상호작용에 비추어 특별히 나쁘게 진행될 수 있는 일에 대한 일반적 지식에서 이끌어 낼 수도 있다. 사회적 역할, 인성 유형, 전형적 사회적 상호작용에 대한 지식은 어떤 특정 사건 스키마에 연결되지 않은 일반적 지식이고 이러한 지식을 일반적 사회적 지식으로 간주한다. 다른 사람에 대한 유아의 언어적 설명은 심리적 측면은 포함하지 않고 관찰될 수 있는 특성에 초점을 둔다(Barenboim, 1981). 가상적 내러티브는 즉흥적으로 줄거리를 만드는 기술을 요하며 생생한 행동 진술, 보고하는 말, 소리 효과 등으로 긴장과 흥미를 창조하는 능력도 요구된다.

② 구조지식

구어이야기의 구조지식이 구어이야기의 앞뒤 조리가 있게 해 준다(Coherence). 즉 청자에게 의미가 통하게 정보의 흐름이 순서 있게 해 준다. 그러나 구어이야기는 처음 행위에서 시작하여 끝나는 행동까지 순서대로 진행되지는 않는다. 순서대로 진행되는 것이라면 구어이야기 내용은 일반적 내용, 특정 내용, 환상적 내용으로 구분된다. 사실 구어이야기 말하기의 각 유형은 제시된 정보의 선정(내용)과 이야기 진술방법(구조)에 의해 구별된다.

가. 스크립트

스크립트(scripts)는 행위를 설명하고 가르치고 지시하기 위하여 사용된다. 그러므로 분명하고 정보를 포함해야 한다. 스크립트는 일어난 것이 무엇인가에 대해 중시한다. 시간 구별 없이 현재시제로 보고되어지며 흔히 일반 대명사 "사람들"로 제시된다.

예 사람들이 옷을 입고 춤을 추어요.

보다 복잡한 스크립트는 선택적 행위에 대한 정보를 포함한다.

예 병원에 가면 기다려야 해요. 의사가 이름을 부르면 들어가요. 주사를 맞거나 약을 타요. 의사에게 어디가 아픈지 얘기해요. 정기검진 하러 갔다면 예방주사를 맞아요. 음, 검진을 받으면 집에 가요. 정기검진에서 결과가 나쁘면 병원에 가야 해요.

아주 고도의 복잡한 수준에 이르면 제목 하에 위계적으로 조직된다.

예 내가 한 것처럼 재미있는 놀이를 하려면 수영을 하러 갈 수도 있고 놀잇감 상점에 갈 수도 있어요.
물이 너무 깊지 않은 ○○호수에 갈 수도 있어요.

스크립트 쓰기는 길 안내나 요리순서표와 같다. 가장 중요한 정보가 장식 없이 제시되며 행동이 정확히 일어난 순서대로 보고된다. 에피소드 정보는 다시 일어날 가능성이 있을 때에만 보고된다.

따라서 구어이야기의 토픽이나 전경은 일반적 상황에 관한 것이며 에피소드 정보는 배경이나 논평으로 "한때" 또는 "예외적으로" 등의 표현으로 표시된다. 이야기의 시간대는 실제 세계에서 일어나는 순서를 따른다.

자연관찰에 의하면 28개월 유아는 내적 정신적 상태나 다양한 정신적 상태를 유발하는 조건에 대해 참조할 수 있다(Beeghly & Bretherton, 1982). 맥케이브와 피터슨(McCabe & Peterson, 1985)은 4세에서 6세 사이의 개인적 내러티브에서 심리적 인과관계 참조가 자주 일어남을 발견하였다. 이는 유아가 친근한 상황에서의 사회적 역할과 상호작용에 대한 지식을 나타냄을 의미한다.

3세 유아는 친근한 사건에 대한 핵심적 행위를 일반적 대명사 "사람들"이나 현재시제를 사용하여 정확히 순서대로 이야기할 수 있다(Nelson & Gruendel, 1980). 연령이 높아짐에 따라 선택적이고 상위 행위와 하위 행위 간에 위계적으로 조직된 보다 복잡한 스크립트를 말할 수 있다(Hudson & Nelson, 1986; Slckman, Hudson, & Fivush, 1986).

사건 지식이 증가하고 이야기 말하기 기술이 증가함에 따라 보다 복잡한 스크립트를 말할 수 있다.

나. 개인적 내러티브

개인적으로 경험한 특정한 사건이 중시된다. 개인적 대명사를 사용하여 참여자의 조망으로 과거시제를 적용하여 보고된다. 조리가 선 개인적 내러티브(personal narratives)는 이야기의 핵심인 한 정점을 중심으로 조직된다. 우첼리 등(Uccelli, Hemphill, Pan, & Snow, 1999)은 개인적 내러티브의 요소를 구조(structure), 이야기 오리엔테이션(orientation), 평가(evaluation)로 구분하였다. 구조는 도입(opening), 정점(high point), 종결(closing)로 구분되고, 오리엔테이션은 주인공의 소개, 물리적 환경 내의 행위의 장소(위치), 특정 시간에서의 행위의 장소(위치) 등의 제시로 이루어지고, 평가는 강도를 나타내거나 구분 짓기, 기대에 대한 파기, 인과, 의도와 목적, 의무(compulsions), 보고적인 말, 내적 상태, 신체적 상태, 효과의 반복, 가상적 상태, 비교 등으로 구성된다. 도입(introducer)으로 처음에 내러티브의 시작을 알리고 구어이야기의 요약을 제시하거나 청자의 주의를 끈다(예 "어떻게 되었게?"). 오리엔테이션은 배경과 장면 정보를 제공하고 복잡한 행위들이 행동을 정점으로 이끌어 나간다. 정점은 내러티브를 말하는 사람의 평가로 표시된다. 해결이 뒤따르며 여러 복잡한 일들이 풀린다. 끝맺는 말이 이야기 끝에 부가될 수 있고 현재 상황에 적절하게 내러티브의 끝을 연결한다(Peterson & McCabe, 1991).

스크립트와 달리 개인적 내러티브의 토픽이나 배경은 특정한 에피소드에 대해 펼쳐 나가는 것이며 일반적 사건 정보는 코멘트나 배경적 정보를 제공할 뿐이다. 예를 들어, 다음 예에서 보듯이 주인공에 대한 코멘트에서 '철수는 어리석다'라고 말하는 것이 그 예이다.

예 철수가 운동장에서 놀고 있었다. 철수는 어리석다. 나는 철수를 발로 찼고 그러자 철수가 케이크 한 조각을 나를 향해 던졌다.

보통 평상시와 다른 것에서 청자의 주의를 끌기 위해 일상적 순서를 깨고 배경적 정보를 넣는 경우도 있다.

예 나는 주사를 맞았어요. 보통 때는 소리쳐 울었지만 소리쳐 울지 않았어요. 반창고를 붙였고 간호사가 거기에 웃는 얼굴을 그려줬어요.

개인적 내러티브에서 정점의 강조를 위해 특정 순간에 대해 좀 더 공들여 말하거나 과거진행형을 사용하여 길게 말할 수 있다.

예 1) 나는 어제 갔었어요. 우리 병원 아빠 의사사무실이 어떤지 한 번 갔었기 때문에 알았어요. 음, 주사를 맞았어요. 한 번 따끔했는데 피는 안 났어요. 바로 여기에 맞곤 했는데 이젠 아무 표시가 없어요.

2) 한때 주사 맞으러 병원에 갔었어요. 그때는 내가 작을 때였어요. 나는 울었어요. 의사 방에서 위아래로 달리고 있었어요. 그때에 그 사람들이 장난감이 있는 방으로 데리고 갔어요. 거기에서는 좋았는데 잠시 후에 그 사람들이 "네 차례야." 하고 말했어요. 나는 울면서 상자 안에 들어가 숨으려 했어요. 주사를 놓아준 후에 간호사가 나한테 잘했다고 말하고 'E.T.' 포스터를 주었어요. 내 방에 그걸 걸어 놓았어요. 아직도 있어요.

다. 가상적 내러티브

가상적 내러티브(fictional or fantasy stories)의 구조적 특성은 다양한 유형의 이야기 문법으로 형식화된다는 것이다. 가상적 내러티브는 단순이야기 구조와 복잡한 이야기 구조로 구분된다. 단순이야기 구조는 하나의 에피소드로 구성된 이야기이고 복잡한 이야기 구조는 두 개 이상의 에피소드로 구성된 이야기이다(Stein & Glenn, 1979).

단순이야기 구조에서 이야기는 크게 '배경'과 '에피소드'로 구성된다. '배경'은 주인공의 이름, 현재 위치한 장소 및 주인공의 물리적 · 심리적 상태에 대한 정보를 제공한다. '에피소드'는 계기가 되는 사건, 내적 반응, 시도, 결과, 반응의 카테고리들로 구성된다.

'계기가 되는 사건'은 주인공의 행동을 유발하는 자연 현상의 변화, 외적인 사건에 대해 주인공이 지각하는 정보를 제공한다. '내적 반응'은 계기가 되는 사건에 대한 주인공의 내적인 상태에 대한 진술로 정서적 반응, 목표 설정, 인지하기의 정보 형태를 포함한다. '시도'는 목적을 달성하기 위한 주인공의 행동에 대한 정보를 제공하거나 해결의 원인이 되는 기능을 한다. '결과'는 주인공의 목적 달성 여부를 밝히는 것으로 주인공의 결과에 대한 반응에 영향을 미친다. '반응'은 목적 달성에 대한 주인공의 느낌이나 생각을 나타내는 것이다. 단순이야기 구조를 위계적으로 제시하면 [그림 2-2]와 같다(Stein & Glenn, 1979).

두 개 이상의 에피소드가 포함된 복잡한 이야기 구조를 구성할 때에는 '계열적

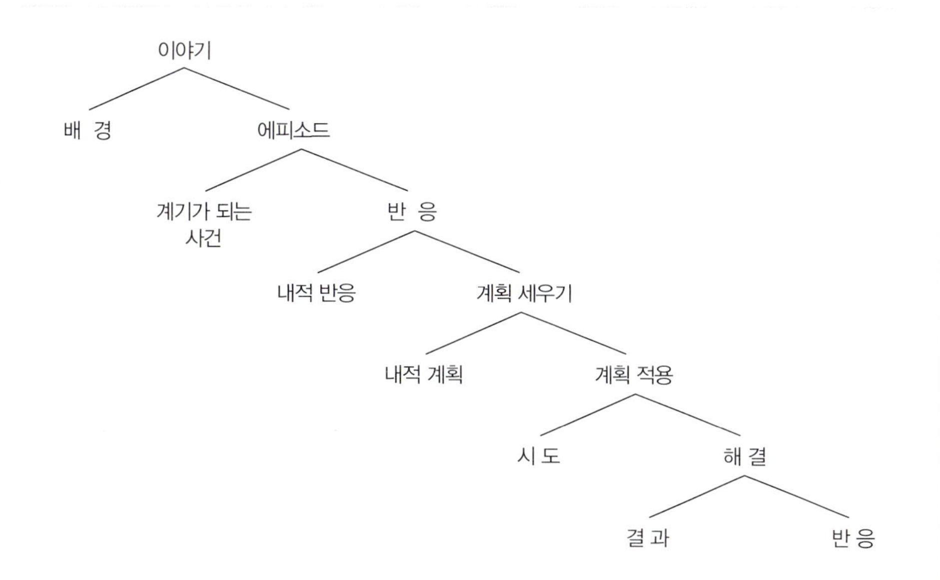

그림 2-2 Stein과 Glenn의 이야기 구조

이야기 구조'로 구성하거나 '내포이야기 구조'로 구성한다. 계열적 이야기 구조는 목표를 달성하기 위한 시도의 결과가 성공적이어서 새로운 목표를 설정하여 다음 에피소드가 진행되는 이야기 구조이다. 내포이야기 구조는 목표를 달성하기 위한 시도의 결과가 실패로 끝나 새로운 시도가 삽입되는 형태의 구조이다.

일반적으로 단순 에피소드 이야기는 ㉠ 형식적 시작(예 "옛날옛날에")과 배경과 주인공을 소개하는 오리엔테이션(orientation); ㉡ 계기가 되는 사건, 즉 목표지향적 행위(initiating event); ㉢ 문제 또는 의도한 목표 달성에 대한 방해요인(problem); ㉣ 문제의 해결(resolution), 그리고 ㉤ 형식적 종결을 포함한다(Nelson & Gruendel, 1988; Stein, 1988; Stein & Glenn, 1982).

가상적 내러티브에서 유아는 자신이 형성한 가상적 내러티브 구조 지식을 반영한다. 유아가 지닌 가상적 내러티브 구조는 다른 사람이 말하는 가상적 내러티브를 이해, 기억, 추론하는 기능을 담당할 뿐만 아니라 새로운 가상적 내러티브 꾸며 말하기에서의 배경지식으로 작용한다.

③ 언어학적 지식

스크립트 보고는 현재 시제가 주어지는 것이라면 개인적 내러티브는 과거 시제가 예상되므로 스크립트나 개인적 내러티브를 말하기 위해서는 시제에 대한 습득이 요구된다. 또한 구어이야기의 앞뒤 연결을 하려면 언어학적 지식이 요구된다. 연결(cohesion)은 참조사항을 대명사화 · 재귀대명사화 하여 시제와 인과적 연결로서 이루어질 수 있다. 그리고 개인적 내러티브와 가상적 내러티브에는 모두 일반적 정보가 포함되므로 배경과 전망을 구별하기 위해서는 '항상', '때로는', '제외하고'와 같은 표현의 습득이 요구된다. 이러한 언어학적 지식이 이야기의 앞뒤 연결에 공헌한다.

3, 4세 유아는 보통 '그리고' 연결어를 주로 사용하고 연령이 증가함에 따라 시제, 인과, 대조 연결어를 더욱 사용하게 된다. 즉, 연령 증가에 따라 다양한 연결어를 사용한다(Peterson & McCabe, 1987).

(2) 구어이야기 발달

① 스크립트 발달

3세경이면 대부분의 유아가 아침에 옷 입기, 생일파티에 가기, 슈퍼마켓 가기, 피자집에서 피자 먹기 등과 같은 친근한 사건에서 일어난 것을 일반적 대명사 '사람들'이나 현재 시제를 사용하여 정확히 순서대로 말로 보고할 수 있다. 말로 사건을 설명할 뿐만 아니라 회상을 안내하기 위해 일반화한 사건 표상을 할 수 있고(Hudson & Nelson, 1983), 이야기를 지원하고(Nelson & Gruendel, 1979), 추론을 이끌어 낼 수 있다(Hudson & Slackman, 1990). 인터뷰에서 5세 유아는 어린 유아와 비교하여 보다 많은 행위와 복잡한 유형의 행위를 포함하는 스크립트를 말할 수 있었다(Hudson & Nelson, 1986).

② 개인적 내러티브 발달

개인적 내러티브의 구조발달은 24개월에서 36개월 사이에 유아가 성인과의 대화에서 과거의 사건에 대한 기억을 보고할 때에 시작된다(Hudson, 1990; Lucariello & Nelson, 1987). 아이젠버그(Eisenberg, 1985)에 의하면 유아는 특정 사건의 독특한 측면을 보고하기 이전에 일반적 사건지식에 기초하여 사건의 예상적 측면을 보고할 수 있다.

유아가 독립적으로 개인적 내러티브를 말할 수 있을 때에 자신의 경험에 비추어 중요하고 독특하고 구분되는 경험 측면에 초점을 둘 수 있고 어른의 조망에서 사건에 대한 질문의 대답에 메이지 않을 수 있다. 정점을 중심으로 가상적 내러티브를 말하려면 어떤 변별되는 내용을 포함해야 하기 때문에 중요한 경험 측면에 초점을 두어 개인적 내러티브를 독립적으로 말하는 것은 중요한 발달 측면이다. 정점이 뚜렷해야 한다는 면에서 경험 내용이 개인적 내러티브 구조에 영향을 줄 수 있다.

여러 연구에 의하면 20개월에서 30개월 사이의 유아는 14개월이었을 당시의 과거 에피소드를 세부적으로 회상하여 말할 수 있다(Eisenberg, 1985; Hudson, 1990; Sachs, 1983). 그러나 2세 유아는 이러한 정보 회상 시 부모가 일깨워주는 신호에 의존하며

30개월에서 36개월경이 되어야 특정 질문과 큐 형태로 지지를 받지 않고도 독립적으로 과거 에피소드를 말할 수 있다(Fivush, Gray, & Fromhoff, 1987).

3, 4세 유아의 경우 대화 상황에서 도입(introducers)과 핵심적 내용(abstracts)을 사용한 개인적 내러티브가 나타난다(Preece, 1987). 유아는 개인적 내러티브에 오리엔테이션 진술을 포함한다. 유아의 개인적 내러티브는 복잡한 행위가 포함되며 해결의 포함은 4, 5세 사이에 증가한다(Peterson & McCabe, 1983).

정점을 나타내기 위한 평가의 사용은 개인적 내러티브의 핵심이다. 2세경 유아는 상호 대화적 개인적 내러티브에서 평가적 도구 적용을 한다(Miller & Sperry, 1988). 그러나 어린 유아의 개인적 내러티브는 평가적 정보보다는 사건에 나타난 행위와 배경정보 등과 같은 참조적 정보를 포함하는 경향이 있다(Umiker-Sebeok, 1979).

연령 증가로 평가적 기술의 수와 유형은 증가한다. 개인적 내러티브 구조의 기본 요소를 갖춘 내러티브는 2세경 성인과의 대화에서 함께 구성한 내러티브에서 나타난다. 3세와 4세에 이르러 독립적으로 과거 경험을 나타내는 기술이 적용된다. 연령 증가와 함께 평가적 도구의 사용이 확대되고 개인적 내러티브가 해결(resolution)과 종결(coda)을 포함한 개인적 내러티브로 확대된다.

자연관찰에 의하면 28개월 유아는 내적 정신적 상태나 다양한 정신적 상태를 유발하는 조건에 대해 참조할 수 있다(Beeghly & Bretherton, 1982). 맥케이브와 피터슨(McCabe & Peterson, 1985)은 4세에서 6세 사이의 개인적 내러티브에서 심리적 인과관계 참조가 자주 일어남을 발견하였다. 이는 유아가 친근한 상황에서의 사회적 역할과 상호작용에 대한 지식을 지니고 있음을 의미한다.

③ 가상적 내러티브 발달

이영자와 박미라(1992)는 애플비(Applebee, 1978), 맥기와 리치겔(McGee & Richgels, 1990)의 구어이야기 구조발달단계에 기초하여 가상적 내러티브 구조발달단계를 다음과 같이 제시하였다.

▶ 0단계: 단순 나열기

제시된 자료를 탐색하면서 그에 적절한 이름을 명명한다. 예를 들어, "의자, 비행기, 배, 닭, 자동차, 강아지, 나무, 집, 끝" 등으로 단순히 이름을 제시한다.

▶ 1단계: 이야기 형태 인식기

이야기 구조 중 일부 카테고리를 인식하기 시작하며 등장인물의 행위를 각각 나열한다. 예를 들면, "멍멍이는 밥 해요. 코끼리는요. 밥 먹고 있어요. 닭은요. 공부하고 있어요."와 같이 등장인물의 행위를 진술한다.

▶ 2단계: 초보적 이야기 진술 형성기

등장인물 내의 특정 인물의 행위가 짧게 순서적으로 제시되면서 이야기가 전개되나 등장인물 간에는 행동의 계열화가 일어나지 않는다. 또한 특정 인물의 행위를 다른 인물과 관련지어 말하지만 특별한 상호작용은 나타나지 않는다. 이야기에 누가 무엇을 어디에서 했는지, 누가 무엇을 하러 어디에 갔는지가 포함되어 주체가 누구인지, 행위자는 어디에서 행동을 하는지, 무엇을 하는지와 관련된 정보를 알 수 있다.

- 초보적 이야기 형성기의 예

  "집에서 사람들이 나와서 나무를 보는 거예요. 자동차가 가는데요. 비행기가 위에서 날아오는 거구요. 배가 배를 따라오는 거예요. 사자하구 멍멍이하구 닭하고 병아리하구 다람쥐하구 코끼리하구 다 만났는데요. 무슨 얘기 나누고 있어요."

▶ 3단계: 단순 나열식 이야기 형성기

등장인물 간의 상호작용이 부분적으로 일어나며 등장인물 간의 행동 계열화도 부분적으로 일어난다. 특정 주인공이 없다. 이야기의 시작 부분이나 중간 부분에서 등장인물을 소개하는 배경을 제시하며 이야기가 대화체로 전개되기도 한다. 등장인물의 특징에 따라 목소리에 적절히 변화를 주면서 이야기를 전개한다. 또한 '그런데', '그래서요', '그리구요' 등의 접속사를 사용하여 이야기를 말한다. 이야기에서

'그런데'의 오용이 나타난다.

• 단순 나열식 이야기 형성기의 예

"코끼리가 있었는데요. 동물원에요. 사람이 와가지고요. 봤거든요. 그런데요. 차가 지나 가가지구요. 엄마가 와 가지구요 데리고 갔거든요. 그런데요. 밤이 되가지고요. 엄마 몰래요. 왔거든요. 그러니까 다른 곳에 와 가지구요. 다람쥐를 봤어요. 그런데요. 집에요. 가기 싫어가지고요. 또 다른 데로 가가지고요. 병아리한테 갔거든요. 그런데요. 얘가 여자애가요. 집에 들어가가지구요. 엄마한테요. 엄마가 찾고 있었는데요. "어디 갔다 왔니?" 하니까 "동물원에 갔다 왔다"고 하니깐요. 혼났어요."

▶ 4단계: 연결적 이야기 형성기

주인공이 설정되며 이야기의 전체에서 등장인물 간의 상호작용이 보이며 이야기는 계열적으로 순서화된다. 이야기는 배경–비계획적 행동–시도–결과의 구조를 보인다. 이야기에서 주인공과 인물 간의 갈등이 부분적으로 진술되며, 갈등상황에 대한 주인공의 내적 반응을 언급하지 않은 채 행위(시도)를 하거나 비계획적 행동에 대한 결과를 이야기한다. 그 결과 듣는 사람이 주인공의 행동의도를 나름대로 해석해야 한다. 이 단계에서도 접속사에 대한 오용이 나타난다. 이야기의 끝부분에 "행복하게 살았어요", "참 좋았어요"와 같은 표현을 하거나 "끝이에요"라고 이야기가 끝났음을 알린다.

• 연결적 이야기 형성기의 예

"옛날에요. 아빠랑 엄마랑 여자애하고 남자애가 살았는데요. 친구가 놀러왔어요. 그래서 같이 놀았는데요. 여기 바닷가 배 있었어요. 배 타 보았더니 너무너무 좋았어요. 그래서 한번 어디 갔다 오니까 집에 식구가 없었어요. 그래서 바깥에서 더 놀다 오니까 식구가 다요. 집 바깥에서요. 찾고 있었어요. 근데요. 할아버지예요. "근데 얘야, 어디 가니?", "그냥 놀러가요", 그랬는데요. 집에 가자 그랬어요. 그래서요. 집에 오니까요. 기분이 참 좋았어요. 끝났어요."

▶ 5단계: 논리적 이야기 형성기

등장인물 간의 상호작용이 높다. 이야기의 구조성 정도가 높아 복잡한 이야기의 구조계열을 유지한다. 이야기에는 한 명 또는 두 명 정도의 주인공이 등장하며, 주인공은 문제를 해결해야 하는 상황을 인식하여 목표를 설정한다. 주인공이 목표를 해결하기 위한 과정에서 여러 등장인물과 공동의 상호작용을 하여 이야기가 전개되고 배경-계기가 되는 사건-내적 반응-시도-삽입 에피소드-계기가 되는 사건-내적 반응-시도-결과의 이야기구조를 유지한다.

두 개 이상의 에피소드가 연결되고 한 개의 에피소드 내에 두 개 이상의 삽입 에피소드가 등장한다.

• 논리적 이야기 형성기의 예

"어떤 종서라는 마을이에요. 종이라는 아이와 정이라는 아이와 철이라는 아이와 윤이라는 아이와…살고 있었어요 ··································· (배경)

그런데 아이들은 이만큼밖에 안 돼서요 ························ (계기가 되는 사건)

어떤 할아버지가 "무슨 좋은 수가 없을까?" 하고 생각했어요. "아하! 그렇다" 하고 ·· (내적 반응)

동물들을 사서 데려 오셨어요 ·· (시도)

동물들은 암탉은 하나 사자까지 둘 … 중략 … 병아리까지 셋, 개까지 넷, 이렇게 동물들을 데리고 오셨어요 ······································ (시도)

-삽입 에피소드-

한참 있다가 또 동물들이 모자르자 ································ (계기가 되는 사건)

할아버지는 또 생각을 하셨어요."아, 무슨 좋은 수가 없을까?" ······· (내적 반응)

이영자와 박미라(1992)에 의하면 3세에는 주로 단순 나열 단계가 나타나고 논리적 이야기 형성기는 나타나지 않으며, 4세의 경우 연결적 이야기 형성 단계가 가장 많이 나타나고 주로 2, 3, 4단계에 속해 있으며, 5세에는 5단계인 논리적 이야기 형성이 급증하고 6세에는 연결적 이야기 형성과 논리적 이야기 형성이 주로 많이 나타난다.

4세경이면 유아는 내러티브 이해에 이야기 스키마를 사용할 수 있으나 내러티브 산출에서의 이야기 구조 스키마 사용은 후에 가서야 나타난다. 3, 4세 유아의 가상적 내러티브에서는 이야기 문법의 기본 구성단위에서 빠트리는 것이 많다. 3, 4세 유아가 내러티브 구조의 일부 요소를 가상적 내러티브에 포함시키기 시작하며 과거시제의 사용, 가상적 주인공, 시작과 종결의 사용 등이 포함된다.

연령의 증가와 함께 이야기에 보다 많은 에피소드 구성요소들이 포함되게 되며 5세경이면 적절한 배경정보를 포함하고 계기가 되는 행동과 줄거리 전개를 위한 시도가 나타난다(Stein, 1988). 그러나 내적 목표, 동기, 반응 등은 아직 포함되지 않으며(Yang, 1983), 8세경이 되어야 전반적 가상적 내러티브 구성요소가 나타난다(Stein & Glenn, 1982). 이야기의 내용이 가상적 내러티브 구조에 영향을 준다(McCabe & Peterson, 1991).

앞에 제시된 가상적 내러티브 발달단계가 연령이 낮은 유아들의 내러티브를 분석하는 데에는 다소 문제가 있을 수 있다는 점을 고려하여 벤슨(Benson, 1996)은 어린 유아들의 가상적 내러티브 구조 분석의 틀을 제시하였다. 이영자와 이지현(2005)은 벤슨의 가상적 내러티브 구조발달단계와 슈타인(Stein, 1988)의 단계를 연결하여 다음과 같이 8수준으로 가상적 내러티브 발달단계를 제시하였다.

▶ 수준 1 : 이야기 구조가 형성되지 않은 내러티브

이야기를 꾸미어 말하나 이야기로서의 구성이 안 되는 경우이며, 단어를 나열하거나 개인적 내러티브를 제시하는 형태로도 나타난다.

▶ 수준 2 : 사건의 병렬적 나열수준 / 설명 나열수준

등장인물의 관계가 나타나 있지 않고 등장인물에 관해 성격이나 신체적 특징을 제시하는 단계로 사건의 원인이나 결과가 제시되지 않는다.

▶ 수준 3 : 행동의 순서적 제시수준

등장인물의 행동을 순서적으로 나열하는 단계로 사건의 원인, 결말이나 연결이 나타나지 않는다.

▶ 수준 4 : 반응의 순서적 제시수준

사건 또는 행동의 원인과 결말은 제시하나 목적 있는 행위는 나타나지 않는 단계이다.

▶ 수준 5 : 장애물과 결말이 없는 목표 지향적 에피소드

▶ 수준 6 : 장애물은 없지만 결말이 포함되는 목표 지향적 에피소드

▶ 수준 7 : 장애물이 포함되지만 결말이 없는 목표 지향적 에피소드

▶ 수준 8 : 장애물과 결말이 모두 포함되는 목표 지향적 에피소드

연령의 증가와 함께 유아의 가상적 내러티브는 좀 더 조직적이고 앞뒤 연결이 잘된 이야기 구조를 이룬다. 그루엔델(Gruendel, 1980)의 연구에 의하면 친근한 사건에 대한 3, 4세 유아의 가상적 내러티브 구성 실험에서 3, 4세 유아는 가상적 내러티브를 구성할 수 없었고 내러티브의 92%가 스크립트(62%)이거나 개인적 내러티브(30%)로 나타났다. 4세 유아의 내러티브에서 나타나지 않았던 문제해결 구조가 8세 유아의 내러티브 구조에서 15% 정도 나타났지만 유아의 내러티브의 47% 정도가 아직 스크립트였다. 피터슨과 맥케이브(Peterson & McCabe, 1983) 연구에서도 5세 유아가 목표지향적 에피소드 구조를 갖춘 가상적 내러티브를 구성하는 데 어려움이 있음을 제시하였다.

한편, 우리나라 유아들을 대상으로 한 이영자와 이지현(2005)의 연구에서는 가상적 내러티브 제시에서 유아의 극소수만 개인적 내러티브로 제시했을 뿐 부적절한 반응은 적은 것으로 나타났다. 그러나 목표지향적 에피소드를 제시하는 비율은 높게 나타나지 않았다. 5세 유아들에게서도 목표지향적 에피소드를 이야기하는 빈도가 17.7% 정도로 5세의 대다수가 사건, 행동, 반응을 순서적으로 나열하는 수준이었다.

따라서 가상적 내러티브에서 에피소드 구조의 이해에 기초한 제시는 초등학교 기간 동안 발달하는 것임을 알 수 있다. 초등학교 5학년에 이르면 앞뒤가 연결된 목표에 기초한 가상적 내러티브를 말할 수 있게 된다(McCabe & Peterson, 1991).

2.3 문어발달

관례적인 읽기와 쓰기 동에 이르기까지의 영유아의 읽기 · 쓰기 행동을 초기 문해라고 한다(Sulzby, 1990). 문해발달은 읽기준비도라는 말을 대신하는 것으로 형식적 교육을 받기 이전에 시작한다(Sulzby, 1986). 초기 문해(emergent literacy) 단계에서의 영유아의 읽기 · 쓰기 행동은 책 다루기, 글자의 기능, 글자 자체에 대한 지식, 이야기 개념 등에 대한 이해와 발달이 진전되면서 점차 관례적으로 읽고 쓰는 행동이 나타난다. 초기 문해 단계에서 영유아가 관례적 문해에 포함된 것들에 대해 어느 정도 개념과 기술이 형성되어 있는가에 따라 초기 문해에서도 읽기 · 쓰기 수행능력이 다르게 제시된다. 읽기와 쓰기는 분리된 기술이 아니라 상호 연결되어 있다. 그러나 읽기와 쓰기의 발달 특성을 구체적으로 살펴보기 위하여 편의상 구분하여 발달단계를 살펴보려고 한다.

1. 문어 발달단계

1) 읽기 발달단계

초기 읽기(emergent reading)는 넓은 의미에서 초기 문해의 한 영역이다. 영유아는 관례적인 의미의 읽기를 할 수 있기 전에도 읽기활동을 즐기며 능동적으로 참여한다(Sulzby & Teale, 1991). 연령이 증가할수록 영아는 오랜 시간 동안 책 읽기에 주의를 집중할 수 있게 되며, 동시에 읽기과정을 즐기게 된다(Senechal, Cornell, & Broda, 1995).

클레이(Clay, 1972, 1982)는 유아의 초기 읽기에 대하여 연구한 결과 초기 읽기 단계를 다음과 같이 구분하였다.

• 제1단계 : 글자는 이야기로 전환될 수 있는 것임을 이해하는 단계. 이 단계에서는 책의 그림을 보고 이야기를 이야기 내용과 관계없이 만들어 내며 자신이 쓴 것도 정확히 읽지 못하고 읽는 흉내만 낸다.

• 제2단계 : 구어에서는 잘 사용되지 않는 특별한 형태의 문어체 이야기를 만들어 내는 단계(예 '여기는 ~입니다', '엄마가 ~라고 말했습니다')

• 제3단계 : 그림을 보고 적절한 문장을 생각해 내는 단계이며 그림이 이야기 내용의 단서(cue)가 됨을 이해한다.

• 제4단계 : 책에 씌여진 문장의 대부분을 기억하는 단계. 이 단계에서는 자신이 기억한 이야기 내용과 그림의 도움을 받아서 책을 읽는다.

• 제5단계 : 단어의 시각적 단서를 사용하여 문장을 재구성하는 단계. 이 단계에서는 글자를 손가락으로 짚으며 읽기도 하고 특정한 단어가 어디 있는지 질문하기도 한다(pp. 59–63).

최근의 여러 연구(Clay, 1972; Doake, 1979a, 1979b; Schickedanz, 1978)는 유아의 읽기 행동이 책에 있는 언어를 사용하는 것으로 전환될 때의 행동에 대한 정보를 제공해 주고 있다. 이 연구들에 의하면 유아는 초기에는 그림을 단서로 사용하여 본래 이야기의 요약을 제시하고, 이것이 반복됨에 따라 이야기책에는 변함없이 정확한 단어의 세트가 있어 읽을 때마다 항상 같다는 것을 유아가 인식하게 된다. 이러한 인식이 유아가 이야기를 이야기책에서 사용한 말대로 말하도록 이끌게 된다고 하였다. 이 시기가 되면 유아는 글자들이 정확한 의미를 가졌다는 것을 알고 직접 글자에 의미를 주게 된다. 실제 글자를 읽어야 한다는 것을 알게 되면서 글자에 유의하게 되고 글자를 지적하며 그 글자에 대해 물어보거나, "읽을 수는 없지만 내용은 말할 수 있어요". 하는 반응이 나오게 된다(Clay, 1979a, p. 29).

로쓰만(Rossman, 1980)은 유아의 이야기책 읽기 행동은 발달단계적으로 이루어지며 첫째 단계는 이야기 꾸며서 읽기, 그 다음은 의미가 비슷하게 꾸며 말하기, 그 다음 단계로 책의 실제 단어를 몇 개 사용하여 의미가 비슷하게 꾸며 말하여 읽기 행동이 나타난다고 제시하였다. 아울러 로쓰만은 유아에게 책을 반복해 읽어 줌으로써 읽기 발달이 가능함을 제시하였다.

이영자와 이종숙(1985)은 클레이(Clay, 1972)와 로쓰만(Rossman, 1980)의 단계를 기초로 유아의 글자와 관련된 규칙의 이해발달과정과 상징적 기능의 이해에 초점을 두어 책 읽기 행동을 연구한 결과 읽기 발달단계를 다음과 같이 나누었다.

▶ 1단계 : 읽기 이해 전 단계
- 하위 1단계 : 말 없이 그림만 쳐다보기
- 하위 2단계 : 그림을 지적하기
- 하위 3단계 : 그림의 명칭을 이야기하기
- 하위 4단계 : 그림에 대해 질문하기

▶ 2단계 : 이야기 구성능력이 없어 "난 ~ 못 읽어요" 같은 의사 표현하는 단계

▶ 3단계 : 그림을 보고 마음대로 이야기 만들기 단계

▶ 4단계 : 의미가 비슷하게 꾸며 말하기 단계

▶ 5단계 : 단어나 구절을 암기하여 이야기하는 단계
- 하위 1단계 : 책에 나온 글자의 암기를 통하여 50% 이하의 단어나 구절을 사용하여 이야기하기
- 하위 2단계 : 책에 나온 글자의 암기를 통하여 50% 이상의 단어나 구절을 사용하여 이야기하기

▶ 6단계 : 글자를 읽어야 한다는 것을 이해하지만 글자를 읽을 줄 몰라 "난 못 읽어요."와 같은 의사를 표현하는 단계

▶ 7단계 : 글자를 읽는 단계
- 하위 1단계 : 글자를 보고 한 문장을 기준으로 25% 이하로 똑바로 읽기
- 하위 2단계 : 글자를 보고 한 문장을 기준으로 50% 이하로 똑바로 읽기
- 하위 3단계 : 글자를 보고 한 문장을 기준으로 75% 이하로 똑바로 읽기
- 하위 4단계 : 글자를 보고 한 문장을 기준으로 75~100% 똑바로 읽기

Lee(1993)의 연구에 의하면 글자를 보고 한 문장을 기준으로 25% 이하로 똑바로

읽는 단계에서 유아는 낱자를 하나씩 읽어 나가며 한 번에 책 전체 읽기를 끝내기가 힘들고 50% 이하로 똑바로 읽는 단계에서는 읽기가 느리며 자신이 읽을 수 없는 글자는 "이 글자가 무슨 글자예요?" 또는 "이 글자 어떻게 읽어요?" 하고 물어가며 읽는다.

설즈비(Sulzby, 1985)는 유아에게 이야기책을 읽어 달라고 요청하여 나타난 반응을 통해 유아의 읽기 행동을 〈그림 2-3〉과 같은 범주로 설명하였다.

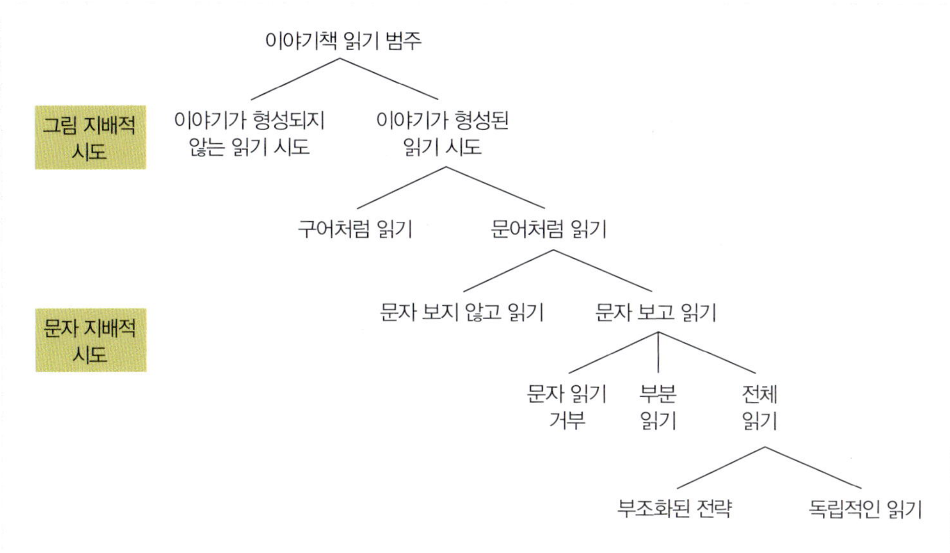

그림 2-3 설즈비(Sulzby, 1985)가 분류한 읽기 행동 범주

설즈비(Sulzby)의 유아 읽기 행동 분석은 책 읽기 시 유아가 구어와 문어를 적용하는 행동과 이야기 내용의 탈상황화 정도에 초점을 둔 것이다. 설즈비가 제시한 유아의 읽기 행동 발달단계를 좀 더 구체적으로 설명하면 다음과 같다.

▶ 범주 1. 이야기가 형성되지 않은 그림 읽기 시도

가장 미숙한 읽기의 범주이며 명명하기(labeling), 지적하기(commenting), 그리고 행위를 따라하기(following)의 하위범주로 구성된다.

- 하위범주 1. 명명하기와 지적하기

책에 그려진 그림을 지적하면서 이름을 붙이거나 사물에 대한 정보를 제공한다(예 침대를 보고 "잠자러 간다."고 말한다).

- 하위범주 2. 행위를 따라하기

책에 그림으로 그려진 행위에 초점을 두고 그 행위가 현재 일어나는 것처럼 행동한다. 이 범주의 유아는 현재, 현재진행형의 동사를 사용한다. 때로는 책의 그림과 똑같이 몸짓을 하며 음성효과(sound effect: 퓨우-, 쿵 -)를 첨가시키기도 한다.

▶ 범주 2. 이야기가 형성된 그림 읽기 시도(구어적 읽기 시도)

- 하위범주 1. 대화적인 이야기 말하기(dialogic storytelling)

그림으로 그려진 특징들을 대화체로 표현하지만 아직 이야기가 연결되지는 않는다. 그러나 유아의 읽기 시도에서 듣는 사람이 이야기를 유추할 수 있다. 이 수준에서의 읽기 행동은 어느 정도 듣는 사람의 요구를 인식한다. 또한 현재 · 현재진행형 · 미래 · 과거 시제가 혼합되어 사용되며 전반적으로 이야기의 순서가 나타난다. 대화적 이야기 말하기는 두 가지 유형으로 나타날 것이다. 초기의 명명하기와 지적하기, 그리고 행동 따라하기 형태가 아직 남아 있을 수도 있고 그렇지 않을 수도 있다. 그러므로 유아의 대화가 그림의 인물에 대한 대화를 제시하기는 하나 대화 진행이나 대사의 연결을 찾기가 힘들다. 대신 유아는 대화적 기술에 의존하려는 경향이 보이며 특히 대화적 목소리를 만들어 내는 경향을 보인다. 그러나 듣는 사람에게 제시하는 대화적 진술을 사용하기도 하나 분명한 신호가 없는 경우가 많아 듣는 사람이 유아가 읽기 또는 대화에서 의도하는 말을 이해하기 힘들다.

- 하위범주 2. 독백적인 이야기 말하기(monological storytelling)

읽을 때의 억양이 아닌 이야기를 말할 때의 억양으로 이야기를 전달한다.

그리고 독백의 형태나 대화의 형태에 더 적합한 어투를 사용한다. 그러나 이야기 말하기에서 그림에 의존하는 경향이 감소되었고, 듣는 사람이 이야기를 이해할 수 있다.

▶ 범주 3. 문어적 읽기 시도

- 하위범주 1. 읽기와 이야기 말하기가 혼합된 범주

구어와 같은 억양이나 어법과 함께 문어 같은 어법이 나타난다. 구어와 문어 간의 전이 시기로 볼 수 있다. 청중을 의식하고는 있으나 이야기의 내용이 탈상황화되지는 않은 상태이다. 그러나 그림 없이 이해될 정도로 세분화되는 시기이다.

- 하위범주 2. 원래 이야기와 비슷하게 읽기

탈상황화된 언어를 사용하고 유사 읽기 억양이 나타나지만 구어적 읽기 형태가 아직 많이 남아 있다.

- 하위범주 3. 원본대로 읽기

문자를 인식하고 부분적으로 이야기의 내용을 기억한다. 이 범주의 유아는 실제로 쓰여진 이야기를 기억하려는 노력 속에서 자기 수정의 행동이 나타난다. 가끔 성인에게 도움을 요청해서 원본을 그대로 읽으려고 한다. 이러한 증거가 바로 머뭇거림과 질문이다(“음——. 여기 읽어 보세요”). 비록 문자에는 주목하지 않지만 성인이 도움을 줄 수 있다는 사실을 알고 있다. 이야기의 내용은 세분화되고 탈상황화되어 그림을 보지 않고도 이해될 수 있다.

▶ 범주 4. 문자 읽기 시도

- 하위범주 1. 문자 인식에 기초한 읽기의 거부

사람들이 읽는 것은 그림이 아니라 글자라는 것을 알면서 읽기 시도를 거부한다. 이때의 반응은 “나는 글자를 읽을 줄 몰라요.”, “아직 읽을 줄 몰라요.”, “읽는 척 할 수 있지만 실제 읽을 줄은 몰라요.” 등으로 글자를 모르기 때문에 읽을 수 없다고 의사를 표현한다.

- 하위범주 2. 부분적으로 읽기

  몇 개의 아는 단어나 문자 또는 기억하고 있는 내용에 초점을 두어 읽는다. 전체 의미에 집중하던 것을 멈추고 펼쳐 놓은 페이지에서 인식할 수 있는 단어만 말하는 경향이 있다.

- 하위범주 3. 일관되지 않은 전략으로 읽기

  모르는 단어를 빠트리고 읽는 경향이 있으며, 때로는 자신이 아는 단어로 대치시킨다. 쓰여진 글자보다 기억하고 있거나 예상되는 글자를 상상해서 읽는 경향이 있다.

- 하위범주 4. 독립적으로 읽기

  단어들을 한 번에 정확하게 읽는다. 만약 잘못 읽었을 경우에는 스스로 수정한다.

윌러트와 카미(Willert & Kammi, 1985)는 유아가 2세부터 5, 6세에 이르기까지 자연스럽게 책을 읽어 주고 유아가 글자를 파악하려고 하는 시도나 읽기자료의 의미를 파악하기 위해 전략을 사용하며, 전략 중 몇 가지는 다른 전략보다 먼저 나타나고, 읽기에 진전을 보인 유아는 보다 많은 전략을 사용함을 발견하였다.

초기 전략은 단어의 첫 글자에만 초점을 두기, 길이나 형태와 같은 단어의 모양에 초점을 맞추기, 그림과 상황에서 의미상의 실마리 얻기이며, 후에 친숙한 글자를 보고 그 단어의 나머지 글자를 파악하기, 단어의 소리를 내기 위해 음운체계 사용하기 등의 전략이 발달한다.

메이슨(Mason, 1981, 1985)은 읽기에 관한 지식의 세 단계로 구성된 유아의 발달 모델을 제안하였다.

- 1단계 : 인쇄글자의 기능에 관한 지식
- 2단계 : 인쇄글자의 형태에 관한 지식
- 3단계 : 인쇄글자의 약정적 지식

제1단계에서는 인쇄글자는 말과 같이 단어를 표상하고 의미를 가졌다는 것을 학습한다. 제2단계에서는 글자의 이름과 글자소리 인식을 포함한다. 제3단계는 읽기 과제를 토의하고 수행하기 위한 약정에 관련된다. 예를 들어, 책 다루기와 용어, 구어능력, 교실에서의 이야기 나누기 통제규칙 등에 관한 지식이다.

메이슨은 유아원 유아는 1단계와 2단계 지식을 습득하고 읽기 활동을 토의하고 수행하기 위하여 인쇄글자의 약정을 사용하기 시작한다고 밝혔다. 아울러 3단계 지식은 학교 읽기 과제에서의 성공에 중요하며 3단계 지식은 1단계와 2단계 기능에 의존한다고 주장하였다.

쉬케단즈(Schickedanz, 1980)는 여러 연구를 종합하여 읽기발달단계를 7단계로 나누고 각 단계에서 나타나는 유아의 행동과 사고를 다음과 같이 서술하였다.

1단계

〈유아의 행동〉

① 책에 있는 그림에 해당하는 이야기를 자신이 꾸며 만들어 읽는다.

② 본인의 의식이 없이 책의 글자를 손으로 가리키며 읽는다.

③ 읽어 주는 사람에게 그림이 포함된 페이지만 읽어달라고 요청한다.

④ 그림이 없이 글자만 있는 페이지는 재빨리 넘겨버린다.

〈유아의 사고〉

유아에게 질문을 할 수 없고 단지 유아의 행동을 통해 판단할 수 있음.

① 그림이 이야기를 말해 준다.

② 개별 독자가 그림에 해당하는 이야기를 창작한다.

2단계

〈유아의 행동〉

① 실제 이야기와 비슷하게 읽는다.

② 1단계에서의 ②③④가 나타난다.

〈유아의 사고〉

① 그림이 이야기를 말해 준다.

② 각 책은 고유의 이야기를 갖고 있다. 개별 독자는 그 이야기를 다시 말하는 것이다.

3단계

〈유아의 행동〉

① 실제 이야기와 비슷하게 읽으나 실제 단어나 구절을 많이 포함하여 읽는다.

② 그림이 있는 페이지만 읽도록 요청하지 않는다.

③ 읽어 주는 사람이 읽을 수 있도록 그림이 없고 글자만 있는 페이지에서 멈춘다.

④ 놀이할 목적으로 읽어 주는 사람이 볼 수 없도록 글자를 가린다.

⑤ 책에 있는 글자를 아는 것에 흥미를 느낀다(특히 첫 제목 부분이나 끝 부분).

〈유아의 사고〉

① 글자가 이야기를 말해 준다.

② 그림은 그 페이지에 있는 글자가 말하는 것을 기억하도록 도와주는 단서로 사용될 수 있다.

③ 각각의 책은 고유의 이야기를 가지고 있다는 것을 인식하고 정확히 이야기를 말하기 위해 사용된다는 것을 인식하기 시작한다.

4단계

〈유아의 행동〉

① 이야기를 암기하여 말 그대로 이야기한다.

② 3단계에서의 ②③④가 나타난다.

③ 읽어 주는 사람이 말을 바꾸면 정정해 준다.

〈유아의 사고〉

① 글자가 이야기를 말해 준다.

② 그림은 이야기를 기억하는 단서가 된다.

③ 각각의 책은 특정 단어로 된 고유의 이야기를 담고 있다.

5단계

〈유아의 행동〉

① 책에 있는 글자와 말을 짝지으려고 시도한다.

② 책의 어디에 ~라고 쓰여져 있느냐고 묻거나 손으로 지적한 단어가 무슨 글자인지 묻는다.

〈유아의 사고〉

① 글자와 말은 서로 관련이 있고 이것을 서로 맞추어야만 한다.

② 글자가 이야기를 말해 준다.

③ 그림은 이야기의 단서이다.

④ 각 책은 고유의 글자로 된 고유의 이야기를 담고 있다.

6단계

〈유아의 행동〉

① 이야기책에 있는 단어를 인식하는 것을 학습한다. 말과 글자를 짝짓고 특정한 단어가 무엇을 말하는지 물어가면서 손가락으로 지적해 가며 단어 읽기를 시작한다.

〈유아의 사고〉

① 글자와 말은 서로 관련이 있고 이것을 서로 맞추어야만 한다.

② 글자가 이야기를 말해 준다.

③ 그림은 이야기의 단서이다.

④ 단어는 눈으로 봐서 단어가 어떤 글자로 구성되어 있는가를 앎으로써 인식되어질 수 있다.

7단계

〈유아의 행동〉

① 문맥, 언어, 글자와 발음의 관계에 대해 아는 것을 통합하여 유창하게 읽는다.

쉬케단즈(Schickedanz, 1993)는 위의 5단계, 6단계의 유아가 말과 글자를 짝짓는 과정에서 알파벳 자 · 모음 글자 하나하나를 말로 표현되는 하나의 음절로 고려하기 때문에 문장을 읽을 때에 암기한 말과 글자가 정확히 짝지어지지 않는 현상이 나타난다고 지적하였다. 유아가 음운 인식(phonemic awareness)이 생기게 됨에 따라 음소구분에 의한 읽기 시도가 이루어지며 자 · 모음 글자의 변별적 자질(distinctive features)에 대한 인식이 생기면서 말과 글자의 연결은 좀 더 정확해진다고 쉬케단즈는 제시하고 있다. 유아가 말과 글자를 연결시키는 것이 우리말의 경우 좀 더 용이하다.

2) 쓰기 발달단계

초기 쓰기는 초기 문해의 한 영역으로 흔히 외현적 쓰기의 형태로 설명된다(Sulzby, 1990). 유아의 쓰기발달도 읽기발달과 마찬가지로 최근에 이르러 좀 더 본격적으로 연구되어졌다.

초기 쓰기는 크게 두 가지 양상으로 나타난다. 그 하나는 자 · 모음 지식, 음운 인식, 철자법에 대한 지식의 발달에 근거한 글자쓰기이고, 다른 하나는 문어이야기 구조개념 및 문어이야기 구성발달에 기초한 글쓰기이다(Schickedanz, 2000). 흔히는 영유아의 쓰기발달에서 글자쓰기에만 관심을 갖는 경우가 많으나 글자쓰기와 글쓰기 발달의 기초가 모두 영유아기에 이루어지므로 두 측면의 발달을 살펴보았다.

(1) 글자쓰기 발달단계

비고츠키(Vygotsky, 1978)에 의하면 영유아에게는 이미 쓰기발달의 씨(seeds)가 태어나면서부터 존재한다. 또한 아이가 처음 긋는 자국은 표시적 신호(indicatory sign)에서 상징화된 자국과 끼적거리기로 대치되고 마지막으로 문어체의 약정적 상징 단계에 도달하게 된다.

힐드레스(Hildreth, 1936)는 형식적인 가르침이 없어도 자연적으로 연령에 따라 유아의 이름 쓰기 능력이 발달되어 있음을 발견하였다. 이름 쓰기 샘플을 통해 초보 쓰기를 단계적으로 다음과 같이 구분하였다.

• 제1단계 : 목적 없이 끼적거리는 단계

• 제2단계 : 끼적거리기에서 지그재그 모양으로 비교적 규칙적으로 나타난다.

• 제3단계 : 간단한 형태의 문자는 알아볼 수 있을 정도로 모방하여 쓰나 대부분은 알아보기 어렵다.

• 제4단계 : 알파벳 글자를 빼놓고 쓰기도 하고 반복하여 쓰기도 한다. 이 단계에서의 이름 쓰기는 실제의 이름과 많은 차이가 나타난다.

• 제5단계 : 이름을 비교적 정확하게 쓰나 때로는 글자를 거꾸로 쓰기도 한다. 이 단계에서는 쓰는 행동에 즐거움을 느낀다.

• 제6단계 : 때로는 글자를 거꾸로 쓸 때가 있으나 제5단계에 비해 각 글자를 쓴 것이 보다 규칙적이다.

• 제7단계 : 이름을 쓰는 속도가 매우 빠르다. 성인이 쓴 것처럼 능숙하게 잘 쓰며 이 단계에 이르면 자신의 이름을 완전하게 쓴다.

자신의 이름을 쓰는 것이 쓰여진 이름을 보는 것과 마찬가지로 단어가 무엇인지에 대한 학습에 도움이 된다. 클레이(Clay, 1972, 1975)에 의하면 유아가 이름을 반복하여 쓰는 가운데 단어는 정해진 글자가 순서에 의해 쓰여진 것이라는 개념을 터득하는 데에 도움이 된다. 특히 자신의 이름 쓰기는 쓰기 동기유발에 가장 큰 요인이라고 볼 수 있다. 유아는 자신의 이름 쓰기 경험에서 구성한 규칙을 다른 단어 쓰기에 적용한다고 하였다.

클레이(Clay, 1975)는 유아가 점차적으로 글자와 단어 사이의 관계를 발견하기 위하여 베껴 쓰기를 하다가 실제 관계를 터득하여 단어 쓰기를 연습하게 되므로, 단어연습현상은 유아가 기본 글자형이 여러 단어를 쓰기 위해 반복하여 사용된다는 것과 방향성의 발견과 같은 언어적 사고 인식을 가지게 되었다는 표시라고 주장하였다. 이 연구는 단어가 정해진 모양의 글자로 구성된다는 개념은 유아가 능동적으로 구성하는 것이며 형식적 가르침에 의해 구성되어지지 않는다는 것을 제시해 준다.

쉬케단즈(Schickedanz, 2002)는 이와 같은 기술과 사고는 한 번에 이루어지는 것이 아니고 영아기로부터의 자연적 탐색과정을 통해 유아가 서서히 스스로 숙련시키며 구성하는 것이라고 제안하였다. 쉬케단즈(Schickedanz, 1993)는 쓰기발달이 진전됨에 따라 유아가 사용하는 전략을 다음과 같이 제시하였다.

- 물리적 관계 전략: 유아는 자극의 수와 외형을 물체 또는 사람의 외적 특성과 연결시킨다. 예를 들어, 3세 된 유아가 자신의 이름을 쓰기 위해 자국 3개를 긋고 아빠의 이름을 쓰기 위해서는 3개 이상의 자국을 그으면서 "아빠는 나보다 크잖아." 하고 말하는 것은 물리적 관계 전략을 사용하기 때문이다.
- 시각적 디자인 전략: 유아는 단어의 인위적 특성을 받아들인다. 글자는 참조물과 외형적으로 닮지 않았다는 것을 안다. 몇 단어 쓰기를 시도한다. 흔히 자신의 이름 쓰기를 시도하며 다른 사람이 써준 이름을 베껴 쓴다. 그러나 특별히 정해진 자 · 모음 글자로 여러 단어들을 쓸 수 있다는 것을 인식하지 못한다.
- 음절적 전략: 유아는 구어와 쓰여진 글자가 관계가 있다는 것을 인식한다. 구어를 음절로 나누어 각 음절을 자국 하나로 기호화한다. 같은 글자가 다른 단어에도 재현된다.
- 시각적 규칙 전략: 단어처럼 보이게 하기 위해 자 · 모음을 연결하여 단어를 만든다. 이때 몇 가지 규칙을 사용한다.

  ① 자 · 모음 글자를 너무 많이 사용하지 않는다.

  ② 자 · 모음 글자를 너무 적게 사용하지 않는다.

  ③ 다양한 자 · 모음 글자를 사용하며 한 자 · 모음 글자를 계속해서 사용하지 않는다.

  ④ 다른 단어를 만들려면 같은 자 · 모음 글자를 재배열한다.

  이 시기 유아는 흔히 자신이 만든 자 · 모음 연결 단어를 내보이며 "이거 무어라고 쓰여 있어요?" 하고 묻는다.
- 권위에 기초한 전략: 시각적 규칙 전략 말기에 나타난다. 자 · 모음을 연결하여 만든 대부분의 단어가 실제 단어가 아니라는 것이 판명되면서 유아는 성인에게 철자를 묻거나 주변의 인쇄물이나 익숙한 책의 잘 아는 단어를 베껴

쓴다.

- 초기 음운적 전략: 단어의 각 글자 소리를 내어가며 철자를 생성하기 시작하며 그 결과 발명적 철자가 나타난다.
- 후기 음운적 전략: 유아가 소리에 기초한 철자법이 실제 단어와 똑같지 않다는 것을 인식하기 시작한다. 그리하여 다시 주변 사람들에게 철자를 묻기 시작한다. 이 전략은 3, 4세 유아들에게서 일반적으로 볼 수 있는 전략은 아니다.

설즈비(Sulzby, 1990)에 의하면 유아가 관례적 쓰기를 할 수 있기까지 정해진 위계적 순서를 거치는 것은 아니나 몇 가지 유형의 보편적이며 전진적 궤도가 나타난다고 하며, 영 · 유아의 쓰기는 '끼적거리기', '그림, 글자 모양의 글자줄(letter string)', '발명적 철자(invented spelling)', '관례적 철자(conventional spelling)'의 순으로 발달한다고 주장한다.

한국 유아를 대상으로 한 이영자와 이종숙(1985, 1990)의 연구에서는 유아의 쓰기 발달이 '끼적거리기 단계', '한두 개의 자형이 우연히 나타나는 단계', '자형이 의도적으로 한두 개 나타나는 단계', '글자의 형태가 나타나고 가끔 자 · 모음의 방향이 틀리는 단계', '단어 쓰기 단계(부분적으로 틀린 단계, 틀린 글자 없이 완전한 단계)'로 진전됨이 밝혀졌다. 쓰기 진전에 따라 사용한 유아들의 쓰기행동 전략은 쉬케단즈(Schickedanz, 1993)가 제시한 쓰기 전략의 진전과 유사하다.

쓰기에 나타난 유아들의 행동 특성 몇 가지를 들어 보면 다음과 같다. 끼적거리기의 가로선이 나타난 다음, 실제 자형은 나타나지 않으나 글자가 하나씩 떨어져 있다는 것을 의식하여 가로선이 따로따로 떨어진 끼적거리기를 반복하는 형태도 있었다. 자그마한 네모칸이 쳐 있는 종이를 골라 칸칸이 점을 찍거나 끼적거리는 행동을 하는 유아도 있었다. 끼적거리기 단계의 유아는 대부분 연필 쥐기가 똑바르지 않았으나 이 단계에서도 연필 쥐기를 바로 하는 유아들을 볼 수 있었다.

글자 쓰기 단계(단어 쓰기)에 있는 유아들은 쓰면서 자신이 쓰려고 하는 글자를 어떻게 쓰는지 잘 모를 때, 옆에 있는 성인에게 그 글자를 어떻게 쓰는지 물어 성인이 다른 종이에 써준 것을 그대로 베껴 쓰는 행동이 나타났다. 이름을 쓸 경우 좌우 방향을 제대로 썼다가 다시 거꾸로 쓰는 현상도 나타나며 이때 유아에게 "이게 무슨 글자니?" 하고 물어보면 글자를 들여다보면서도 바로 쓴 글자와의 시각적 차이를 인식하지 못했다.

또한 '이'자를 숫자 아닌 글자로 '10'으로 썼을 때 다른 사람이 "십" 하고 읽으면 "아니야, 이" 하고 정정하여 말해 주면서도 쓴 글자의 좌우 방향 틀린 것에 대해서는 인식하지 못했다.

글자의 좌우 방향뿐만 아니라 글을 쓸 때 사람들이 내용을 전달하려면 왼쪽에서 오른쪽으로 써야 한다는 인식이 없는 경우도 많다. 그리고 초기 쓰기 단계에서는 쓰는 종이를 마음대로 회전시키는 현상도 나타났다.

문장 쓰는 단계에서 말하면서 쓰는 유아들이 많았으며 소리나는 대로 글자를 써서 철자가 틀리게 쓰이는 경우도 나타났다(예 달님 → 달림, 곰돌이 → 곰도리). 또한 모르는 글자는 빼먹고 쓰거나 그 글자를 어떻게 쓰는지 써 달라고 표현하는 경우도 있고 받침을 어떻게 쓰는지 묻는 경우도 있었다. 그리고 쓰면서 또는 쓴 것을 읽으면서 잘못 쓴 글자를 수정하는 현상도 나타났다. 문장 쓰기 초기에 띄어쓰기가 나타나지 않고 띄어쓰기가 나타나지 않는 단계에서도 구두점을 찍는 것을 볼 수 있었다.

각 단계에서의 유아의 쓰기 형태를 제시하면 〈표 2-12〉와 같다.

표 2-12 쓰기 단계별 영유아의 쓰기 형태

단계	쓰기의 형태
0단계 미분화 단계	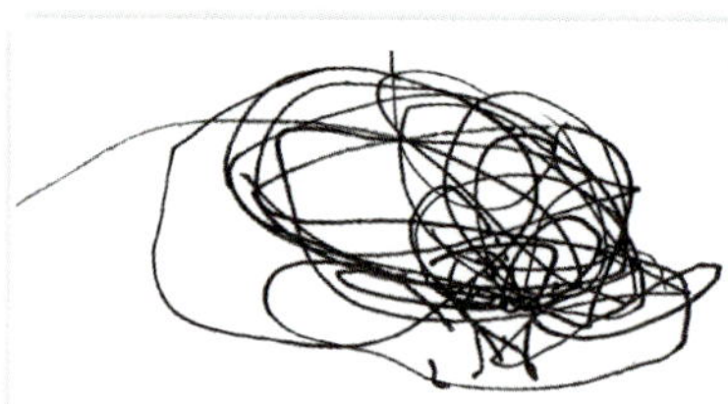 "할머니"라고 쓴 것

단계	쓰기의 형태
1단계 끼적거리기 단계	하위 1단계: 글자의 형태가 나타나지 않으나 세로선이 나타나는 단계 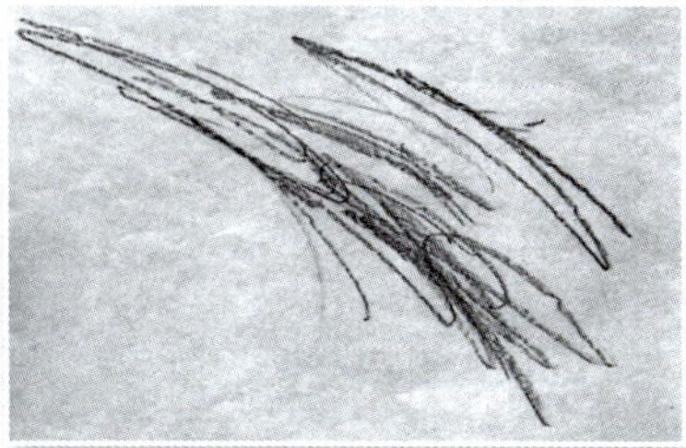 이름 쓴 것
	하위 2단계: 글자의 형태는 나타나지 않으나 가로선이 나타나는 단계  '어린이 집 선생님. 이한나예요'라고 쓴 것 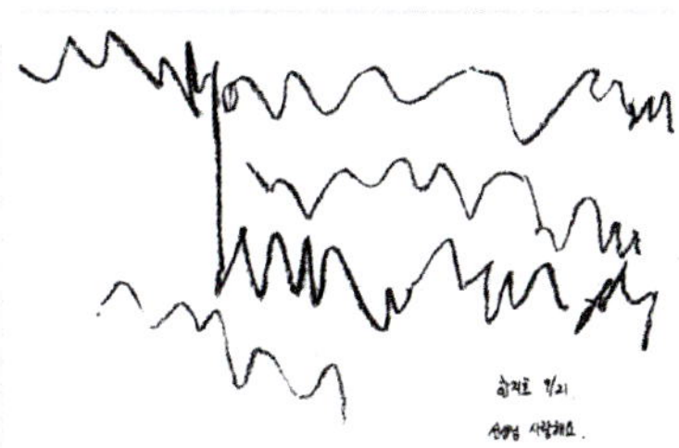 유아가 '선생님 사랑해요'라고 쓴 것

단계	쓰기의 형태
2단계 한두 개의 자형이 우연히 나타나는 단계	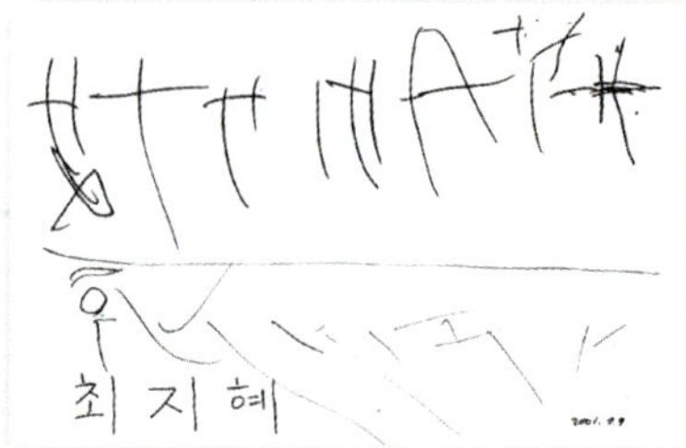 우연한 자형이 나타남
3단계 자형이 의도적으로 한두 개 나타나는 단계	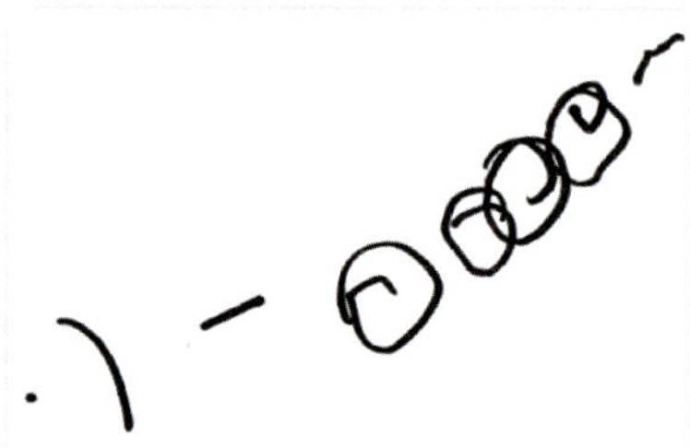 "엄마"라고 쓴 것(박지원)
4단계 글자의 형태가 나타나고 가끔 자 · 모음의 방향이 틀리거나 부분적으로 틀린 단계	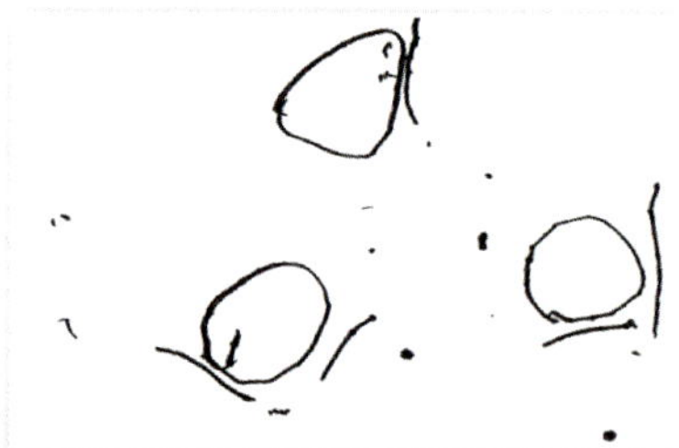 아는 글자를 쓴 것(조한솔)
5단계 단어 쓰기 단계	하위 1단계: 완전한 단어 형태가 나타나고 자 · 모음 방향이 틀리거나 글자가 부분적으로 틀린 단계 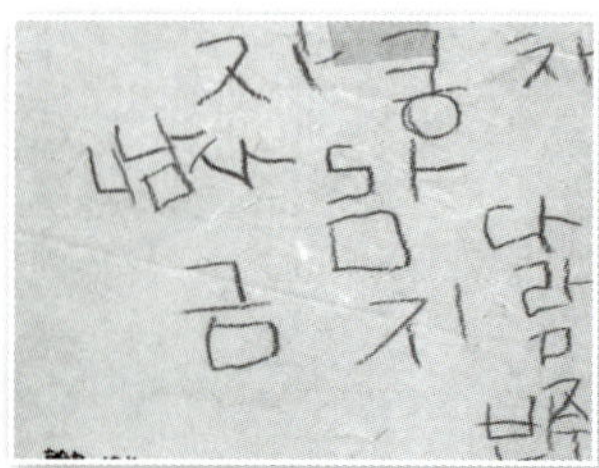 자동차, 사람, 다람쥐반이라고 쓴 것

단계	쓰기의 형태
5단계 단어 쓰기 단계	하위 2단계 : 완전한 단어 형태가 나타나고 자 · 모음 방향이 정확한 단계  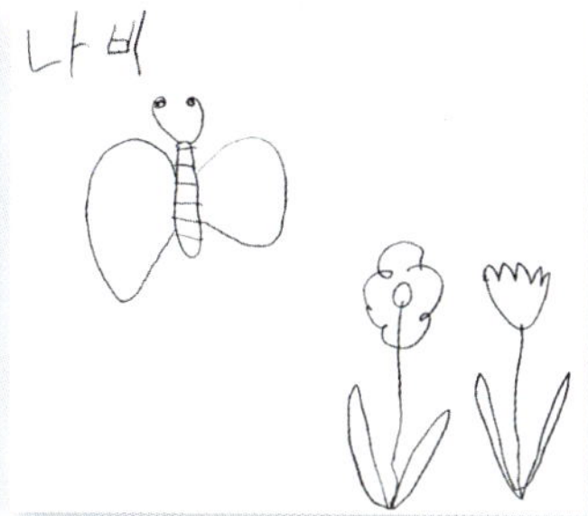 단어 쓰기(오이향)
6단계 문장 쓰기 단계	하위 1단계 : 문장 형태가 나타났으나 부분적으로 틀린 글자가 있는 단계  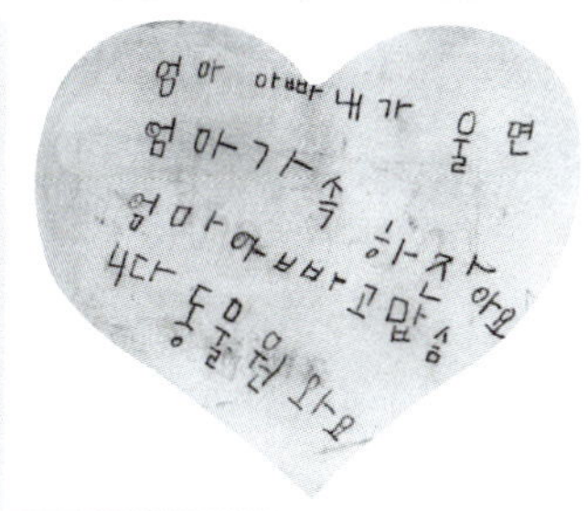 하위 2단계 : 틀린 글자 없이 완전한 문자 형태가 나타나는 단계 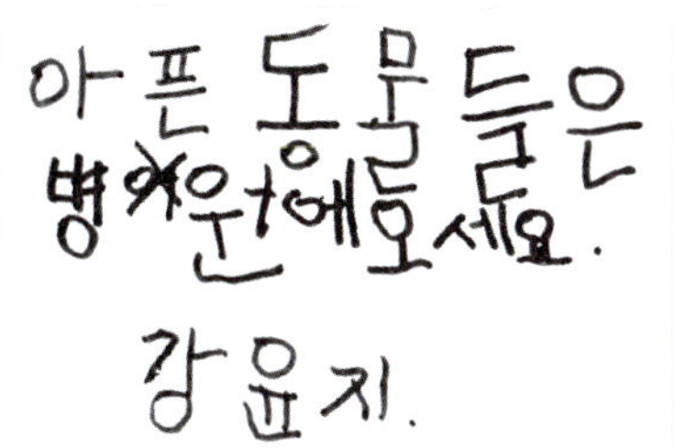 유아가 동물병원 놀이 하면서 표시해 놓은 것

2. 영아의 문어발달

1) 영아의 읽기발달

이영자와 이종숙(1996)이 1, 2세 영아를 대상으로 1년간의 읽기 행동을 관찰 분석한 결과 '말 없이 그림 쳐다보기', '단순 소리내기', '손으로 책의 그림 지적하기', '부모가 하는 대로 따라 명명하기', '명명하기',' 책 옹알이', '그림을 보고 마음대로 이야기 만들기', '그림을 보고 비슷하게 이야기 꾸며 말하기', '단어나 구절을 기억하여 이야기하기'가 나타났다. 만 2세에는 1세 영아에게는 출현하지 않았던 '책 옹알이', '그림을 보고 마음대로 이야기 만들기', '그림을 보고 비슷하게 이야기 꾸며 말하기' 등 좀 더 발달된 읽기 행동이 나타남을 알 수 있다. 한편, 친근한 책의 경우 24개월에도 '그림을 보고 비슷하게 꾸며 말하기' 행동을 보이는 영아가 친근하지 않은 책의 경우 '명명하기'를 하는 것으로 책의 친근 정도가 영아의 읽기 행동에 반영됨을 알 수 있다.

영아의 읽기 행동에는 읽기활동을 할 때의 영아의 시각적 · 동작적 · 음성적 반응 특성이 반영되어 있다. 이러한 반응 특성을 정서적 표현까지 포함하여 좀 더 분석하여 보았다. 1세 영아의 경우 부모가 책을 읽어 줄 때 부모가 읽어 주는 것과 일치하는 그림을 바라보았다. 이것으로 읽어 주는 단어에 대한 이해가 이미 이때에 상당히 형성되어 있음을 알 수 있다. 물론 이 시기에는 부모가 손가락으로 책의 그림을 지적하며 읽어 주거나 말하여 영아가 자연히 그림을 바라보게 되기도 하나 장을 넘길 때마다 읽어 주는 부분의 그림을 쳐다보았다. 또한 방 안에 그 물체가 있을 경우 그림의 물체가 있는 곳으로 시선을 주는 것으로 그 물체에 대한 인식을 나타내었다. 이와 같은 현상은 2세에도 계속되었다.

영아가 "못 읽어요" 하는 반응을 보이면서도 "무슨 이야기가 있어?" 하고 부모가 물으면 '그림을 보고 책의 내용과 비슷하게 이야기 꾸며 말하기' 행동을 보이거나 '부분적으로 기억하여 이야기 말하기' 행동을 보이는 경우, 책에 고유의 내용이 있으며, 일단 글자로 기재된 내용들은 바뀌지 않으며, 글자의 고유의 소리가 있다는 개념이 형성된 영아라 할 수 있다. 이러한 개념이 2세에는 형성된다. 책에 고유의 내용이 있다는 개념이 형성된 영아의 경우 부모가 책을 읽어줄 때 그림을 지적하며 “뭐야?” 또는 “여기 뭐라고 했어?”(Durkin, 1966) 하고 질문하거나 책장을 넘기며 맨 끝부분에서는 “끝” 하고 말하는 등 책 읽기에 좀 더 적극적인 반응을 보인다. 로쓰만(Rossman, 1980)의 연구에서는 이야기 꾸며서 읽기가 1;6세와 2세에 벌써 나타났다.

책 읽기 행동 발달에 따라 책 다루는 방법에 대한 이해에도 차이를 보인다. 책에 대한 이해가 별로 없는 1세 영아의 경우 스스로 책장을 차례로 넘겨야 한다는 개념이 없고 책을 조작적 놀이 도구로 생각한다. 즉, 책을 손에 잡고 흔들다가 책의 모서리 부분을 입에 갖다대고 빨거나, 책을 바닥에 떨어뜨렸다가 줍는 행동을 반복하거나 책을 들고 이리저리 이동하여 다니며, 아코디언식 책은 길게 늘어뜨려 끌고 다닌다. 1세에도 읽어 주는 시늉을 하며 “어느 쪽부터 읽어?” 하고 물으면 책의 앞장을 지적한다. 그러나 글자를 보아야 읽을 수 있다는 것에 대한 인식이 없어 아직 안 읽었다고 하는데도 책장을 넘겨버리는 행동이 나타난다.

부모가 정기적으로 책을 읽어 주는 경우 2세에는 책 다루는 방법에 대한 아이디어가 어느 정도 형성되며 부모의 책 읽기 모델을 그대로 모방한다. 친숙한 책의 앞장이 어디인지 인식하기 시작하며 책의 위와 아래를 구분할 수 있는 행동이 나타난다. 자신이 손으로 글자 있는 곳을 가리고 있어 읽을 수 없다는 것에 대한 인식은 2세 후반에야 나타난다. 2세 후반에는 얇은 책장도 한 장씩 넘기며 끝 장까지 다 넘긴 후에야 책을 덮는다. 그러나 아직 읽기 방향에 대해서는 생각하지 못하여 그림-글자 카드를 제시할 경우 눈은 그림-글자 카드의 그림을 보면서 손으로 글자를 오른쪽에서 왼쪽으로 짚는다. 방향성이 있는 경우에도 한 자 한 자 지적하여 읽지 못하고 그림으로 파악한 어휘를 말하면서 낱자를 손가락으로 지적하기 때문에 파악한 어휘와 쓰여진 글자의 수가 달라 글자가 남으나 개의치 않는다. 이러한 현상은 3세 초반까지 계속된다.

책 읽기 활동에서 영아는 감정을 뚜렷하게 표현하고, 부모와의 책 읽기 활동이 영아에게 즐거운 활동이라는 것을 표현으로 나타낸다. 1세 영아의 경우 엄마와 둘이 책을 읽고 있는데 다른 형제가 와서 같이 읽으려고 하면 책을 들고 징징거리는 반응을 나타내고, 2, 3세 영아라도 졸리어 하품을 하면서도 엄마가 책을 들고 읽어주면 뽀뽀해주는 반응도 나타난다.

책 읽기에 관심이 없어질 경우에는 느낌 표현을 하며 표현하는 방식은 연령에 따라 다르다. 말을 제대로 할 줄 모르는 1세 영아의 경우 행동으로 표현한다. 말의 표현을 할 수 있는 2, 3세 영아의 경우 다른 놀이를 제안하여 엄마와 할 수 있는 다른 놀이를 하거나 "이거 안 돼." 하며 읽기를 거부하거나, 이유를 들어 싫다는 것을 표현한다.

2) 영아의 쓰기발달

쉬케단즈(Schickedanz, 2002)는 영아의 쓰기행동발달에 대한 사례연구를 하였다. 인쇄글자나 쓰기 도구를 자연스럽게 접하고 경험하는 기회를 얼마나 갖는가에 따라 영아의 쓰기발달의 진전은 다르겠으나, 연령에 따라 나타나는 쓰기행동발달 연구결과를 다음과 같이 제시하였다.

- 12개월 : 쓰기 도구 자체에 대한 탐색
- 18개월 : 우연한 수직선의 출현 이후 의도적으로 수직선을 산출하기 시작 (끼적거리기 단계 : 수직선)
- 19개월 : 수평선 긋는 것에 초점을 두어 끼적거리기 시작(끼적거리기 단계 : 수평선)
- 20개월 : 우연히 원형의 자국을 만들고 계속 여러 번 반복하여 시도하면서 쓴 글자에 이름을 붙이기 시작
- 22개월 : 수직선과 수평선들을 그으면서 선집단들을 분류하여 말하기 시작
- 23개월 : "나도 쓸래." 하는 말이 나타나기 시작, 선의 의도적 반복과 경험한 선들로 구성하는 경향이 나타나기 시작(획의 출현 단계)

• 31개월 : 아이디어가 쓰는 행동으로 나타난다는 생각이 출현. "무엇을 쓸까?" 하는 물음이 나타남. 알파벳 글자의 모방이 나타남(의도적 자형 출현)
• 32~36개월 : 자신의 이름이 어떤 글자로 구성되는지 말로는 알고 있으나 쓸 수는 없음. 단어쓰기에서의 시각적 재창조 전략이 나타남

이영자와 이종숙(1996)은 영아는 끼적거리기 내에서도 많은 발전적 변화가 있음을 제시하였다. 처음에는 미분화된 끼적거리기 단계가 나타난다. 쓰기나 그리기가 분화되지 않았을 뿐 아니라 쓴 것과 그린 것을 구별하여 표현할 줄도 모른다. 끼적거리기의 형태는 대개 세로선, 가로선 또는 타원형의 휘갈긴 듯한 형태들이 반복적으로 나타나며 아주 어린 영아는 손의 근육 발달의 미숙으로 선이 흐리거나 힘이 없고 구불거리지만 점차 손에 힘이 생기고 선도 확실해진다.

생후 첫 2년간의 유아는 움직임을 통한 즐거움이나 그을 때마다 나타나는 만족감 때문에 끼적거리기를 한다(Clay, 1975, p. 48). 12개월에서 18개월에는 초보적 끼적거리기가 나타나는데 이때의 끼적거리기는 글씨와 그림을 구별할 수 없는 미분화된 것이다. 그러나 점차 그림과 글씨를 구분하여 표현하는 분화된 끼적거리기가 나타난다. 그림으로 아주 단순한 사물의 모양을 표현할 수 있기 이전에 글씨 끼적거리기가 나타난다(이영자, 이종숙, 1986; Sulzby, 1990). 필기도구를 대개는 주먹으로 쥐고 쓰며, 끼적거리기의 형태는 대개 세로선, 가로선 또는 타원형의 휘갈긴 듯한 형태들이 반복적으로 나타난다(이영자, 이종숙, 1996).

이영자와 이종숙(1985, 1990b, 1996)의 1, 2세와 3~6세 유아의 쓰기발달 연구를 종합하면 1, 2세 영아의 쓰기발달은 대부분 끼적거리기 단계이며 끼적거리기 단계 내에서도 미세한 발달적 변화가 있어 12개월에서 18개월 사이의 영아의 쓰기는 글자와 그림을 전혀 구분하지 못하고 휘갈긴 형태의 미분화된 끼적거리기가 나타난다. 가로선과 세로선이 모두 나타나지만 가장 흔히 나타나는 형태는 타원형 모양의 연속적인 선이다. 가로나 세로로 분리된 선은 간혹 나타나지만 선이 흐리거나 힘이 없고 구불거린다. 그러나 이 시기에 쓰기활동을 통하여 선에 힘이 생기고 더

곧은 선을 그릴 수 있게 된다. 이 시기에는 그린 것에 대해 표현할 줄도 모르며 무엇인지를 물어도 대답을 명확하게 하지 못한다. 또한 그린 것과 쓴 것에 대한 구별을 전혀 하지 못한다.

18개월에서 24개월 사이에는 끼적거리기에 힘이 생기고 연속적인 원이나 선이 아닌 독립적 형태가 나타난다. 이 시기에는 끼적거린 것에 대해 표현하는데, 명명하거나 간단한 문장으로도 표현한다. 이 시기에는 그림 끼적거리기와 글씨 끼적거리기를 구분하는데, 글씨 끼적거리기는 짧은 선이나 점으로 나타내기도 하고 그림의 경우는 크고 담대하며 휘갈기듯 그린다.

2세가 되어 점차적으로 그림 끼적거리기와 글씨 끼적거리기가 확실하게 분화된다. 쓴 것과 그린 것을 언어적으로도 구분하여 표현한다. 음절의 수와 표시된 것 간에 관계를 인식하여 하나의 음절에 하나의 자국을 사용하기도 하며 긴 말은 길게 그리고 짧은 말은 짧게 그리기도 한다. 그러나 그림에 나타난 형태에 따라 의미를 부여하는 등 글자의 임의적(arbitary) 성격은 이해하지 못한다.

18개월에서 24개월 정도에는 끼적거리기가 좀 더 힘이 있게 되고 선이 분명해진다. 연속적 선이나 원이 아닌 독립된 원이나 선이 나타난다(이영자, 이종숙, 1996).

그림 2-4 글과 그림이 분화되지 않은 끼적거리기(15개월)

그림 2-5 글자와 그림이 분화된 끼적거리기 단계: 점이나 짧은 선으로 글자를 표현함(18개월)

3. 유아의 문어발달

1) 유아의 읽기발달

만 3세에는 만 1, 2세에 보였던 전 읽기 행동이 거의 없어지고 읽기 이해에 기초한 읽기 행동을 보인다. 3세에 들어 아주 친근한 책의 경우 책의 겉표지 제목 글자에 시선을 주며 손가락으로 글자를 지적하나 말과 지적이 일치하지 않는 것으로 글자를 읽을 줄 아는 것은 아님을 알 수 있다.

러빈(Lavine, 1977)의 연구에 의하면 문어적 환경의 제공 여부에 관계없이 3세에는 그림과 그림이 아닌 자료를 구별할 수 있었다. 3세 유아는 글자와 숫자를 구별하는 것에는 어려움이 있으나 양쪽 다 인쇄된 글자로 인식한다. 러빈의 연구에서 5세 유아는 글자와 숫자를 구별할 수 있었다.

히버트(Hiebert, 1981)는 유아에게 네 종류의 책을 제시하였다. 그림으로만 된 책, 그림과 글자가 있는 책, 글자만 있는 책, 아무 것도 없는 책, 읽는 사람이 책에서 무엇을 바라보아야 하는가에 대한 질문에 3세 유아의 대부분과 4, 5세 유아 중 몇몇 유아는 아직 그림만 있는 책뿐만 아니라 그림과 글자가 있는 책의 그림에만 손으로 지적하였다. 이는 유아가 그림과 글자를 구별하는 능력이 완전히 형성되지 않았음을 제시한다. 그러나 모든 유아가 글자만 있는 책도 읽을 수 있다고 인식하였다. 그러므로 히버트(Hiebert, 1977)와 러빈(Lavine, 1981)의 연구결과는 일찍부터 책에서 문어와 그림 간에 구별을 학습한다는 것을 나타내 준다.

클레이(Clay, 1972)의 연구에서는 5세 연령의 66%가 글자와 그림을 변별할 수 있었고, 6개월 후에는 90%가 이야기책의 글자와 그림을 변별할 수 있었다. 인쇄된 글자 인식의 발달에 대해 여러 연구결과가 발표되었다. 히버트(Hiebert, 1981)의 연구에 의하면 3세경에 인쇄글자 인식이 나타나고 초등학교 1학년에 이르기 전에 현저하게 증가한다고 제시해 주고 있다. 히버트는 3세 유아가 알파벳 글자들의 절반 이상을 식별할 수 있는 것을 발견했다. 콘토스와 휴버(Kontos & Huba, 1983)도 3세 유아가 3~4개의 글자를 변별할 수 있음을 발견했다. 메이슨(Mason, 1985)의 연구에서는 4세 유아의

80%가 9월에 20자 이상을 인식하였고 다음해 5월에는 95% 정도가 20자 이상을 인식할 수 있었다. 그러나 이 연구들에서 유아가 어떻게 글자를 알게 되었는지에 대해서는 연구되지 않았다.

로맥스와 맥기(Lomax & McGee, 1987)는 3세 유아가 다른 전(前) 읽기 과제보다 인쇄글자 인식과제를 좀 더 잘 수행함을 발견했다. 유아가 6세에 이르기까지 인쇄글자 인식은 연령에 따라 증가하였고 이 인쇄글자 인식능력은 한 글자와 다른 글자를 구별하는 능력의 전조이다. 그리고 이 글자 간의 구별능력은 글자/소리 관계의 지식에 선행하게 된다.

로쓰만(Rossman, 1980)의 연구에서 '의미가 비슷하게 꾸며 말하기'는 3세의 주된 읽기 행동이었으며, '책의 실제 단어를 몇 개 사용하여 의미가 비슷하게 꾸며 말하기'는 4세와 5세의 주된 읽기 행동으로 관찰되었다.

이영자와 이종숙(1985)의 연구에서는 3~5세 유아의 경우 비지시적인 이야기책 읽어 주기를 통해 읽기발달이 '그림을 보고 마음대로 이야기 만들기', '의미가 비슷하게 꾸며 만들기', '단어와 구절을 암기하여 이야기하기', '글자를 읽기'의 순서로 이루어지며, 전이단계로 글자를 읽어야 함을 이해하나 읽을 수 없어서 "난 못 읽어요."와 같은 반응을 나타내는 단계가 관찰되었다. 같은 방법에 의한 이영자(Lee, 1993)의 연구에서는 3세에는 '읽기에 대한 아무런 이해가 없는 단계', '그림을 보고 마음대로 이야기 만들기 단계'가 관찰되었고, 4세에는 '읽기에 대한 아무런 이해가 없는 단계'에서 '부분적 글자 읽기 단계'까지 관찰되었고, 5세에는 '글자를 읽어야 함을 이해하나 읽을 수 없어 못 읽는다고 반응하는 단계' 행동에서 '부분적으로 글자 읽기 단계'까지의 행동이 관찰되었다.

2) 유아의 쓰기발달

3세경 유아는 성인의 글씨에 대한 의도적 모방으로 꾸불꾸불한 선(wave lines)이나 일련의 작은 동그라미나 수직선(vertical lines)을 긋는다(Ferreiro & Teborosky, 1982). 휘갈

(Wheeler, 1971)는 5세 된 유아가 자신의 이름을 정해진 글자 차례로 쓰기 시작하면서 이름을 반복하여 쓰다가 점차 자신의 이름 쓰기가 감소되고 다른 실제 단어의 구성이 증가함을 발견하였다.

사례연구에서 나타난 유아의 쓰기행동 발달은 다음과 같다(Schickedanz, 2002).

- 3;6~4;6세 : 단어처럼 보이게 하는 것으로 단어를 구성하지는 못한다는 것을 발견하기 시작한다. 이 시기 처음에는 "이 단어가 무슨 단어지?" 하고 묻기 시작하다가 질문의 방향을 바꾸어 "이게 단어야?" 하고 묻는다. 때로는 "'사랑하는 엄마에게'라고 어떻게 쓰지?" 하고 묻고는 편지의 내용은 그림으로 그리는 현상도 나타난다. 이 시기 말쯤 실제 단어를 사용하기 시작한다(글자 형태 나타남).
- 4;6~5;6세 : 좀 더 빈번한 쓰기행동이 나타나며 관례적 글자를 창조한다. 교사에게 단어쓰기를 도와달라는 요청을 하기도 하며, 글자의 일부를 교사가 써주고 교사의 도움으로 나머지 철자를 쓰기도 한다.
- 5;6~6세 : 단어를 말할 때 소리나는 대로 쓰면 단어의 철자가 된다고 생각한다. 그러면서 어떤 단어가 자신이 쓴 것과 다른 사람이 쓴 것이 다르다는 것을 알아차리기 시작하고 단어를 쓰는 것은 아주 어려운 것이라는 생각을 갖게 된다. 그리하여 한동안 쓰지 않는 현상이 생긴다.
- 6~6;6세 : 철자 속에 소리가 나지 않는 묵음이 있다는 것을 알고 발견한다. 철자를 바르게 쓸 수 없기 때문에 쓰기 싫어하는 현상이 나타난다.
- 6;6세 : 관례적인 철자 표기가 나타난다.

3세경 대부분의 영아들은 두 가지 형태의 쓰기 행동인 그림으로 표현하기와 끼적거리기를 할 수 있게 된다. 글자 쓰기는 대개 2세 말경이나 3세경에서 시작되는데 이 시기에 나타나는 긴 글자줄에는 3가지 하위범주, 즉 ① 무작위적 글자줄(아무렇게나 끼적거리는 것), ② 유형이 있는 글자줄(비슷한 낱자들이 번갈아 나타나는 것), ③ 이름의 낱자 배합(이름에 있는 낱자를 다양한 방법으로 재결합하는 것)이 있다(Sulzby, 1990)

3세 말이나 4세가 되면 끼적거리기, 그림, 글자줄은 자주 나타나나 음운 인식이나 발명적 철자는 간혹 나타난다(Sulzby, 1990). 힐드레스(Hildreth, 1936)의 연구는 3세경이면 유아의 선 긋기는 글자의 특수한 변별 특징을 포함하며 이 변별 특징은 규칙적인 수직적 움직임과 수평적인 일직선의 방향을 포함한다고 지적하였다.

클레이(Clay, 1977)에 의하면 3세에서 5세 사이의 대부분의 유아는 사람들이 종이에 목적을 가지고 표시한다는 것을 인식하게 되고 쓰는 것을 모방하게 된다. 이 모방과정에 유아는 끼적거리기 단계의 글씨와 유사 글자가 나타난다고 클레이는 관찰·보고하였다.

러빈(Lavine, 1977)의 연구에 의하면 유아의 끼적거리기와 글자를 변별하는 능력과

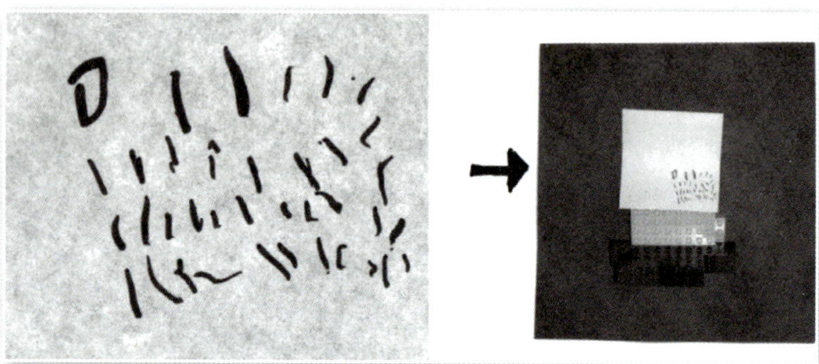

그림 2-6 자신의 구성물에 '부수지 마세요'라고 써서 표시한 것(50개월)

그림 2-7 아는 글자 반복하여 쓰기. 그러나 무슨 글자인지는 모름(3세)

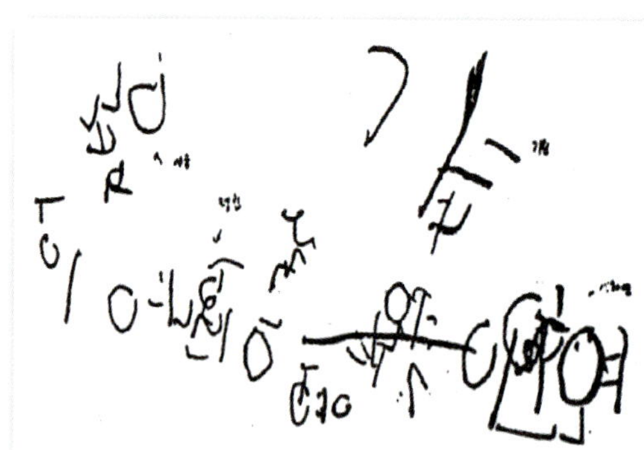

그림 2-8 기린, 사슴, 펭귄이라고 쓴 것. 유아의 이름에 있는 낱자를 사용한 글자줄이 나타남(39개월)

활자의 특수형태 변별능력이 3세에서 6;6세 사이에 증진된다. 변별과정은 단계적 형태로 진전된다. 깁슨 등(Gibson, Pick, Osser, & Hammond, 1962)은 유아의 글자 형태들 간의 변별능력은 4세에서 8세 사이에 증가한다고 보고하였다. 엣킨즈(Atkins, 1984)는 이 3세에서 5세 사이에 유아의 쓰기 패턴이 점차적으로 모방에서 창작 형태로 변형되고 이때 실제 글자, 유사 글자, 발명적 상징 글자를 혼합하여 쓰게 된다고 제시하였다.

유아가 실제 글자를 쓰는 초기 단계에서는 알파벳 글자이름과 소리를 연결하는 노력을 기울여 쓰기 때문에 철자법이 미숙하게 나타난다. 초기의 음운적 철자법 단계에서는 읽기자료의 쓰기 경험을 통해 철자법에 대한 분명한 인식이 생기게 된다(Moffett, 1983). 깁슨과 요나스(Gibson & Yonas, 1968)는 글자를 쓰는 것은 고도의 선 긋기술, 즉 똑바른 선, 곡선, 사선, 직각선, 개방선, 폐쇄선 긋기 등의 기술이 숙달되어야 하며, 이는 6세에는 보통 달성되기 힘들다고 보고하였다.

3세 유아의 경우 끼적거리기 단계이면서 가로선이 나타나는 쓰기를 가장 많이 보이나 쓰기발달 정도가 아주 다양하여 쓰기발달의 개인차가 심하다. 4세의 경우 끼적거리기는 거의 나타나지 않고 단어 쓰기가 가장 많이 나타난다. 5세와 6세에는 단어 쓰기 이상의 발달수준을 보이며, 6세에 이르면 문장 형태의 쓰기가 많이 나타난다.

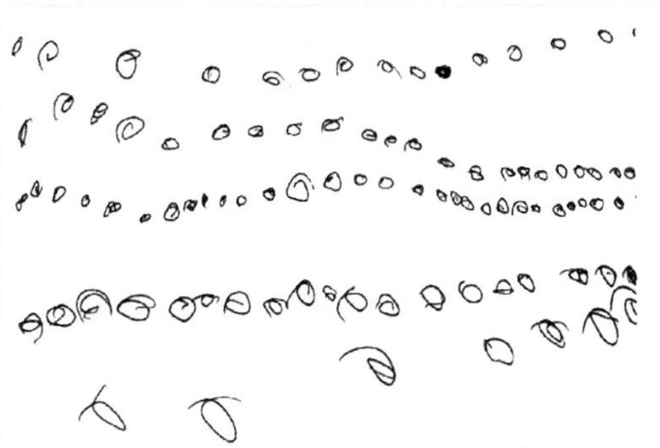

그림 2-9 편지 쓴 것. 내용은 말하지 않음 (신다영, 42개월)

그림 2-10 엄마에게 편지 쓴 것. "엄마에게", "엄마 보고 싶어요"라고 쓴 것임 (표승우, 50개월)

3) 가상적(환상적) 문어이야기 구조 개념 및 문어이야기의 발달

유아의 문어이야기 구성능력은 유아가 지닌 문어이야기 구조 개념과 연결된다. 유아는 문어이야기 구조 개념을 성인이 읽어 들려 준 이야기책의 내용에서 자연스럽게 파악한다. 머로우(Morrow, 1990)에 의하면 유아가 책 읽기 활동에 많이 참여하게 됨에 따라 점차 이야기 구조 개념이 발달하여 문어이야기 회상에서 이야기 구조가 보다 잘 형성된 문어이야기를 제시한다. 잘 형성된 문어이야기 구조에는 '배경(시간, 장소, 인물)'과 '주제(주인공이 목표를 정하고 반응하게 하거나 문제에 직면하게 하는 최초의 동기유발 사건이 있음)', '구성 에피소드(주인공이 목표 달성이나 문제해결을 위하여 행하는 사건 등)', '해결(목표 달성, 문제해결, 종결, 혹은 장기적 결과)' 등이 포함된다. 4~6세 유아가 구성하거나 회상한 문어이야기 속에는 대개 '배경'과 '도입', '결과'가 포함된다고 보고된다. 또한 초등학교 유아들은 '반응'과 '시도' 그리고 '종결'이 포함된 문어이야기를 구성하거나 회상한다고 보고되고 있다. 이러한 연구들을 기초로 머로우(Morrow, 1990)는 유아들의 문어이야기 구조 개념 및 회상 발달을 측정하기 위한 항목 제시에서 이야기 구조를 배경, 주제, 구성일화(에피소드), 해결로 구분하여 다음과 같이 제시하고 있다.

(1) 배경

① 도입 부분과 함께 이야기를 시작함

② 주인공의 이름

③ 다른 등장인물의 이름을 말한 수 / 실제 등장한 인물 수

④ 시간과 장소에 대한 언급

(2) 주제

주인공의 주요 목표와 해결하여야 할 문제를 언급

(3) 구성일화

이야기 속의 일화 수

(4) 해결

① 문제해결(목표 달성)에 대한 언급　　② 이야기 종결

환상적 문어이야기를 구성한다는 것은 환상적 이야기를 직접 글로 써서 표현하거나 다른 사람이 받아써 주어 표현하는 것을 의미한다. 그러므로 환상적 문어이야기의 구성은 쓰기(짓기)에 해당된다. 문어이야기 구성을 위해서는 구어이야기 구성에서의 내용지식과 이야기 구조지식(예 Stein의 이야기 문법), 언어학적 지식, 상황적 지식이 적용된다. 그러나 문어이야기를 구성하기 위해서는 구어이야기를 구성할 때보다 좀 더 조절된 사고를 요한다(이영자, 이종숙, 1990; 이문정, 2001). 환상적 문어이야기를 구성하는 것은 눈에 보이지 않는 독자를 위한 탈상황적인 이야기 구성이기 때문에 시간과 공간의 전환을 어휘나 문장으로 명시해야 하며 등장인물에 대한 언급을 분명히 해야 한다(이문정, 2001). 아울러 글쓰기를 위한 문해 기술이 요구된다.

유아의 문어이야기 구성 발달은 직접 글로 쓰거나 받아써 준 이야기 구조에 의해 파악한다. 4, 5세 유아의 이야기책 만들기에서 나타나는 문어이야기 구조는 다음과 같은 단계를 거쳐 발달한다(조희숙, 공숙자, 1996; 박미라, 2002).

- 0단계 단순명명기 : 그림 명명하기
- 1단계 단순진술기 : 그림을 행동으로 진술하기
- 2단계 행동연결기 : 등장인물 내 행동의 계열화
- 3단계 단순사건 배열기
- 4단계 단순이야기 구조 발현기 : 이야기 구조의 출현
- 5단계 단순이야기 구조 형성기 : 단순이야기 구조가 위계적으로 나타나는 단계, 5단계의 이야기 구조 카테고리는 배경-계기가 되는 사건-결과의 범주가 먼저 나타나고, 이야기 구조가 복잡할수록 내적 반응과 반응이 나타난다.

PART 02

언어교육 내용 및 방법

Chapter 03 영유아를 위한 언어교육 내용

Chapter 04 영유아를 위한 언어교육 방법

Chapter 05 영유아 언어발달 평가 및 평가결과의 활용

CHAPTER 03

영유아를 위한 언어교육 내용

3.1 영유아를 위한 언어교육 목표 및 내용

영유아를 위한 언어교육 내용은 연령에 따라 생후 3세 미만의 영아를 위해서는 표준교육과정에, 3세에서 5세에 이르는 유아를 위해서는 누리과정에 의사소통영역으로 분류되어 제시하고 있다. 의사소통영역은 영유아가 일상생활에서 말과 글의 의미 있는 경험을 통해 자신의 느낌과 생각, 경험을 타인에게 표현하는 것을 즐기며, 타인이 말과 글로 전달하는 의미를 바르게 이해하는 능력과 태도를 기르기 위한 영역이다(교육부 · 보건복지부, 2019; 보건복지부, 2020). 영아를 위한 표준교육과정의 의사소통영역 내용과 유아를 위한 누리과정의 의사소통영역의 내용을 살펴보면 다음과 같다.

1. 표준보육과정의 3세 미만 의사소통영역 목표 및 내용

3-5세 표준보육과정의 의사소통영역 내용은 누리과정으로 제시되므로 표준보육과정(보건복지부 고시 제2020-75호; 영유아보육법 시행규칙 제30조 및 별표 8의 4 참조)의 0-1세 의사소통영역과 2세 의사소통영역 목표 및 내용을 중심으로 제시하였다.

1) 0–1세 의사소통영역의 목표 및 내용

(1) 목표

의사소통 능력의 기초를 형성한다.

① 일상생활에서 듣고 말하기를 즐긴다.

② 읽기와 쓰기에 관련된 관심을 가진다.

③ 책과 이야기에 관심을 가진다.

(2) 내용

내용범주	내용
듣기와 말하기	표정, 몸짓, 말과 주변의 소리에 관심을 갖고 듣는다.
	상대방의 이야기를 들으면서 말소리를 낸다.
	표정, 몸짓, 말소리로 의사를 표현한다.
읽기와 쓰기에 관심 가지기	주변의 그림과 상징에 관심을 가진다.
	끼적이기에 관심을 가진다.
책과 이야기 즐기기	책에 관심을 가진다.
	이야기에 관심을 가진다.

2) 2세 의사소통영역의 목표 및 내용

(1) 목표

의사소통 능력과 상상력의 기초를 형성한다.

① 일상생활에서 듣기와 말하기를 즐긴다.

② 읽기와 쓰기에 관심을 가진다.

③ 책과 이야기에 재미를 느낀다.

(2) 내용

내용범주	내용
듣기와 말하기	표정, 몸짓, 말에 관심을 갖고 듣는다.
	상대방의 이야기를 듣고 말한다.
	표정, 몸짓, 단어로 의사를 표현한다.
	자신의 요구와 느낌을 말한다.
읽기와 쓰기에 관심 가지기	주변의 그림과 상징, 글자에 관심을 가진다.
	끼적이며 표현하기를 즐긴다.
책과 이야기 즐기기	책에 관심을 가지고 상상한다.
	말놀이와 이야기에 재미를 느낀다.

2. 누리과정의 의사소통영역 목표 및 내용

누리과정에서는 3-5세 언어교육 내용을 의사소통영역으로 구분하여 제시하고 있다. 의사소통영역의 목표와 내용은 다음과 같다(보건복지부 고시 제2019-15호, 교육부 고시 제2019-189호).

1) 누리과정 의사소통영역의 목표

의사소통영역 목표는 '일상생활에 필요한 의사소통 능력과 상상력을 기른다'이며 구체적으로 다음의 3가지 목표로 구분하고 있다.

① 일상생활에서 듣고 말하기를 즐긴다.
② 읽기와 쓰기에 관심을 가진다.
③ 책이나 이야기를 통해 상상하기를 즐긴다.

이상에서 의사소통영역의 목표는 듣기와 말하기, 읽기와 쓰기에 관심 가지기, 책과 이야기 즐기기로 구분되어 있음을 알 수 있다.

2) 누리과정 의사소통영역의 내용

의사소통영역의 내용체계는 다음과 같이 제시되어 있다.

(1) 내용체계

의사소통영역의 내용범주와 내용을 제시하면 다음과 같다.

내용범주	내용
듣기와 말하기	말이나 이야기를 관심 있게 듣는다.
	자신의 경험, 느낌, 생각을 말한다.
	상황에 적절한 단어를 사용하여 말한다.
	상대방이 하는 이야기를 듣고 관련해서 말한다.
	바른 태도로 듣고 말한다.
	고운 말을 사용한다.

읽기와 쓰기에 관심 가지기	말과 글의 관계에 관심을 가진다.
	주변의 상징, 글자 등의 읽기에 관심을 가진다.
	자신의 생각을 글자와 비슷한 형태로 표현한다.
책과 이야기 즐기기	책에 관심을 가지고 상상하기를 즐긴다.
	동화, 동시에서 말의 재미를 느낀다.
	말놀이와 이야기 짓기를 즐긴다.

CHAPTER 04

영유아를 위한 언어교육 방법

4.1 언어교육 접근방법

영유아교육기관에서 어떤 언어습득이론과 프로그램 견해를 따르는가에 따라 언어교육 접근방법이 다르다. 언어교육 접근방법에 따라 언어교육 목적, 교육내용, 교육방법, 환경구성, 교사의 역할 등에 차이가 있다. 본 장에서는 언어습득이론과 연결한 언어교육 접근방법으로 부호중심 언어교육접근법, 총체적 언어교육접근법, 균형적 언어교육접근법, 통합적 언어교육접근법을 다루었다.

1. 부호중심 언어교육접근법

부호중심 언어교육접근법(code emphasis approach)은 행동주의 이론에 근거한 견해로 발음중심 접근법 또는 음운론적 접근법이라고도 한다. 전통적인 언어교육접근법으로 읽기, 쓰기와 같은 문해지도는 하위 기술을 직접적으로 지도하는 것에서 시작해야 한다고 본다. 부호중심 언어교육접근법은 글의 의미를 파악하는 이해보다는 글을 소리로 바꾸는 해독을 더 중요하게 생각하며, 유창하고 정확한 읽기를 위해 자모체계, 글자와 소리 간의 대응관계와 같은 읽기의 하위 기술부터 가르쳐야 한다고 본다.

부호중심 언어교육접근법으로 언어교육을 하는 경우, 언어교육의 목표 및 내용 수준은 영유아의 발달수준과 기존 성인의 기준에 의해 정해지며 어린 영유아 시기부터 말하기, 듣기, 읽기, 쓰기의 교육이 동시에 이루어질 수 있다고 본다. 그러나 영유아의 말하기, 듣기, 읽기, 쓰기 형태의 평가기준이 관례적 성인의 말하기, 듣기, 읽기, 쓰기 형태에 준한다. 그러므로 관례적 형태에 비추어 영유아가 실수를 하면 자극이 충분치 못하여 훈련이 덜 되었다고 생각한다. 언어 형태별 학습 모델이 제공되며 개별 또는 집단 상황에서 지시에 따라 주어진 모델을 반복 연습하는 방법이 사용된다. 교사의 역할은 언어 형태의 모델을 직접 또는 매체를 사용하여 제공하고 정해진 방법에 의해 반복하도록 지시를 내리는 것이다.

부호중심 언어교육접근법에서는 읽기와 쓰기를 강조하며 읽기와 쓰기교육이 언어교육의 주된 목표에 속한다. 부호중심 언어교육접근법에서의 읽기교육에서는 다음과 같은 특수 기술을 강조한다(Becker & Jackson, 1974).

읽기교육에서 강조되는 특수 기술

- 왼쪽에서 오른쪽으로의 진행
- 화살표에 따라 신호 시작하고 멈추기
- 두 가지 행동의 진행
- 둘 이상의 소리 혼합하기
- 열두 가지 특수 소리-상징 연합 : /a/ /e/ /m/ /t/ /i/ /th/ /n/ /l/ /p/ /c/ /f/ /jh/
- 대문자 사용 규칙 알기
- 일반적 소리-상징 연합
- 교사의 지시 따르기
- 집단으로 작업하기
- 답에 동그라미 치기

- 예-아니오의 구별하기
- 빈 칸 채우기
- 문장의 개념 알기
- 질문의 개념 알기
- 구두점들 간의 구별

부호중심 언어교육접근의 경우 글과 말소리의 대응 원리를 강조하며, 자음과 모음의 결합원리, 낱자와 소리의 대응, 음소 이름 알기, 음소 인식하기, 음소의 음가 알기, 음소의 대치, 탈락 등과 같은 지도에 중점을 둔다. 쓰기의 기본적인 기술은 쓴 것 위에 따라 쓰기(tracing), 베껴 쓰기(copying), 그리고 독립적인 쓰기의 단계를 따르며 유치원 시기에는 직선과 곡선을 베끼기, 경계선 내에 쓰기, 글자 베껴 쓰기 등의 기본적 기술을 가르치는 것이 목표이며 교육내용이다.

교사와 영유아 간의 언어적 상호작용 유형은 패턴 반복이나 연속적인 구조적 질문이 주가 된다. 패턴 반복의 경우 다음과 같은 전형적 형태를 따른다.

① 교사가 단어, 문장 패턴, 문제해결 규칙의 모델을 보이고 유아가 반복한다.

예 교사 : 이 공은 둥글다. 자, 함께 말해 보자.
유아 : 이 공은 둥글다.

② 교사가 질문을 하면 유아는 전에 연습했던 대로 대답한다.

예 교사 : 이 공은 어떤 모양이지?
유아 : 이 공은 둥글어요.

③ 한 유아가 전에 교사와 연습했던 대로 다른 유아에게 질문을 하고 다른 유아가 연습했던 대로 반응한다.

예 유아 1 : 이 공은 어떤 모양이지?
유아 2 : 이 공은 둥글어.

패턴 반복에서 교사의 역할은 모델을 제시하는 것이고 영유아는 이 모델을 가능한 한 유사하게 모방한다. 이 유형에서는 교사가 학습의 제안자이고 지시자이며 자료를 제시하고 언어 패턴의 모델을 제시하며 질문하고 피드백을 제공한다.

유아가 패턴을 제대로 모방하지 못하고 문제해결 시의 답이 틀릴 경우 교사는 계속 패턴을 반복하여 제시하고 유아는 모방한다. 상호작용이 패턴 반복 형태로만 이루어질 경우 유아는 모델을 그대로 모방하는 것이 아닌 상황에 처했을 때 학습한 것을 잘 적용할 수 없게 된다. 예를 들어, 유아 스스로 문제를 창안하여 해결할 책임이 있는 상황에서는 무력하게 된다.

2. 총체적 언어교육접근법

총체적 언어교육접근법에서는 언어를 전체적으로 의미를 이루는 덩어리로 보고 의미 있는 맥락에서 문자를 경험하도록 하는 것에서 문해의 기초가 형성된다고 보았다. 총체적 언어교육접근법은 '유아가 자연스러운 상황에서 말하고 듣고 읽고 쓰는 것과 관계되는 상호 지원적 신념과 교수 전략 및 경험'이라고 정의하고 있다(Watson, 1995). 총체적 언어교육에서는 언어의 기본 단위를 '의미'로 보며, 언어 사용을 풍부하게 경험할 수 있는 환경을 제시하여 언어의 네 가지 기능인 말하기, 듣기, 읽기, 쓰기를 상호 관련시켜 통합하여 경험하게 하고 나아가 모든 다른 활동과 통합하여 가르친다.

총체적 언어교육접근법은 구성주의와 상호작용주의 이론에 근거하였으며, 언어를 사용하여 의사소통을 잘하는 것에 관심을 두고 있다. 유아들에게 의미 있는 문해자료(메모지, 노랫말, 차트, 포스터, 지도, 요리책, 광고지, 표지판, 포장지, 메뉴, 간판)나 문학작품, 유아들의 경험 등을 교육자료로 많이 제공하며 의미 있는 상호작용이 이루어지도록 지도한다(이영자, 2013).

3. 균형적 언어교육접근법

유아들에게 유창한 읽기를 하도록 하기 위해서는 전체적인 맥락에서 의미를 파악하는 방법과 해독에 필요한 기초적 기능들을 병행하여 가르칠 필요가 있다. 이러한 요구에 의해 만들어진 교수방법이 균형적 언어교육접근법이다. 즉, 균형적 언어교육접근법은 부호중심 언어교육접근법과 총체적 언어교육의 장점을 취하여 의미 있는 맥락에서 문자를 경험하면서 하위 기술들에 대한 직접적인 지도의 병행을 추구한다(Pressley, 1998).

균형적 언어교육접근의 교수 · 학습 방법은 전체 – 부분 – 전체의 방법으로 진행된다(Schickedanz, 1998; Fowler, 1998). 읽기 지도를 위해 먼저 가르쳐야 할 읽기 기술들이 포함된 글들을 제시하고 의미에 대한 대화를 나눈다(전체). 이때 자형이 간단하고 의미도 쉬운 단어나 문장을 그림과 함께 제시하고 교사가 소리내어 읽고 영유아에게 따라 읽게 한다. 교사는 글자보다 단어나 글의 의미에 관심과 주의를 기울이도록 한다. 이 단계에서는 정확한 발음보다 읽기에 흥미를 유발하도록 하는 것이 중요하다. 두 번째 단계는 읽기의 기초 기능들을 명시하도록 가르치는 것이다(부분). 자음과 모음의 형태변별, 자 · 모음으로 구성하여 글자를 만들고 읽기 등을 연습한다. 부호 중심으로 글자 읽기가 어느 정도 성취되면 의미는 이해하지 못하더라도 쉬운 글자는 거의 읽게 된다. 세 번째 단계는 쉬운 글자를 거의 읽게 되면 의미의 이해나 구성을 위한 방법으로 지도한다(전체). 생활 이야기, 동화 등을 읽도록 안내하고 의미 찾기를 위해 배경지식을 활용하는 습관을 갖도록 지도한다.

그림책 등의 책 읽기와 함께 책 속의 의미 있는 단어를 중심으로 음운 인식 지도가 이루어져야 한다. 즉 읽기 학습을 위해 음운 인식 발달이 요구되므로 전체적인 접근 후 부분적으로 자모음 원리를 터득해야 한다. 말할 때 사용하는 어휘나 다른 사람의 말을 들을 때 사용하는 어휘는 읽기 어휘이다. 구어적 어휘는 읽기 이해의 기초가 되므로 구어적 어휘가 풍부한 유아는 좀 더 읽기 이해가 잘 된다.

균형적 언어교육접근법은 총체적 언어교육접근법의 기본 틀을 유지하면서 음운 인식이나 철자와 소리 대응 같은 읽기에 필요한 기본 기술들을 가르치는 것이므로 총체적 언어교육접근법에서 사용하는 교수방법을 사용할 수 있다. 즉, 소리 내어 읽어주기, 함께 읽기, 혼자서 읽기, 안내된 읽기, 유아에게 써주기, 함께 쓰기, 혼자서 쓰기, 받아 써주기, 독해 지도 등을 사용한다(Schickedanz & Dickinson, 2005). 또한 운이 있는 동시나 동요, 혹은 예측 가능한 책을 읽어주므로 운에 민감해지도록 하며, 영유아들에게 적절한 도서를 활용하여 읽기의 하위 기술, 즉 단어재인을 위한 음운 인식 지도, 자소와 음소의 대응, 시각재인과 언어 이해를 위한 배경지식, 어휘, 언어구조, 언어적 추론, 문해지식 등을 균형 있게 제공한다.

4. 통합적 언어교육접근법

통합적 언어교육접근법은 말하기, 쓰기, 읽기를 분리하여 가르치거나 의미보다 기술면을 강조하기보다는 의미 있는 상황 속에서 말하기, 쓰기, 읽기 기회를 제공하여 의미와 기술을 연결하여 인쇄글자와 말과의 관계를 이해할 수 있도록 연결시키는 언어교육접근법이다. 여러 언어 형태를 유아의 발달수준에 따라 관련된 물리적 자료와 활동을 준비해 주어 즐겁게 활용하면서 언어의 관례적 측면을 익히도록 도와주는 언어교육접근법이다.

앞에 제시한 총체적 언어교육접근법이나 균형적 언어교육접근법은 차이가 있으나 통합적 언어교육접근법을 통해 이루어지는 언어교육접근법에 속한다.

통합적 언어접근모형에서는 문해발달을 통합적이고 의미 있는 과정으로 보며, 유아들은 말하기와 듣기를 배우는 똑같은 이유와 방식으로 읽기와 쓰기를 배운다고 본다. 따라서 유아들은 사회적 의사소통에 참여할 필요가 있기 때문에 자연스런 방법으로 읽기와 쓰기를 배우며, 또한 구성요소의 부분들을 분석하기 이전에 전체적인 관점을 얻는 것으로 보고 있다. 이 접근에서는 유아가 어린 시기부터 자주 접하게 되는 문해 환경을 매우 중요한 요인으로 본다. 문자에 대한 해독

기술 및 부호화 기술은 활자와 의미를 연결 짓는 작업의 결과로 보고 있기 때문에 풍부한 인쇄 문자 환경과 문해 경험은 유아에게 이러한 연결을 가능하게 해준다는 것이다. 특히 교육과정 전반에 걸친 통합적 읽기 · 쓰기 발달에서 풍부한 문학작품을 통한 문해와 사회적 맥락에서 일어나는 상호작용의 중요성을 인식하고 있다(Ribowsky, 1985). 아울러 읽기 · 쓰기 발달은 말하기, 듣기와 같은 시기에 통합적으로 이루어지고, 분리된 교과 영역으로 다루어지는 것이 아니라 통합교육과정으로 다루어진다.

통합적 언어접근을 취하는 교사는 유아들마다 읽기 · 쓰기에 대한 이해 수준이 다르며 동화와 적응과정이 다르므로 교사는 유아의 현재의 발달수준에 맞는 교수전략을 세워야 한다. 그러므로 교사는 먼저 각 유아의 이해수준을 파악하고 그 수준에 교사의 상호작용을 맞추게 된다.

통합적 언어접근은 읽기와 언어능력과 언어 사용을 연결시킨다. 초기 읽기는 구성요소의 부분적 분석에 의해 이루어지기보다는 전체적 관점의 파악에 의해 이루어진다고 보기 때문에 말하기와 듣기를 배우는 방식과 똑같은 방식으로 사회적 의사소통의 필요성에 의해 자연스럽게 이루어지도록 지도한다. 즉, 그림책을 대하거나 물건 겉표지를 보고 파악하기, 간판 읽기 등을 통해 내용의 의미를 이해하는 과정에서 읽기가 자연스럽게 일어나도록 지도한다. 따라서 유아들의 읽기능력을 증진시키기 위하여 문맥상의 단서를 사용해보기, 개념항목에 따라 단어를 분류하기, 억양에 따라 표현되는 의미를 해석해 보는 방법 등을 사용한다. 통합적인 접근법을 따르는 교사는 읽기의 기술적인 측면보다는 읽기를 통해 의미를 파악하고 이해하는 것을 우선으로 생각한다. 예를 들어, 유아들이 책을 읽을 때 사용된 글자에 중점을 두기 전에 교사는 이야기에 대한 느낌과 문맥을 이해하도록 지도하며, 각 페이지에 담긴 이야기 내용을 기억하고 문맥상의 단서로 읽기를 하도록 배려한다. 쓰기의 경우도 다양한 활동 속에서 유아가 의미를 발견하게 되어 쓰기의 진전이 이루어지는 것을 강조한다.

통합적 · 균형적 언어접근법을 택할 때 읽기를 통한 이해에는 다음과 같은 학습

기술이 포함된다(Day, 1988).

① 지시 따르기

② 복합의미 알기

③ 상황과 그림을 통한 줄거리 파악하기

④ 분류

⑤ 문장구조

⑥ 순서 회상

⑦ 세부적 사실 회상하기

⑧ 중심 아이디어 파악하기

⑨ 요약하기

⑩ 등장인물 말하기

⑪ 비교하기

⑫ 추론하기

⑬ 예상하기

⑭ 일반화하기, 결론짓기

⑮ 판단하기, 분석하기

위의 기술들은 상호 연결되어 있다. 통합적 초기 문해 접근방법으로 읽기 · 쓰기를 접근하여 지도한다 하여도 언어 이해와 단어 인식에 요구되는 개념과 기술의 발달에도 유의해야 한다. 스카버러(Scarborough, 2003)는 숙련된 읽기를 위해서는 언어 이해와 단어 인식이 포함된다고 주장하면서 언어 이해와 단어 인식에 요구되는 개념과 기술을 제시하였다. 언어 이해를 위해서는 읽을 내용이 포함된 사실, 개념에 대한 배경지식, 어휘의 폭과 정확성, 통사론과 의미론 등의 언어구조, 참조, 은유 등의 언어적 추론, 프린트 개념, 장르 등과 같은 문해지식이 있어야 한다. 단어 인식을 위해서는 음절, 음소 등과 같은 음운 인식, 철자-소리 대응과 같은 기호 해석, 친근한 단어에 대한 시각적 인식 등이 요구된다. 언어 이해를 위해 좀 더 발전된 전략을 적용할 수 있고 자동적인 단어 인식이 이루어지면 단어 인식과 글 이해가 유연하게 이루어져 숙련된 읽기를 할 수 있다.

음운 인식이 없이는 낱자가 제시하는 것이 무엇인지 이해할 수 없다(Liberman, 1973). 인쇄된 단어 인식은 낱자(자소)와 음소 간의 대응을 알고 적용하여 단어의 발음을 파악할 수 있어야 한다. 단어의 발음과 구어에서 정신적으로 파악하고 있는 어휘와 짝지을 수 있을 때 인쇄된 단어의 인식이 가능해진다. 자소와 음소의 대응 능력이 단어 인식에서는 신뢰할 만한 지침이 된다(Scarborough, 2003). 숙련된 읽기에서는 단어 인식이 아주 빠르게 진행되므로 읽은 사람이 읽은 내용 이해과정에 인지적 자원을 자유롭게 행사할 수 있다.

글자를 정확히 해독할 수 있다 하여도 유아가 구어 형식에서 그 단어를 알지 못하거나 단어 간의 통사론적 · 의미론적 관계를 구분 짓지 못하고 글을 적절히 해석할 수 있는 배경지식이나 추론기술이 부족하다면 글을 이해할 수 없다. 이러한 경우 읽기 이해 결함은 구어에서의 제한에 의한 것이다(Scarborough, 2003).

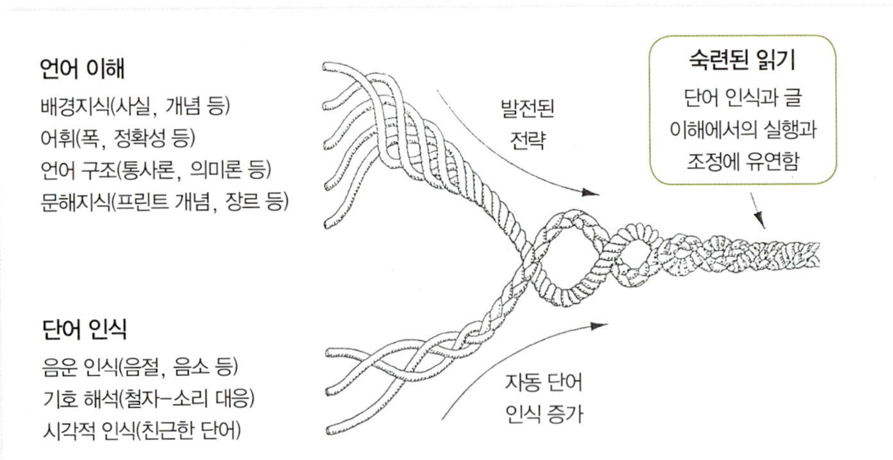

그림 4-1 **숙련된 읽기에 포함된 요소**(Scarborough, 2003)

고프와 힐링어(Gough & Hillinger, 1980)는 철자와 소리 연결학습의 선수요인으로 ① 글자는 말을 기호화한 것이라는 것에 대한 이해, ② 단어는 글자로 구성되어 있다는 것에 대한 이해, ③ 음운 인식, 즉 단어는 음소로 구성되어 있다는 것에 대한 인식, ④ 말과 쓰여진 단어 짝짓기 등을 들었다.

4.2 영유아를 위한 언어교육 환경구성

영유아 언어교육을 위한 환경구성은 활동실의 각 영역은 물론 영유아교육기관의 전반에 구비되어야 한다. 교사가 질적으로 우수한 언어교육 환경을 구성할 때 유아의 의사소통은 더욱 활발해지며 놀이에서 읽기와 쓰기 활동에 대한 요구가 빈번히 일어나게 된다. 이에 교사들은 환경구성 시 활동실 전반에 무엇이 더 필요한지 점검하고 평가하는 일이 필요하다.

1. 영유아 언어교육환경의 구성 원리

유아교육기관의 교육환경을 평가하기 위한 평가지표로서 ECERS-R(Early Childhood Environment Rating Scale-Revised)은 함즈 등(Harms, Clifford, & Cryer, 1997, 2005)이 개발한 것으로, 공간 및 시설 · 설비, 개인의 일상생활 보호, 언어-논리, 영역활동, 상호작용, 프로그램구조, 부모와 교직원 등 7개 영역으로 구성되어 있다. 그리고 이영자 등(1999)이 ECERS-R를 우리나라 실정에 맞게 번역 및 수정하여 유치원 평가척도로 개발함으로써 유치원의 교육환경, 특히 물리적 환경 평가를 위한 연구들(백미열 외, 2003; 신동주, 류진순, 2006)에 사용되었고, 우리나라 유치원 교육환경 영역의 평가지표 연구에 많은 영향을 주었다.

유아교육환경척도(ECERS-R)에 따르면 언어영역의 환경구성은 책과 그림자료 등이 구비된 환경, 아동의 의사소통을 격려하는 환경, 언어 사용을 통한 추론 기술을 발달시키는 환경을 평가하도록 되어 있다.

이 중 '언어-추리'의 평가기준표를 보면 교사들이 책과 그림이 어느 정도 구비되어 있는지를 점검하며 환경구성을 하도록 제시하고 있다.

표 4-1 유아교육 환경척도 평가기준표: 책과 그림의 구비상태

언어-추리 15. 책과 그림			
1 (부적합) 2	3 (최소) 4	5 (좋은) 6	7 (우수한)
1.1 이용할 수 있는 책이 거의 없음 1.2 교사는 아동에게 거의 책을 읽어주지 않음(예 매일 책 읽기 시간이 없음; 개인적으로는 거의 읽어주지 못함)	3.1 어느 정도의 책을 이용할 수 있음(예 자유놀이 시간 동안 아동이 갈등 없이 볼 만큼 충분한 책이 있음) 3.2 적어도 하루에 한 번, 교사 주도적인 수용적 언어활동 시간이 있음(예 아동에게 책 읽어주기*, 이야기 나누기, 융판동화)	5.1 하루 중 상당한 시간 동안 다양한 책+을 이용할 수 있음 5.2 부가적인 언어자료가 매일 사용됨++ 5.3 책들은 읽기영역에 정리되어 있음 5.4 책, 읽기자료, 활동은 집단의 아동에게 적합함** 5.5 교사는 아동에게 일상적으로 책을 읽어줌(예 자유놀이시간 동안, 낮잠시간에, 활동의 확장으로서)	7.1 책과 언어자료는 흥미 유지를 위해 교체됨 7.2 어떤 책은 현재 교실의 활동 및 놀이 주제와 연관되어 있음 (예 도서관에서 계절적 주제에 맞게 빌려옴)
* 책 읽기는 이야기 듣기에 참여할 수 있는 아동의 연령에 따라 소집단 또는 대집단으로 이루어짐 + 다양한 책: 다양한 주제, 환상적/사실적 정보, 사람, 동물, 과학에 대한 이야기, 다른 문화와 능력에 관한 책 ++ 부가적인 언어자료의 예: 포스터와 그림, 융판동화, 그림 카드 게임, 녹음된 이야기와 노래		** 적합한 자료 및 활동의 예 : 어린 아동에게는 더 단순한 이야기 읽어주기, 시각손상이 있는 아동에게는 크게 출력된 자료 사용, 아동의 모국어로 된 책, 더 나이든 아동에게는 운율게임 Question (7.1) 아동이 사용한 다른 책들이 있는가? 어떻게 보관되고 있는가? (7.2) 어떻게 책을 선택하는가?	

위의 평가기준에 따르면 교실에 비치되는 책의 양과 내용의 다양성, 주제 적합성, 영유아의 발달수준에 대한 고려 정도에 따라 1점대에서 7점대까지 점수를 부여하며 점검해볼 수 있도록 한다. 책과 더불어 활용 가능한 언어자료로서 포스터와 그림, 동화자료, 그림카드 등의 언어게임자료, 녹음 이야기 등이 적절하게 제시되어 있는지도 점검해보도록 한다. 아울러 하루 일과 시간 내 교사가 영유아들에게 책 읽어주기에 할애하는 시간이 어느 정도인지 체크하도록 하고 있다.

ECERS-R는 아동의 의사소통을 격려하는 환경조성의 정도를 점검하는 평가기준도 제시하고 있다(16번 문항). 즉, 아동의 의사소통을 격려하기 위한 자료로서 장난감 전화, 동화자료, 인형과 모형류, 극놀이 소품 등이 다양한 흥미영역에 구비된 정도에 따라 1점에서 7점까지 점수를 부여한다. 아울러 교사는 아동의 구어 의사소통을 문어와 연관시키는 아동의 이야기를 받아 적어주는 등의 모델링과 상호작용을 통해 분위기 조성의 정도를 점검하도록 제시한다.

우리나라는 유아교육기관의 질적 수준과 책무성을 제고하기 위한 국가수준의 유치원 평가지표(공통지표)를 제시하였는데 제4주기 유치원 평가는 4개 영역(교육과정, 교육환경, 건강 · 안전, 운영관리), 14개 항목, 28개 지표로 구성되어 있다(교육부, 2017). 이 중 '교육환경' 영역의 2개 항목(5개 지표) 내용은 '9. 실내교육환경의 구성이 적절하고 효율적으로 활용되고 있는 정도'에 따라 2점에서 10점의 점수를 부여하도록 제시한다. 이는 실외환경 구성에도 마찬가지여서 다양한 활동을 구성하고 있는지 평가하도록 한다. 실내와 실외 교육환경 구성이 유아의 연령과 발달에 적합한지 평가하도록 한다. 아울러 구비되는 교재교구가 유아의 발달과 주제에 적합한지 평가하도록 한다.

유아교육환경척도(ECERS-R)와 우리나라 유치원 평가지표가 제시한 교재교구 평가지표에는 유아교육기관에서의 교재 · 교구의 구비 및 활용, 유아의 발달수준과 활동주제에 적합한 내용 제시, 교재교구의 연령별, 주제별 정리, 체계적 관리 등에 대한 내용을 제시하고 있다.

실내공간과 시설의 경우, 유아들이 독립적으로 사용할 수 있도록 배치하고 있는지, 충분한 양을 구비하고 있는지, 교육목표에 적절한지 등과 같은 내용도 제시하고 있다.

이와 같은 유아교육기관의 교육환경 평가지표 분석기준에 따라 언어교육 환경 구성의 원리를 제시하면 다음과 같다.

첫째, 영유아들이 주변의 소리를 듣거나 다양한 듣기자료를 감상할 수 있는 코너를 마련한다.

- 영아반을 위한 듣기영역은 영아의 발달수준을 고려하여 소리나는 모빌 등을 게시하거나 직접 조작하면서 소리를 내고 들을 수 있는 놀잇감 등을 비치하여 다양한 소리를 탐색하는 공간으로 조성할 수 있다.
- 유아반을 위한 듣기영역은 유아들에게 친숙한 동화나 일상 경험 이야기 등을 녹음한 자료를 들을 수 있도록 별도의 공간을 마련하는 것이 듣기에 집중하기에 효과적이다.

둘째, 영유아의 듣기나 읽기 등 정적인 활동을 위한 영역을 조용하고 아늑한 분위기 속에서 조성한다.

- 영아들이 편안한 분위기에서 책을 볼 수 있도록 푹신한 방석, 매트 등을 준비한다.
- 필요한 경우, 영유아들의 시력보호를 위한 부분 조명을 설치하거나 창가의 직사광선이 직접 책으로 비치지 않도록 부분커튼 등을 설치해준다.

그림 4-2 영아반 읽기영역의 예

그림 4-3 유아반 읽기영역의 예

셋째, 활동실 전반에 걸쳐 영유아의 활발한 구어 표현을 위한 구체적 자료를 비치한다.

- 유아가 등원하는 순간부터 놀이계획을 하는 공간에 유아의 이름표, 놀이상황을 보여주는 사진자료, 놀이계획표 등을 두고 유아의 놀이를 장려하는 상호작용을 한다.
- 언어영역에 주제 관련한 손인형, 융판자료, 디오라마 자료 등의 말하기 자료를 비치한다.
- 각 흥미영역에서 활동과정에 대한 그림, 사진, 글 등의 결과물을 전시하여 유아 간 협의과정을 격려한다.

그림 4-4 교실 출입구 출석판과 이름표 제시

그림 4-5 다양한 말하기 자료를 구성한 만 3세반 언어영역 환경구성의 예

넷째, 책과 읽기자료를 유아들이 접근하기 쉬운 여러 장소에 비치한다.

- 주제와 관련한 책을 수시로 교체하고 이를 각 흥미영역의 책꽂이에 비치한다.
- 유아를 위한 책꽂이는 언어영역뿐만 아니라 과학영역, 쌓기놀이영역 등에 두고 주제와 관련하여 정보를 제공하는 책과 사진자료, 유아가 만든 책 등을 손쉽게 찾아 읽어보도록 한다.

다섯째, 문해발달을 위해 끼적거리기나 그리기, 쓰기 도구류들을 활동실의 여러 장소에 비치해둔다.

그림 4-6 쌓기놀이 영역의 읽기자료 활용의 예

그림 4-7 언어영역에 배치된 쓰기 코너와 다양한 쓰기자료들

여섯째, 언어교육을 위한 교재교구는 영유아의 발달과 수준에 적합한지 논의하고 점검하여 선정한다.

- 위의 그림 [그림 4-2]와 [그림 4-3]과 같이 어린 연령의 유아에게는 단순한 내용으로 구성되거나 새로운 어휘를 익힐 수 있는 그림책 등을 준비하고, 좀 더 높은 연령의 유아들은 탐구 및 조사활동을 위한 정보제공 자료 등을 더 준비해줄 수 있다.
- 어린 연령 유아들을 위한 끼적거리기 자료는 끝이 뭉뚝하면서도 쉽게 그려지는 자료로 준비한다.

2. 영아반을 위한 언어교육 환경구성

1) 듣기를 위한 환경구성

영아를 위한 듣기 활동은 표준보육과정의 내용을 참고하면 주변의 소리와 말소리 듣기, 경험과 관련된 말 듣기, 운율이 있는 말 듣기, 말하는 사람을 보며 듣기 등의 내용을 다룰 수 있다.

영아를 위한 듣기영역은 영아의 연령과 수준에 따른 의사소통 내용을 다룰 수 있도록 조성하여야 하며 고려할 점은 다음과 같다.

첫째, 영아를 위한 듣기영역은 언어영역에 여러 가지 소리를 들을 수 있는 자료를 준비하거나 일상생활영역, 탐색영역 등에서도 여러 가지 소리를 들을 수 있는 자료를 구비하여 조성한다.

둘째, 영아의 언어발달은 연령뿐만 아니라 개월 수에 따라 어휘수준 등 차이가 많이 나므로 영아의 발달수준에 적절한 자료를 조사하여 구비하도록 한다.

예를 들어 0세반 표준보육과정에서는 0세아들을 위해 주변의 다양한 소리를 듣고 인식하도록 교육내용을 제시하고 있으므로 영아가 일상에서 놀이하며 스스로 조작할 수 있는 모빌이나 감각매트, 전화기 등의 다양한 소리가 나는 놀잇감을 준비해준다. 1세반이나 2세반의 경우, 영아가 주변에서 들을 수 있는 소리나 가족의

소리나는 영아용 감각 매트

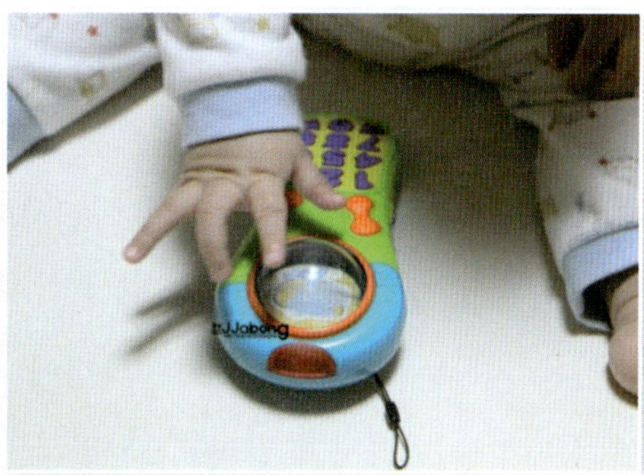

소리 나는 장난감 전화기

그림 4-8 영아의 듣기를 위한 자료의 예

목소리, 경험과 관련한 말을 녹음하여 주고 이를 들을 수 있도록 녹음기를 준비해 줄 수 있다.

셋째, 영아를 위한 듣기활동은 말하기와 연계되어 일어나는 경우가 많으므로 말하기 자료와 함께 준비하여 주변의 성인이 말하고 들을 수 있도록 상호작용한다.

예를 들어 0세반 영아의 경우, 딸랑이를 흔들며 "이건 뭐지"라고 말하여 소리에 주의를 기울이도록 하거나 안전거울을 함께 보며 "○○ 코는 어디 있나? 여기!" 등의 상호작용을 하며 말하는 모습을 관찰하고 듣도록 할 수 있다.

0세반의 의사소통영역 환경구성의 예

2세반의 의사소통영역 환경구성의 예

그림 4-9 영아반 듣기와 말하기 활동을 위한 환경구성의 예

2) 말하기를 위한 환경구성

영아반의 말하기 발달을 돕는 환경구성은 일상에서 이루어지는 대화를 중심으로 언어영역 내에 말하기영역을 마련하고 자신의 경험 말하기와 이야기 꾸미기 등을 자유롭게 할 수 있도록 조성한다.

이에 교사는 영아의 표준보육과정에서 표정, 몸짓, 말소리로 말하기, 말할 순서에 상대방을 바라보며 말하기, 낱말과 간단한 문장으로 말하기의 내용을 다룰 수 있는 기본 자료를 준비하여 말하기영역을 구성함으로써 유아가 개별적으로 또는 다른 유아와 함께 말할 수 있는 기회를 제공한다.

영아를 위한 말하기영역 조성 시 고려할 점을 제시하면 다음과 같다.

첫째, 영아가 자신의 경험 혹은 알고 있는 대상에 대해 언어표현을 촉진할 수 있는 다양한 자료를 언어영역에 준비하여 말하기 영역을 조성한다. 예를 들어 영아에게 친숙한 대상인 가족 인형 혹은 동물 손인형 등을 언어영역에 따로 잘 보이도록 놓아두고, 교사와 함께 혹은 또래와 함께 가족 이야기, 동물 이름 말하기나 이야기 꾸미기 등의 놀이를 할 수 있다.

둘째, 영아가 일상에서 이루어지는 대화를 중심으로 자신의 의사를 표현할 수 있는 자료를 교실의 여러 영역에 준비한다. 예를 들어 영아들이 장난감 전화기를 준비하여 부모님과 말하는 흉내를 낼 수 있도록 하거나 여러 가지 일상용품을 극놀이영역에 준비하여 주고 식사 예절과 관련한 어휘를 사용해보도록 격려한다.

셋째, 영아의 말하기는 듣기활동과 연계하여 일어나므로 관련 자료를 함께 준비하여 영역을 구성할 수 있다. 예를 들어 말할 순서에 따라 상대방에 주의를 기울이고 바라볼 수 있도록 까꿍놀이 놀잇감을 준비하여 따라하게 하거나 반응을 주고받는 간단한 전래동요를 들을 수 있는 자료를 준비하고 따라 말하는 놀이를 할 수 있다.

그림 4-10 영아에게 친숙한 대상을 나타내는 손인형류와 그림-글자 카드

3) 읽기를 위한 환경구성

영아를 위한 읽기 환경은 영아의 신체 및 인지, 언어 발달수준에 맞는 책을 선정하여 비치하고 읽어 들려줄 수 있는 환경을 조성하는 일부터 영아들이 일상에서 여러 가지 인쇄물에 관심을 가지도록 환경을 조성하는 일까지 포함한다.

표준보육과정에서도 영아들이 그림책과 환경 인쇄물에 관심을 가지고 읽는 흉내를 내보는 교육내용과 선호하는 책을 읽어 들려주면 집중하여 들을 수 있도록 하는 내용을 제시하고 있다. 이에 교사는 다음과 같이 영아의 읽기를 위한 환경을 조성할 수 있다.

첫째, 영아가 그림책에 관심을 가지도록 언어영역을 아늑하고 매력적으로 구성한다. 교실에서 햇빛이 잘 들어오는 공간에 영아용 책꽂이를 마련하고 영아들에게 책을 읽어 들려주거나 그림책을 가지고 놀 수 있도록 적당한 두께의 면매트를 깔아주거나 푹신한 쿠션을 벽에 안전하게 고정시켜 편안하게 책의 그림을 보며 놀 수 있도록 구성한다.

둘째, 영아가 손에 쥐기 쉽고 친숙한 그림이 그려진 그림책을 선정하여 게시한다. 특히 0세반과 1세반에 비치하는 그림책은 영아들이 입에 가져가도 괜찮은 비닐 재질 혹은 면헝겊 등으로 제작한 책을 선정한다. 영아들이 책에 관심을 가지도록 여러 자기 재질로 된 촉감책, 버튼을 누르면 소리 나는 책, 아코디언 책 등 다양

그림 4-11 영아의 읽기를 위한 환경구성의 예

한 형태의 책을 준비하여 교체해주어도 좋다.

셋째, 영아의 경험과 관련한 환경 인쇄물을 벽면에 게시하거나 놀잇감으로 제시하여 문자의 기능에 관심을 갖도록 한다. 영아에게 제시할 수 있는 환경 인쇄물의 예는 가족구성원의 이름이 적힌 사진 혹은 그림자료, 영아가 좋아하는 사물 및 음식 등의 그림-이름 카드 등이다.

[그림 4-12]는 영아가 읽기와 환경 인쇄물에 관심을 가지고 활용할 수 있는 자료의 예이다.

영아용 헝겊책

영아용 사물그림책

사물 이름 그림-글자 게시자료

그림 4-12 영아의 읽기 시도를 지원하는 자료의 예

4) 쓰기를 위한 환경구성

영아를 위한 쓰기활동은 영아의 발달수준에 따라 표준보육과정에서 끼적이기에 관심 가지기로 영아들이 일상에서 여러 가지 인쇄물에 관심을 가지고 끼적이기를 흉내 낼 수 있도록 눈과 손의 협응능력 발달을 위한 환경을 조성하는 일까지 포함한다. 이에 교사는 다음과 같이 영아의 끼적거리기를 위한 환경을 조성할 수 있다.

첫째, 영아가 손에 무엇인가를 쥐고 대근육과 소근육을 움직일 수 있는 놀잇감을 구비한다. 예를 들어 어린 영아를 위한 딸랑이, 악기류, 모양 넣기, 손잡이 달린 퍼즐 등 소근육 발달을 위한 놀잇감을 탐색영역에 비치한다.

둘째, 영아가 일어나 앉거나 서 있을 수 있게 되는 위치에 큰 화이트보드나 종이를 부착하여 준다. 이와 더불어 손에 쥐기 쉬운 형태의 수용성 펜을 준비하여 영아들이 자유롭게 끼적거리기를 경험할 수 있도록 한다.

셋째, 영아가 손의 촉감으로 경로 따라가기를 하며 모양을 인식할 수 있도록 사전경험을 줄 수 있는 촉감놀잇감을 준비한다. 글자를 쓴다는 것은 글자의 모양을 인식하고 변별할 수 있는 능력을 요구한다. 이에 영아가 촉감으로 모양을 인식하며 놀이할 수 있는 놀잇감을 준비하여 사전경험을 할 수 있도록 돕는다.

이와 같이 영아가 끼적거리기에 관심을 가지고 활용할 수 있는 자료의 예를 제시하면 다음과 같다.

화이트보드

영아용 크레파스(예 : 파스넷)

경로 따라가기 놀잇감

촉감 따라가기 글자놀이

그림 4-13 영아를 위한 끼적거리기와 쓰기를 지원하는 자료의 예

3. 유아반을 위한 언어교육 환경구성

1) 듣기를 위한 환경구성

유아를 위한 듣기활동은 놀이활동 수준 및 누리과정의 내용을 참고하여 낱말과 문장 듣고 이해하기, 이야기 듣고 이해하기, 동요 · 동시 · 동화 듣고 이해하기, 바른 태도로 듣기와 관련한 활동을 준비하고 운영한다.

이에 유아를 위한 듣기영역은 유아가 흥미 있어 하는 내용의 책과 정보에 대해 주의 깊게 듣고 들은 내용을 이해하도록 하며 동화, 동시 듣기를 즐기는 태도를 지니도록 다음과 같은 점을 고려하여 듣기영역 환경을 조성해 주어야 한다.

첫째, 유아를 위한 듣기영역은 언어영역 혹은 음률영역의 한편에 별도의 공간을 마련해준다. 유아반의 듣기 코너에는 별도의 책상에 녹음자료와 소리를 재생할 수 있는 CD플레이어, 헤드폰 등을 구비하여 유아가 조용히 여러 가지 듣기자료를 탐색할 수 있도록 조성한다.

둘째, 유아가 낱말의 발음에 관심을 가지고 들으며 비슷한 발음을 듣고 구별할 수 있는 별도의 언어자료를 제작하여 제공함으로써 말과 글의 관계를 인식할 수 있도록 돕는다. 예를 들어 만 4세아를 위한 같은 첫소리 글자 찾기 교구나 만 5세아를 위해 낱글자가 달라지면서 소리가 달라지는 점을 찾을 수 있는 다른 그림 찾기 등의 언어 교구를 제작하여 제공할 때 유아들은 발음에 따른 글자 모양의 차이를 보다 잘 인식하게 된다.

셋째, 다른 사람의 이야기를 듣고 내용을 이해할 수 있도록 유아의 사전경험과 관련한 이야기 나누기용 그림, 사진 등을 벽에 게시하거나 작은 책 등으로 만들어 준다. 이러한 이야기 나누기 자료가 풍부한 교실은 또래끼리 궁금한 것을 서로 질문하고 답하도록 격려한다.

넷째, 운율이 포함된 낱말이 있는 그림책, 노랫말판 등을 교실의 각 흥미영역에 배치하여 유아들이 말의 운율에 흥미를 가지고 말놀이를 즐기도록 한다. 특히 만 3세아를 위한 말놀이 그림책, 전래동요 그림책 등을 언어영역에 제공하고 일상생활에서 수시로 응용하여 놀이할 수 있도록 상호작용한다.

이와 같은 놀이활동내용을 다룰 수 있는 유아용 듣기활동 자료의 예를 살펴보면 다음과 같다.

각종 소리와 동화의 녹음테이프와 녹음기, 사용방법 안내문

그림책과 녹음자료

지시 듣고 따라하기 교구

수수께끼 자료

같은 소리 글자 찾기 교구

그림 4-14 유아를 위한 듣기활동 자료의 예

2) 말하기를 위한 환경구성

유아를 위한 말하기활동은 영아기와 마찬가지로 일상에서 수시로 모든 영역에서 이루어질 수 있다. 말하기의 내용은 누리과정의 내용에 기초하여 경험 · 느낌 · 생각을 말하기, 상황에 적절한 단어를 사용하여 바른 태도로 말하기와 관련한 다양한 활동이 이루어지도록 언어교육환경을 조성할 수 있다.

유아를 위한 말하기 능력 발달을 위해 교실의 여러 영역에 다음과 같은 점을 고려하여 언어교육환경을 조성해준다.

첫째, 유아를 위한 말하기영역은 언어영역 내 별도의 공간으로 마련하고 관련 자료를 비치해준다. 유아가 흥미 있어 하는 주제의 책과 그림자료, 손인형류, 이야기 꾸미기 자료 등을 별도의 공간에 마련하여 놀이주제와 관련한 이야기 나누기나 이야기 지어 말하기가 활발히 이루어지도록 돕는다.

주제 관련한 경험 회상하기 자료

이야기 꾸미기 자료

그림 4-15 유아를 위한 말하기 활동 자료의 예

둘째, 듣기와 마찬가지로 유아가 낱말의 발음에 관심을 가지고 친숙한 낱말의 발음을 점차 정확하게 발음해보고 새로운 어휘에 관심을 가지고 상황에 맞게 말할 수 있도록 수수께끼 놀이, 끝말잇기 놀이 등을 위한 자료를 준비한다. 유아의 연령이 높아짐에 따라 새로운 어휘를 익힐 수 있도록 놀이주제에 따른 책을 수시로 교체하여 읽어주고, 새로운 어휘에 따른 그림-글자 카드 등을 준비하여 벽에 게시하

그림 4-16 놀이주제 관련 어휘 게시판을 조성한 예

여 주고 유아들이 새로운 어휘를 추가할 수 있는 공간을 마련하여 활발한 상호작용이 일어나도록 한다.

셋째, 일상에서 일어난 일을 문장으로 말해볼 수 있도록 역시 유아의 사전경험과 관련한 이야기 나누기용 그림, 사진 등을 벽에 지속적으로 게시하거나 별도의 문장 만들기 언어 교구로 제작하여 제공하여 준다. 이러한 자료를 보며 교사는 유아들이 새로운 어휘를 추가하도록 할 수 있다.

넷째, 듣기와 연계하여 운율이 있는 낱말이 있는 그림책, 노랫말판, 동시자료 등을 배치하여 유아들이 말놀이를 즐기도록 한다. 말놀이 그림책, 전래동요 그림책 등을 언어영역에 제공하여 말하기를 즐기는 유아가 되도록 격려한다.

3) 읽기를 위한 환경구성

유아를 위한 읽기환경은 유아에게 글자 자체를 가르치기보다 일상에서 접하는 친숙한 낱말을 자주 접하도록 하면서 읽기에 흥미를 가지도록 조성한다. 이에 교사는 유아들이 흥미 있어 하고 관심 있는 주제에 대한 글로 된 인쇄물이나 그림책을 교실의 여러 장소에 비치하고 손쉽게 접하여 따라 읽어보도록 시도하거나 교사가 읽어주는 글에 관심을 가지도록 상호작용한다. 이에 유아의 읽기를 위한 환경

그림 4-17 편안하게 조성된 만 3세반 읽기 공간의 예

을 다음과 같이 보다 구체적으로 조성할 수 있다.

첫째, 유아들이 책에 관심을 가지도록 언어영역을 아늑하고 매력적으로 조성한다. 영아반과 마찬가지로 교실에서 햇빛이 잘 들어오는 공간에 책꽂이를 마련하고 유아가 흥미 있어 하는 주제의 책을 수시로 교체하여 준다. 유아들이 편하게 바른 자세로 책을 읽거나 교사가 읽어 들려주는 책을 들을 수 있도록 등받이가 단단한 벤치형 의자, 부분 조명 등을 마련하여 책에 집중할 수 있도록 한다.

둘째, 유아들이 친숙한 낱말에 관심을 가지고 읽어보는 시도를 할 수 있도록 친숙한 단어의 글자를 활용한 읽기 교구를 제작하여 제공한다. 이때 유아에게 친숙한 단어의 그림-글자 카드, 유아가 좋아하는 간식의 포장상자, 만화 캐릭터 등의 다양한 글자 인쇄물을 활용하여 글자 모양을 인식할 수 있는 자료를 같은 글자 찾기 등의 게임놀이로 제공한다면 유아들이 보다 흥미를 가지고 글자놀이를 즐길 수 있다.

셋째, 유아들이 하루 일과를 보내는 동안 교사는 교실환경의 여러 흥미영역에 읽기자료를 배치하여 유아들이 일상생활 속에서 글자의 필요성과 기능을 이해하도록 돕는다. 예를 들어 등원 시 놀이계획판에서 자신의 이름표를 찾고, 오늘의 놀이명을 확인하고 흥미영역으로 가서 놀이이름표를 붙이고 놀잇감의 이름을 확인하도록 교실의 교재교구와 기물에 이름을 붙여놓는다. 만 3세나 만 4세반의 경우 사진 혹은 그림과 함께 교구 이름을 라벨링하여 친숙해지도록 돕는다.

그림 4-18 만 4세반 놀이계획영역 이름판의 예

넷째, 유아의 일상경험 혹은 주말 지낸 이야기 나누기 자료, 과학영역의 관찰기록지, 자신과 가족구성원의 이름이 적힌 사진 혹은 그림자료 등 유아가 좋아하는 사물 및 음식 등의 그림-이름 카드 등을 풍부히 비치하여 언제 어디서나 유아의 문해활동이 이루어지도록 교실환경을 구성한다.

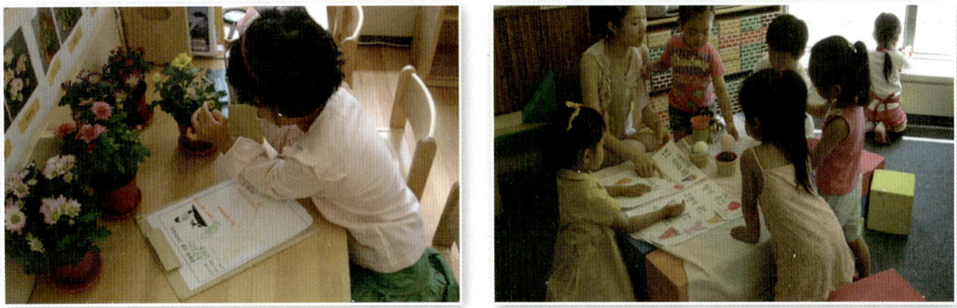

그림 4-19 각 흥미영역에 비치된 문해활동 자료의 예

다음은 유아들이 읽기와 환경인쇄물에 관심을 가지고 활용할 수 있는 자료의 예이다.

같은 글자 찾기 자료의 예

단어찾기 빙고게임 자료의 예

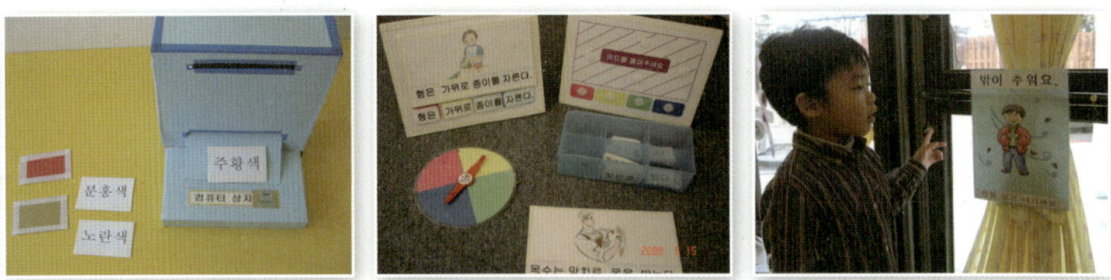

그림-글자 컴퓨터 상자놀이 자료

단어 찾아 문장구성하기 자료의 예

환경 인쇄물을 활용한 읽기 자료

그림 4-20 유아를 위한 읽기활동 자료의 예

4) 쓰기를 위한 환경구성

유아를 위한 쓰기영역 구성은 유아들이 말을 글로 나타내보는 과정을 시도할 수 있도록 자연스러운 끼적거리기와 쓰기활동이 일어나는 공간으로 조성할 수 있다. 즉 3세 유아들이 글자의 기능에 관심을 가지고 자신의 이름이나 주변의 친숙한 글자를 써보는 경험을 하고, 자신의 느낌, 생각과 경험을 글자와 비슷한 형태나 글자로 자유롭게 표현해볼 수 있는 공간을 마련해준다. 이에 교사는 다음과 같이 유아의 끼적거리기를 위한 환경을 조성할 수 있다.

첫째, 언어영역 내 유아들이 마음대로 끼적거리기나 쓰기활동을 시도할 수 있는 별도의 공간을 마련한다. 별도의 쓰기 코너에는 유아의 연령에 따라 쓰기도구류와 도화지 등을 준비해준다. 특히 만 3세아들의 경우 끝이 날카롭지 않은 색연필 등을 준비해 주고 연령이 높은 유아들보다 더 큰 종이를 준비해준다.

그림 4-21 유아를 위한 쓰기 코너 조성의 예

과학영역의 관찰 코너나 쌓기놀이영역에도 쓰기도구와 종이류를 마련해주어 유아들이 자신의 생각을 글자나 글자 비슷한 형태로 쓰고자 하는 요구가 있을 때 자연스럽게 문해활동이 이루어지도록 자료를 비치한다.

둘째, 읽기자료와 함께 여러 가지 쓰기 활동이 연계되어 이루어지도록 활동자료를 준비한다. 말이 글로 표현될 수 있음을 이해하도록 여러 가지 읽기활동 자료는 후속 활동으로 유아들의 창의적인 쓰기활동으로 이어질 수 있다. 예를 들어 동시 감상 후 동시판을 언어영역에 내어주고 유아들이 시어 바꾸기를 할 수 있도록 '나만의 동시 짓기' 워크시트지를 함께 비치해준다.

셋째, 유아들의 언어발달 수준을 고려하여 각 학급의 유아 연령이나 수준별 쓰기활동 자료를 고안하고 제공한다. 만 3세아의 경우, 촉감이 다른 재질로 글씨 모양이나 다른 선들을 그림판에 붙이고 손가락으로 따라 쓰면서 글자 모양을 인식하게 하는 활동에서 시작할 수 있고 몇 가지 자주 쓰는 단어의 경우 라벨지에 그림과 함께 출력하여 주어 유아들이 편지쓰기에 흥미를 가지고 다른 단어쓰기까지 확장하도록 도울 수 있다.

자석에 붙는 물건으로 이름쓰기의 예

라벨지를 활용한 쓰기활동 자료의 예

그림 4-22 유아의 발달수준과 흥미를 고려한 여러 가지 쓰기활동 자료의 예

4.3 영유아를 위한 언어교육 교수 · 학습 구성

1. 영아를 위한 언어교육 교수 · 학습 방법

1) 영아의 구어지도 지침

(1) 2세 미만 영아를 위한 듣기와 말하기 지도지침

2세 미만 영아를 위한 의사소통영역의 듣기와 말하기 지도를 위해 교사는 다음과 같은 점을 고려하여야 한다(보건복지부, 2020).

듣기

- 소리의 감각적인 자극에 관심을 보이고, 익숙한 말소리에 반응하며, 표정과 몸짓으로 말의 뜻을 알아듣는 정도의 활동을 하도록 한다.
- 영아가 말을 못 알아듣더라도 가능한 말로 반응하여 풍부한 언어적 자극을 제공한다.
- 자유롭게 만지거나 흔들면 소리가 나는 놀잇감을 제공하고, 영아의 주의를 끌 수 있도록 손뼉 치기, 두드리기, 콧노래, 노래 등을 들려준다.

말하기

- 다양한 소리와 옹알이를 시도하고, 말소리 내기를 즐기며, 말소리와 몸짓으로 자기 의사를 교사와 주고받는 정도의 활동을 하게 한다.
- 영아가 쿠잉이나 옹알이로 소리 낼 때 주의하여 들어주며, 눈을 맞추고 정다운 목소리로 반응하여 교사의 말을 영아가 모방하여 말해보게 한다.
- 인형이나 그림, 사진, 그림책 같은 여러 가지 자료를 갖추어 언어적 상호작용을 많이 할 수 있는 환경을 마련해주고, 매일매일 대화를 하여 영아가 새로운 말과 발음을 익히며 의사소통 기술을 습득할 수 있도록 한다.

(2) 2세 영아를 위한 듣기, 말하기 지도지침

2세 영아를 위한 의사소통영역의 듣기와 말하기 지도를 위해 교사는 다음과 같은 점에 유의하여 지도한다(보건복지부, 2020).

듣기

- 사람의 말소리를 구분하여 듣기부터 짧은 이야기와 노래에 담긴 운율 있는 말을 듣고 즐기는 정도의 활동을 할 수 있도록 한다.
- 일상생활의 다양한 상황을 구체적인 말로 표현하여 영아에게 들려주도록 한다.
- 영아에게 보통의 목소리, 큰 소리, 작은 소리, 귀에 속삭이는 소리 등으로 변화 있게 말해 줌으로써 영아가 소리 크기에 따른 감정을 느끼고 집중해서 듣는 태도를 기르도록 한다.
- 교사가 하고 있는 일이나 생각을 영아에게 짧은 이야기로 들려주어 영아가 상황에 맞는 어휘와 표현을 익히도록 한다.

말하기

- 말하는 것을 즐기고 단순한 행동이나 상황에 적절한 말을 할 수 있도록 하는 정도의 활동을 할 수 있도록 한다.
- 말하고 싶은 것은 많으나 표현이 잘 안 되는 시기이므로, 교사는 영아가 천천히 말할 수 있도록 기다려주고 열심히 들어주도록 한다.
- 가작화 활동이 활발해지는 시기이므로 전화(마이크)놀이, 인형놀이 등 놀이를 하게 하여 혼잣말을 하거나 어른의 말투를 흉내 내며 인형과 대화놀이를 할 수 있도록 환경을 마련한다.

2) 영아의 구어지도 방법

(1) 매일의 일과 속에서 언어적 상호작용하기

연구에 의하면 성인이 영아에게 음성적으로 반응하고 옹알이나 단어를 사용하여 반응해 줄 때 이들이 유아가 되었을 때 언어적 레퍼토리가 좀 더 풍부해진다고 한다. 매일 친근한 일과 속에서 성인과 언어적 상호작용을 할 때 언어가 가장 잘 학습된다는 것이다. 영아에게 기저귀를 갈아줄 때 영아가 쿠잉을 한다면 이러한 목소리에 즐겁고 기쁘다는 반응을 해 준다. 몸을 닦아주거나 옷을 입히는 동안 그 상황을 설명해 주고 행동을 하면서 단어를 사용하여 말해 주면 영아는 그 단어의 의미를 파악할 수 있게 된다. 영아는 비디오보다는 사람들과 대화를 나누면서 새로운 단어를 학습한다(Roseberry, Hirsh-Pasek, & Golinkoff, 2014). 영아가 말로 나타내는 시도를 반복하고 이에 부연하거나 모방할 소리를 제공하는 것으로 반응하여 영아가 상황과 연결하여 단어를 익힐 수 있도록 돕는다.

영아와 언어적 상호작용을 할 때는 가능한 한 개별적으로 상호작용하고 영아의 흥미와 기분을 고려하여 상호작용한다. 영아의 의사소통 시도에 웃으며 긍정적으로 상호작용해 주고 영아가 시도하는 단어를 말해준다. 예를 들어 영아가 울 때 "배고프구나. 우유 마시자. 네 우유병 갖고 와야겠다."라고 말해주고, 영아가 우유병을 빨면서 조용해지면 "우유 맛있니? 참 잘 먹네. 우유 좀 더 마실까?" 등과 같은 상호작용을 하거나, 간식 전에 손 씻기를 할 때는 "손을 씻자. 비누칠을 하고. 비누 거품이 보글보글해지네. 깨끗이 씻어 보자. 타올이 어디 있지?" 등과 같은 상호작용을 하며 긍정적으로 반응해 준다.

(2) 구체물을 활용하여 상호작용하기

게시판, 조작영역, 역할놀이영역 등에 있는 다양한 구체물을 활용하여 이야기 듣기, 이야기 꾸미기 등 듣고 말하는 활동을 마련하여 영아가 친숙한 물체와 장난감의 이름을 이해하고 말할 수 있도록 도와줄 수 있다. 예를 들어, 게시판에 붙어 있는 영아들의 가족사진을 지적하며 "여기 지아 아빠, 엄마 있네." "이 사람은 누군가? 그래. 지아 할머니" 등으로 반응해줄 수 있다. 또한 조작놀이영역에서 영아가 입체 모양 끼우기 놀이를 할 때 "여기에 별 모양 넣자. 그래 참 잘하네." 하고 상호작용해 주거나 역할놀이영역에서 영아가 다른 아이가 인형놀이 하는 것을 쳐다보고 있으면 "인형 갖고 싶니? 다른 인형 찾아보자." "여기 오리가 있네. 오리가 뭐라고 하니? 꽥꽥 해?" 등 자연스럽게 상호작용하면서 상황에 적절한 말을 할 수 있도록 돕는다. 또한 영아와 자주 언어적 놀이를 하며 상호작용하면서 영아의 말을 확대해 준다.

영아와 상호작용할 때는 대화 순서를 고려하여 영아의 질문에 대답하고, 교사도 영아에게 놀이 상황이나 진행과 연결된 질문을 하여 영아가 질문에 답할 수 있는 기회를 제공하고 영아의 대답을 기다려준다.

(3) 노래 부르기와 듣기를 통해 단어 사용하고 듣는 기회 갖기

매일의 일과와 활동에 음악을 통합하여 언어기술이 발달되도록 도울 수 있다. 음악적 활동은 말하기에서 알아낼 수 있는 음운 인식에 도움이 되는 소리의 인식이 발달하도록 돕는다.

노래 부르기와 노래 듣기는 단어를 듣고, 연습하는 기회를 제공할 수 있다. 음악적 활동은 교사와 영아 간의 대화 기회를 제공할 수 있으므로 어휘뿐만 아니라 의사소통 기술도 향상시킬 수 있다.

영아와 노래 부를 때 단순한 노래를 손동작을 사용하여 부를 수 있다(예 "반짝, 반짝, 작은 별…"; "곰 세 마리가 한 집에 있어. 아빠 곰, 엄마 곰, 애기 곰. 아빠 곰은 뚱뚱해…" 등의 노래를 부르며 동작을 따라 할 수 있도록 도와준다.). 잘 아는 노래의 경우 노래 부르면서 교사가 잠시 멈추고 영아가 다음 부분의 가사를 말하며 노래 부르도록 할 수 있다(예 "반짝, 반짝, 작은 –"). 또한 일과의 간식 후 또는 점심 식사 후 다음으로의 전이 시간에 노래를 부르며 인도하거나(예 "싹싹 닦아라. 윗니, 아랫니. 싹싹 닦아라 아랫니, 어금니…"), 동화를 들려주며 그 안의 동물 소리를 따라하는 노래를 부를 수도 있다(예 "오리는 꽥꽥, 오리는 꽥꽥, 염소 음매, 염소 음매, 돼지는 꿀꿀, 돼지는 꿀꿀, 소는 음머. 소는 음머.").

(4) 책 읽어주기, 단순 이야기 들려주기 하며 대화하기

영아에게 책을 읽어주고 단순 이야기를 들려주고 물체와 그림에 대해 대화하면서 새로운 단어나 구의 이해를 도우며, 영아로 하여금 대화를 제안하고 반응하고 대화할 시간을 제공한다. 아울러 친근하고 상호작용적 경험이 이루어질 수 있도록 한다.

3) 영아의 문어지도 지침

(1) 2세 미만 영아의 읽기와 쓰기 지도지침

2세 미만 영아를 위한 의사소통영역의 읽기와 쓰기 지도를 위해 교사는 다음과 같은 점에 유의하여야 한다(보건복지부, 2020).

읽기

- 작은 그림책 들고 다니기, 그림 보기, 책장 넘기기 등 그림책 자체의 속성에 대한 관심에서부터, 리듬감 있게 읽어주는 말소리를 즐기고, 좋아하는 그림책을 읽어달라고 요구하는 정도의 행동을 할 수 있도록 한다.
- 넘기기 쉬운 딱딱한 종이책, 여러 가지 촉감을 느낄 수 있는 헝겊책, 비닐책 등 다양한 책을 제공한다.
- 그림책을 읽어줄 때 그림에 묘사된 구체적인 상황에 대해 물어보고 이야기를 하며 그림을 함께 보도록 한다.

쓰기

- 손의 소근육을 사용하고, 손과 팔을 의도적으로 움직이는 즐거움과 선을 그을 때 나타나는 흔적을 즐기는 정도의 끼적거리기 활동을 하도록 한다.
- 종이와 무독성 크레용 등 쓰기 도구를 제공하여 마음껏 끼적거리도록 배려하고, 영아가 끼적인 것에 관심을 보인다.

(2) 2세 영아의 읽기, 쓰기 지도지침

2세 영아를 위한 의사소통영역의 읽기와 쓰기 지도를 위해 교사는 다음과 같은 점에 유의하여야 한다(보건복지부, 2020).

읽기

- 책에는 그림과 글자가 있다는 것을 인식하는 데서부터, 교사가 읽어주는 글에 관심을 갖고 그림책을 읽는 흉내를 내는 정도의 활동을 하도록 한다.
- 이 시기에 들은 많은 이야기들이 중요한 언어적 정보가 된다는 점에서, 교사는 그림책을 많이 읽어주고 일상과 관련된 이야기나 자연의 변화에 대한 감정 표현하기 등 언어적 자극을 제공하도록 한다.
- 천으로 된 그림책, 그림과 글자가 함께 있는 광고지, 영아의 사진이 들어 있는 가족 앨범 등을 갖추어 놓도록 한다.

쓰기

- 끼적거리며 놀이하면서 손목의 힘이 길러지고, 자신만의 그림을 그리며, 글자와 비슷한 모양을 그려내기도 하고, 끼적이면서 영아의 생각을 담은 혼잣말을 하는 등 쓰기활동이 이루어지도록 한다.
- 영아에게 무해한 크레파스나 두꺼운 펜, 커다란 도화지, 신문지, 달력 뒷장 등을 제공하도록 한다.

4) 영아의 문어지도 방법

(1) 영아에게 개별적으로 책 읽어 주기

4개월 이후부터 영아는 머리를 가눌 수 있기 때문에 영아를 무릎에 앉히고 책을 양손으로 잡고 읽어줄 수 있다. 영아는 책을 다른 놀잇감 다루듯이 입과 손으로 탐색한다. 그러므로 손에 놀잇감을 주면 놀잇감을 손에 쥐고 빨면서 책을 눈으로 바라본다. 책장을 찢으려 할 때는 얼른 신문지 종이나 다른 찢어도 좋은 종이를 주어 책은 찢지 않도록 한다. 7개월 이후부터는 오랜 시간동안 책을 바라본다. 가끔 영아가 책장을 넘기는 것을 도와주도록 하고 부모는 이것이 용이하게 이루어지도록 돕는다. "오리가 어디 있니?" 하고 그림에서 지적하게 하거나 "생일축하 노래 부르자. 생일 축하합니다. 사랑하는 ○ ○ ○(아이 이름). 생일 축하…" 등의 노래도 부를 수 있다. 때로는 기차가 지나가네. "칙칙폭폭" 하면서 함께 소리내어 보게 할 수도 있다. 책을 많이 읽어 준 영아는 이 시기에 책을 들고 책 읽기 옹알이를 사용한다. 책 읽기 옹알이는 읽기와 같은 소리 형태이다.

이 시기에 책을 읽어 줄 때는 다음의 순서를 따른다(Ninio & Bruner, 1978).

① 영아의 주의를 끌기

② 책 속의 그림으로 제시된 사물의 이름이 무엇인지를 질문하기

③ 영아의 대답을 기다리거나, 필요할 땐 답을 제공하기

④ 피드백 제공하기

책을 보는 장소에 예를 들어 "○○야, 책 읽자", "책을 펴야지", "어디가 앞일까?" 하는 형태로 책 읽기에 주의를 끈다. 책을 읽다가 영아가 잘 아는 것은 물어 보는 것으로 영아의 주의를 끈다. "이게 뭐야?" 하고 영아의 주의를 끌고 "○○가 무엇을 하고 있니?" 하고 책 속의 그림에 대해 질문한다. 영아가 "세수" 하고 간단히 대답하거나 옹알거릴 수도 있다. "그래, 세수하고 있지?", "우리 ○○이도 매일 세수해. 그렇지?" 등으로 상호작용하며 피드백을 제공할 수 있다.

몇 권의 책은 한 군데 모아 바닥에 세워 놓고 몇 권은 바닥에 편편하게 뉘어두며 바닥에 작은 카펫을 깔아 준다. 부모가 책을 읽어주면서 책장을 영아가 넘기도록 한다. 한꺼번에 여러 장 넘길 경우 "한 장씩 넘기자." 하고 말해 준다.

2세 영아와는 책에 대한 대화를 할 수 있다. 영아의 생활과 책의 내용을 연결시켜 준다. 예를 들어, 책의 내용에 주인공이 그네를 타고 있으면 "이 아이는 그네 타는 것을 좋아하나 봐. 너도 그네 타는 것 좋아하지?" 하고 질문하며 영아가 말을 할 수 있는 기회를 제공한다. 처음에는 "네(응)" 또는 "아니(싫어)" 하고 짧게 반응하다가 점점 더 길게 말하게 된다.

이 시기 유아는 책 읽기를 좋아한다. 여러 유형의 책을 읽어주며 책의 내용과 연결된 유아의 경험에서 나오는 이야기들을 들어주고 대화를 나눈다. 유아를 위한 작고 아늑한 읽기영역을 마련해 주고 기회 있을 때 개별적으로 이야기책 읽어주기

활동을 한다.

2세 후반부터는 책을 읽어주고는 때로는 “이번엔 네가 엄마(아빠, 선생님)한테 읽어 줄래?” 하고 아이에게 읽어보도록 격려한다. 이때 아이들이 그림을 보고 마음대로 꾸미기를 하더라도 그대로 받아들여 주며 “네 얘기 잘 들었다.”라고 말해 준다. 책 읽기 경험이 많아지게 되면 자연히 책에는 고유 내용이 있고 글자를 읽어야 한다는 것을 알고 노력하기 때문이다.

1세

2세

그림 4-23 개별적으로 책 읽기와 책 읽어주기

(2) 걸음마기 영아들에게 집단으로 그림책 읽어주기

2세 이상의 걸음마기 영아들을 위해 매일 읽어주는 시간을 정해 집단으로 그림책을 읽어 줄 수 있다. 영아들의 경우 그림책 읽어주기 집단 구성은 4명 이하의 적은 수로 하는 것이 영아의 주의 집중이나 상호작용을 위해 바람직하다(이영자, 이지현 역, 2013). 최근, TV, 컴퓨터 등으로 제시되는 디지털 텍스트로 제시되는 경우도 많은데 이러한 매체의 활용은 2세 이상의 영아에게만 가능하고, 하루 1시간을 초과하면 안 되며, 가능한 한 짧은 시간으로 제한되어야 한다. 영아를 위해서는 전통적인 그림책 읽기가 바람직하다.

그림 4-24 책 읽어주기(2세) : 교사가 읽어주는 동화를 들으며 손으로 조작한다.

2. 유아를 위한 언어교육 교수 · 학습 방법

1) 유아를 위한 구어지도 방법

(1) 유아의 구어지도 지침

듣기

- 낱말 발음에 주의를 기울여 듣는 수준에서 낱말, 문장, 이야기를 듣고 이해하는 정도까지 활동이 이루어지도록 한다.
- 유아가 말소리와 이야기에 관심을 가지도록 동물, 우리 가족, 주말 지낸 이야기 같은 유아가 좋아하는 주제의 이야기를 들려준다.
- 유아가 이해하기 쉽게 간단명료하게 말한다.
- 유아가 이야기할 때 무릎을 낮추고 유아의 눈을 주시하며, 유아의 이야기를 적극적으로 듣는다.
- 융판 동화 · 막대 동화 등 여러 종류의 동화, 생활주제와 관련된 동요 · 동시 · 동화를 담고 있는 카세트테이프, 그리고 카세트레코더, CD 플레이어, 헤드

폰, 동요 · 동시 · 동화를 담고 있는 CD-ROM, 컴퓨터, 프린터 등을 언어영역에 제공한다.

말하기

- 일상생활에 필요한 낱말이나 문장을 자유롭게 말하는 수준에서 자신의 느낌, 생각, 경험을 문맥에 맞게 말하는 정도까지 활동이 이루어지도록 한다.
- 여러 가지 말소리를 편하게 발음하기부터 정확한 발음으로 또렷하게 말하는 수준까지의 활동이 포함되도록 한다.
- 유아가 일상생활에서 접하는 여러 사물과 상황, 자신의 느낌, 생각, 경험에 대해 직접 언급할 수 있도록 개방적인 분위기를 조성하고, 여러 가지 질문을 하여 유아에게 말할 기회를 준다.
- 존댓말, 예삿말 등으로 듣고 있는 상대방과 상황에 맞게 말할 수 있는 예절과 관련된 어휘를 유아에게 알려준다.
- 생활주제와 관련된 수수께끼 카드, 화보, 손인형, 손가락인형, 인형극 틀 등의 교구를 제공한다.

(2) 듣기 지도방법

듣기란 말로 표현된 상징을 들어서 인식하고 의미를 해석하는 과정이다. 듣기기술은 다른 언어기술의 기초가 된다. 일상생활에서 우리는 일반적으로 생각하는 것 이상으로 듣기에 많은 시간을 보낸다. 바람 소리, 자동차 소리, 시계 소리, 문 여닫는 소리, 초인종 소리 등과 같은 소리나 좋아하는 노래를 듣고 텔레비전 프로그램을 수동적 또는 능동적으로 듣는다.

유아의 흥미에 따라 듣기의 정도는 다르며, 다른 사람이 말할 때 듣기에의 참여 정도와 집중 정도에 따라 그 내용에 대한 유아의 흥미와 듣기의 수준을 파악할 수 있다. 듣기와 관련된 나쁜 습관은 이해와 해석이 어렵거나 즐겁지 않은 것들은 듣기를 피하는 것이다. 때로는 정서적 감정이 아이디어 듣기를 방해하는 경우도 있다.

5, 6세 시기에는 유아의 듣기기술을 확장시킬 수 있는 활동을 제공하여 듣기의 바른 습관을 길러주는 것이 바람직하다. 그러기 위해서 교사는 듣기를 가르칠 수 있는 순간들을 잘 포착해야 한다. 무엇보다도 유아가 질문을 할 때 대답해 주면서 유아에게 관심을 가지면 유아는 주의 깊게 듣게 되므로 유아의 질문에 항상 귀찮아하지 말고 성의껏 대답해 주는 것이 중요하다. 유아가 질문을 하거나 유치원에서 일어났던 즐거운 경험, 길에서 보았던 곤충, 친구와 지냈던 일 등에 관하여 이야기를 나누거나 농담 등을 할 때 교사가 보이는 듣기 태도는 유아의 듣기 태도에 영향을 미친다. 유아를 가르치기 위해서는 말로 전달하는 내용뿐만 아니라 듣기 태도도 포함된다는 사실을 항상 기억해야 할 것이다.

유아의 듣기 기술 발달을 위해 교사는 다음과 같은 점에 유의한다.

첫째, 듣기를 위한 시간을 갖는다. 즉, 유아가 문젯거리가 있고 말할 것이 있을 때 가능한 한 유아를 위해 개별적인 시간을 할애한다. 이러한 기회는 유아와 교사 간의 의사소통을 분명히 할 수 있도록 돕는다.

둘째, 유아에게 관심을 기울이고 유아가 하는 것을 이해하기를 원한다는 표시를 해주도록 노력한다.

셋째, 유아가 말을 할 때는 "음", "그래", "그래서" 등과 같은 언어적 반응을 보이며 조용히 듣는다. 이해하고 있다는 것을 보여주기 위해 고개를 끄덕여 주기도 한다. 말하는 것의 앞뒤 조리가 맞지 않을 때는 유아가 말한 것을 의문의 형태로 재진술한다.

넷째, 유아가 말한 것에 대해 평가하는 것을 피한다. 도덕적 판단을 피하고 충고하려는 유혹을 피한다. 유아 스스로 말하는 것을 통해 자신의 문제를 명확히 하고 해결책을 발견하도록 기회를 준다.

다섯째, 유아 스스로 자신의 문제를 해결할 수 있는 능력이 있다는 신념을 가지고 대하도록 한다.

여섯째, 유아가 지역사회 견학 시 만나는 사람, 방문자 또는 교사에게 할 질문을 준비하도록 도와줌으로써 사려성 있는 청자가 되도록 돕는다.

일곱째, 하루 일과 중 다음과 같은 듣기 습관을 길러 주도록 한다.

① 말하는 사람에게 주의 기울이기

② 말하는 사람과 함께 생각하기

③ 주요 아이디어 파악하기

④ 사건을 순서적으로 회상하기

⑤ 지시 따르기

⑥ 들은 것을 다시 말할 줄 알기

여덟째, 하루 일과 중 기회 있을 때 주변의 소리 변별하기 게임을 하거나, 유아에게 순서적인 기억이 요구되는 간단한 심부름의 기회를 제공하거나 그림 이야기책을 읽어 주고 줄거리를 회상해 보는 등 이 시기에 할 수 있는 좋은 듣기활동을 함께 즐기는 것도 듣기의 발달을 위해 바람직하다.

대화가 유아의 흥미를 끌고 유아 언어교육에 도움이 되려면 다음의 사항에 유의한다.

- 유아가 말하는 것에 귀기울여 들으면서 흥미를 나타낸다. 유아의 말은 유아의 생각과 느낌의 언어적 표현이다. 유아의 언어적 표현이 무시되면 유아 자신도 무시되게 되므로 이 점에 유의한다. 유아가 말할 때 모든 관심을 유아에게 쏟는다. 이는 유아가 계속 대화를 지속하도록 장려한다.
- 유아가 이미 말한 것에 대해 좀 더 생각해 말하도록 개방적 질문을 한다. 예를 들어, 유아가 "할무니 어 갔어." 하고 말한다면 "그래? 뭐 하러 가셨는데?" 하고 반응해 줄 수 있다.
- 매일의 일상적 일과 속에서 언어가 형성되도록 한다. 화장실 가기, 먹기, 잠자기와 같은 활동은 유아에게는 아주 중요한 일과이다. 이러한 시간에 유아에게 필요한 것을 도와주면서 유아와 긍정적으로 대화한다.
- 공손하게 말하기, 문법적으로 바른 말 하기, 적절한 어휘 사용하기 등 바람직한 의사 소통 모델을 보인다. 이때 언어적 메시지와 비언어적 메시지가 일치하도록 유의한다. 이 시기에 정확한 언어를 사용하는 것도 가르쳐야 하나 현

재 유아가 가지고 있는 언어습관도 인정하면서 서서히 고쳐주도록 한다. 유아와 의사소통 시에는 무엇보다도 긍정적 경험을 갖도록 해주는 것이 중요하다. 예를 들어, 유아가 놀잇감을 부러뜨린 후 "내가 부러졌어, 이거."라고 했을 때 교사는 화내거나 협박하지 말고 "응, 네가 부러뜨렸구나. 가는 플라스틱은 쉽게 부러지지. 부서진 물건을 수선하기는 힘들지만 한 번 수선해 보자." 하면서 언어적 상호작용을 해준다. 이러한 상호작용적 반응은 유아와 교사의 개별적인 언어적 상호작용을 장려해 주고, 유아의 언어적 표현을 장려하면서도 바른 언어적 모델이 제시되고, 아울러 대중 앞에서의 언어적 표현도 장려하게 된다.

- 의사소통하면서 유아의 흥미를 조성해 준다. 이렇게 할 때에 대화가 유아에게 매력 있게 진행될 수 있다. 예를 들어, 곤충에 관심을 가진 유아에게 "영희야, 내가 어제 도서실에서 곤충에 대한 새 책을 구해 왔거든. 도서영역에서 읽어 보겠니?" 하고 말할 수 있다.
- 유아의 정서표현에 적절한 용어 사용하기, 경험한 과학 개념에 대한 정확한 용어 사용하기, 지역사회 직업 구분 용어 사용하기 등 유아의 생활에 관련되면서 유아가 아직 잘 모르는 단어를 사용하여 유아의 어휘를 확장해 준다.
- 필요로 할 때 유아의 말을 들어 주고 적절할 때 대화를 이끌어 주는 등 유아에게 민감하게 대한다. 그러나 조작적 놀이를 방해하거나 친구와의 대화 참여를 방해하지는 않도록 유의한다.

(3) 말하기 지도방법

영유아기에 의사소통능력의 발달을 돕는 가장 좋은 방법은 비형식적 대화 나누기이다. 비형식적 대화는 길 필요도 없고 미리 계획이 필요한 것은 아니나 교사가 기회가 있을 때마다 유아와 격식 없이 상호작용에 참여함으로써 유아는 언어를 배우고 주변 세계에 대해 배울 수 있다.

3~4세경이면 유아는 기본 언어가 습득되어 있고 의사소통하려는 욕구를 가지고 있다. 유아가 말하는 것을 잘 듣고 한 번에 모든 것을 고쳐주려고 하지 말고 정

확한 단어 사용의 예를 말을 되받아 물어보면서 제시한다. 유아는 어떤 언어를 사용하든지 편안한 마음을 가질 수 있을 때에 언어를 증진시키기 위한 학습의 준비가 된다. 유아가 사용한 단어가 적절치 않을 때 진행되는 대화를 단절시키지 않고 교사가 대화적으로 언어 모델을 제시하거나 확인질문을 하여 유아가 자신의 오류를 파악하여 점차 바르게 사용하게 되도록 유의하여야 한다.

발음의 경우 틀린 발음을 자꾸 지적하기보다는 정확한 발음으로 말하는 모델을 보여 자연스럽게 정확한 발음을 산출하도록 돕는다. 부정확한 발음의 산출 원인이 신체적 결함(발음기관이나 조음기관의 결함)인 경우는 부모와 의논하여 전문가의 도움을 받도록 한다.

대체로 유아는 자음의 습득에 있어서 폐쇄음(stops), 폐찰음(affricates), 마찰음(fricatives)의 순으로 습득하는 것으로 알려져 있다. 따라서 폐쇄음만을 습득하는 단계에서는 마찰음도 폐쇄음으로 발음하거나(예를 들어, '먹었어'를 '먹어떠'로 발음), 또는 폐찰음으로 발음하기도 한다(예를 들어, '먹었어'를 '먹어쪄'로 발음). 이러한 발음상의 오류는 근본적으로 유아가 마찰음을 제대로 발음할 수 있는 단계에 이르러야 해소될 수 있다.

그러나 활동 속에서 단어 제시하기 등으로 자연스럽게 발음해 보는 기회를 제공하고 모델도 제시함으로써 점차로 발음이 정확하게 되도록 안내할 수 있다. 그림, 융판자료, 자석 그림 자료, 인형류, 실물 등의 자료는 자연스럽게 생각이나 느낌 말하기, 이야기 꾸미기의 기회를 갖는 데 도움이 된다. 무조건 말하거나 이야기를 꾸미도록 강요하기보다는 자료를 언어영역에 준비하여 교사가 상호작용을 제안하거나 유아들끼리 이러한 활동이 이루어질 수 있도록 안내한다. 유아가 말할 기회를 제공하고, 정확히 표현할 수 있도록 도와주고, 대상에 따라 적절한 호칭(누나, 형, 언니, 오빠 등)을 사용하며 사람의 수에 따라 말소리의 크기를 조절할 수 있도록 돕는다. 또한 교사는 유아의 연령 및 이해수준, 어휘력, 언어적 표현력 등을 고려하여 유아의 수준에 적절한 언어를 사용하여 상호작용하여야 한다.

(4) 구어 이해 지도방법

다른 사람의 말을 이해하는 것은 청자가 화자에 의해 제시된 정보에서 의미를 구성하는 복잡한 과정이다. 화자의 메시지에서 의미를 구성하는 것은 청자의 머리 속의 지식과 기술에 의존하며 청자 주변의 환경적 요인에 달려 있다. 화자의 말을 이해하지 못하는 이유는 청자측의 내적 지식 결여와 화자의 의사소통기술의 부족에 의한다.

구어가 이해되려면 우선 말의 내용이 유아의 배경지식과 지식 이해수준, 어휘폭, 문장구조 이해수준 등에 맞아야 하며 유아에게 흥미 있어야 한다. 그러므로 유아가 새로운 내용을 경험하고 이에 관련하여 얻은 지식 또는 개념을 구어로 상호작용할 수 있게 하려면 교사는 직접적 · 구체적 경험을 제공하면서 경험과 연결하여 새로운 어휘를 소개하고 직접적 경험으로 형성된 개념과 연결시켜 유아가 이해할 수 있는 수준의 문장구조를 사용하여 설명하여 주고 유아가 들은 내용에 대해 의문 나는 것을 질문하고 함께 상호작용하는 기회를 제공하여야 한다(Samuel, 1984).

구체적으로는 유아 주변 일상생활과 연결되면서 유아에게 흥미 있어 선택한 주제를 중심으로 새로운 어휘를 소개하고, 구체적 활동을 전개하여 활동하는 가운데 필요한 지식 또는 개념, 논리 · 수학적 관계, 사회적 관계 등에 관해 구체적으로 소개하거나 유아가 이해된 지식, 개념, 논리 · 수학적 관계를 자연스럽게 말로 제시하며 정서적 느낌을 말로 표현하는 기회를 가짐으로써 유아의 구어 이해를 지도한다. 개념 형성, 논리 · 수학적 관계 형성, 친밀한 사회적 관계 형성 그리고 이에 관련된 어휘에 대한 분명한 인식이 없이는 구어의 이해가 어렵기 때문이다.

(5) 유아교육기관의 하루 일과를 통한 말하기 지도

하루 일과를 통하여 교사는 유아와 언어적으로 상호작용함으로써 유아가 자신의 생각을 정리하여 말할 수 있는 기회를 제공하여 자연스럽게 말하기 능력을 증진시켜 주어야 한다. 다음에는 하루의 활동시간대별로 유아의 말하기 지도를 위한 바람직한 상호작용방법을 살펴보았다.

① 자유선택활동

자유선택활동 시 교사는 다음과 같은 점에 유의하여 언어적으로 상호작용함으로써 유아가 보다 자연스럽게 말하고 생각할 수 있는 기회를 갖도록 한다.

가. 흥미영역의 활동 특성에 적절한 상호작용하기

자유선택활동 시 교사는 흥미영역, 즉 언어영역, 역할놀이영역, 과학영역, 요리활동영역, 조형영역, 수 · 조작 놀이영역, 블록영역, 음률영역, 컴퓨터영역, 물놀이 · 모래놀이영역, 실외놀이영역 등의 영역에서 진행되는 활동 특성에 맞는 언어적 상호작용 전략을 사용한다. 이러한 상호작용 전략 사용으로 유아가 영역별 활동을 통해 형성한 개념을 구체적인 말로 표현할 수 있는 기회를 갖게 한다. 아울러 유아가 말로 표현하기 힘든 개념과 부족한 어휘 등을 파악하여 활동을 통해 개념과 어휘습득을 도와준다. 특히 언어영역의 경우 듣기 · 말하기와 관련지어 소리 듣고 변별하기, 동화 · 동시 듣기, 발음 지도, 감정, 느낌, 생각 말하기, 다양한 자료로 이야기 꾸미기 등의 언어활동을 준비하여 자연스럽게 듣기 · 말하기 언어능력의 발달을 도와주도록 한다.

때로는 수 · 조작놀이영역 한쪽 테이블에 세울 수 있는 사람 인형, 가구 모형, 소형 트럭, 세울 수 있는 농장동물이나 야생동물 중 몇 가지를 준비하여 말하기놀이 장소로 지정하여 두 명의 유아들이 소형 놀잇감을 움직이며 말하기 놀이를 할 수

그림 4-25 융판자료로 이야기 꾸미기(4세)

그림 4-26 자석 동화 자료로 이야기 꾸미기 (3세, 말하기, 이야기 짓기)

있도록 할 수도 있다. 이때 유아들이 편안하게 말을 주고받을 수 있도록 배려한다. 이러한 말하기활동을 통하여 유아들이 말하기에 자신을 가질 뿐만 아니라 보다 창의적인 언어 표현력이 생기게 된다(Woodward, Haskins, Schaefer, & Smolen, 2004). 아울러 구어이야기 말하기 발달을 도와줄 수 있다.

나. 유아의 발달단계를 고려한 활동제시 및 상호작용

블록을 단순히 순서적으로 나열하기 단계에 있는 유아와 복합적으로 구성하는 단계에 있는 유아와의 상호작용방법은 다르다. 단순히 순서적으로 나열하는 단계에 있는 유아에게는 블록의 모양, 크기, 똑바로 놓여진 상태를 중심으로 언어적으로 상호작용하며, 복합적 구성을 하는 단계에 있는 유아에게는 구성물의 내용, 세부 내용의 위치나 방향 등 좀 더 구체적인 상호작용이 가능하다. 그림 그리기의 경우 끼적거리기 단계의 유아와는 손의 움직임, 선의 형태, 붓의 굵기, 그림에 대한 느낌, 색 등에 관하여 이야기 나눌 수 있으며 도식 단계의 유아와는 그린 그림의 내용에 관해서 상호작용할 수 있다. 블록 구성 단계나 그림 그리기 단계에 따라 인지적 수준과 언어적 표현능력이 다르기 때문이다.

• 상호작용 예

- 굵고 가는 붓을 이젤판에 놓아주면서 “큰 종이에 그리고 싶을 때는 큰 붓을 사용하고, 작은 것을 그리고 싶을 때는 작은 붓을 사용할 수 있어.”라고 말해주면서 유아들에게 실험해 보도록 제시할 수 있다.
- 유아의 그림에 분명한 큐가 있을 때에는 “네가 그린 집은 아주 크구나. 그 종이에 꽉 차 있네. 누구네 집이니?”라고 질문을 시작하면 유아는 자신이 생각한 것에 대해 말을 하게 된다. 이때 유아가 교사가 한 말에 대해 다른 이의를 제시하거나 다른 표현을 할 때 그대로 받아들이면서 대화해 주는 것이 필요하다.

다. 상호작용을 통해 유아가 의도한 계획의 실행 도와주기

유아의 말을 잘 듣고 행동을 잘 관찰하여 유아의 의도를 정확히 파악한 후 의도에 초점을 맞추어 상호작용하며 유아가 의도한 계획이 실행되도록 도와준다. 활동 진행 시 유아가 어떠한 생각을 가지고 그 활동을 진행하고 있는지를 파악하기가 힘들 경우가 많다. 이때 질문을 하여 유아의 의도를 파악하고 유아가 진행하려는 것이 순조롭도록 도와준다. 질문에 대답하는 과정에서 유아가 자신의 생각을 말로 표현할 수 있는 능력이 형성된다.

라. 개방적 생각을 하도록 돕는 질문하기

폐쇄적 질문보다는 개방적인 생각을 자주 하는 질문을 하도록 한다. 예를 들어, 정확한 한 가지 대답을 요구하는 "그 아이가 무엇을 날려 보냈지?"라는 질문을 하여 "새요"라는 대답을 얻는 것보다는 "그 아이가 새를 어떻게 했을 거라고 생각하니?"와 같이 질문에 대해 보다 깊이 생각해 봄으로써 생각을 장려하고 복합적 의사소통 기술을 갖게 하는 질문을 하는 것이 바람직하다. 상태에서 자명한 대답을 이끄는 질문을 하는 것은 바람직하지 않다. 사고 자극 질문은 사고와 표현을 보다 명백히 하도록 이끌며 좀 더 길게 표현하는 기회를 갖도록 한다.

마. 모든 유아에게 언어적 상호작용 기회 제공

수줍어 하며 스스로 언어적 상호작용을 제안하지 않는 유아에게도 언어적 상호작용 기회를 제공한다. 흔히 교사는 상호작용 시 활발히 반응하거나 상호작용을 제안하는 유아에게만 상호작용하는 경향이 있다. 따라서 상호작용을 잘 제안하지 않는 유아는 교사의 상호작용 제안을 잘 받지 못하여 움츠러들게 되며 유아들의 발달적 차이는 더욱 확대되게 된다.

바. 유아의 언어적 상호작용 제안에 응하기

유아가 제안하는 언어적 상호작용에 가능한 한 빨리 흥미를 가지고 응한다.

사. 상황에 적절히 표현하는 방법 모델보이기

관찰을 통하여 문제적 행동이 시작되기 전에 문제를 방지하는 상호작용을 하여 상황에 적절히 표현하는 방법의 모델을 보인다. 이때, 유아의 자아개념을 존중해

주면서 문제해결을 도울 수 있는 진술을 한다. 교사의 이러한 진술이 모델이 되어 다른 사람의 기분을 상하지 않게 말로 표현하는 방법, 상황에 대처하여 표현하는 방법들을 유아가 배울 수 있게 된다.

예 1 "영희야, 왜 그리 덜렁대지? 빨리 스펀지로 물을 닦아라."

→ "괜찮아, 누구든지 물을 쏟을 수 있지. 바구니에 스펀지가 있어. 그걸로 닦으면 돼."

예 2 "철수는 참 난폭하구나. 모래 던지기 그만둘 수 없니?"

→ "선생님이 참 화가 나는구나. 모래는 놀이하기 위한 것이지 던지는 것이 아니잖니?"

예 3 "살짝 빠져나가려고 하지 말고, 네가 사용한 블록은 네가 되돌려 놓자."

→ "블록을 사용한 사람은 모두 블록을 제자리에 놓도록 도와주어야겠다. 정리정돈이 끝나면 밖에 나갈 수 있어."

아. 문제 상황 해결을 위한 표현 방법 모델보이기

문제 상황에는 문제 상황에 따라 초청하기, 요청하기, 협력을 요구하기 등의 언어적 상호작용 방법을 조정하여 사용함으로써 상황 해결을 위해 언어적으로 표현하는 방법의 모델을 보인다.

예 1 초청하기

"선생님은 블록을 제자리에 놓고 책상과 의자를 정돈할 수 있는 힘센 사람의 도움이 필요해."

예 2 요청하기

"함께 일하려면 조용히 해야겠다."

예 3 협력 요구하기

"영희야, 네가 선택해라. 이쪽에서 친구들과 함께 협력하여 일하겠니? 아니면 너 혼자 일을 선택하여 하겠니? 어느 것을 선택할까?"

② 집단활동

이야기 나누기, 게임, 노래 부르기, 동화, 슬라이드 감상하기, 동시 감상 및 동시 짓기, 동극, 인형극, 생일축하, 견학, 가게놀이, 동물원놀이 등과 같은 주제의 종합놀이활동 등의 집단활동을 통해서 듣기와 말하기가 자연스럽게 이루어진다. 유아의 연령, 집중도, 지식의 이해도, 경험의 범위에 따라 활동의 시간과 범위, 내용의 복잡성 정도, 상호작용 수준 등이 달라진다.

가. 이야기 나누기(토의)

교실에서의 규칙 세우기(영역에서의 행동 또는 전체적 활동을 원활히 하기 위한), 정보 전달하기, 특정 주제에 관해 토의하기, 활동의 진척 상황 이야기하기, 다음날의 활동 계획, 주말 발표 등을 통해 유아가 다른 사람과 대화할 수 있는 능력을 형성하며, 다른 사람과 견해가 다름을 인정하고 합의점을 찾아내며, 진행 중인 개념을 주제와 관련하여 좀 더 명료화할 수 있다.

함께 주의집중한 것에 대한 토의는 자연적으로 현재 눈앞에 존재하지 않는 것에 대한 소개, 과거의 경험과의 연결, 미래에 대한 계획, 관련된 물체 또는 사건의 기억으로 이끈다. 이러한 토의는 이야기는 아니나 이야기의 복잡성과 관련하여 다룰 기회를 제공한다. 개인적 이야기 말하기의 발달을 위해서는 과거사건 경험을 함께

그림 4-27 대집단 이야기 나누기(토의): 가장 친절한 친구 뽑기

나누는 대화에 유아가 많이 참여할 수 있도록 한다. 과거사건 경험을 함께 나누는 대화를 통해 유아는 문화적으로 중요한 이야기 구조의 요소에 대해 이해하게 된다.

이야기 나누기 시간에서의 교사 · 유아 상호작용은 상호 교환적으로 이루어져야 한다. 이야기 나누기가 상호 교환적이 되려면 교사 혼자 일방적으로 제시하기보다 유아가 대화에 참여하도록 장려한다. 유아가 대화에 참여하도록 연속적인 구조적이면서도 개방적인 질문, 단일 개방적 질문과 자발적 대화법을 통하여 이야기 나누기가 이루어질 수 있다. 이야기 나누기가 이러한 방향으로 이루어지기 위해서는 가능하면 소집단으로 이야기 나누기가 진행되어질 수 있도록 배려한다. 특히 3세 어린 유아의 경우 이야기 나눌 내용과 관계 있는 현장에서 소집단으로 이야기 나누는 것이 바람직하다.

이야기 나눌 때에는 일반적으로 다음과 같이 지도한다.

㉠ 모든 유아들이 골고루 참여할 수 있도록 한다. 전혀 의사표현을 하지 않던 유아가 손을 든 경우 교사는 우선 그 유아에게 먼저 이야기할 기회를 제공하며, 교사의 의도대로 이야기한다고 하여 특정 유아에게 말할 기회와 시간을 너무 많이 할애하지 않는다.

㉡ 이야기하는 것을 원하기는 하지만 수줍어하는 유아들을 위해서 손가락 인형, 손 인형, 막대 인형 등을 유아들이 이용할 수 있도록 한다.

㉢ 이야기 주제와 관련 없는 공상을 하거나 교사에게 집중하지 않는 행동은 무시한다. 이야기 나누기를 진행하는 데 방해가 되는 행동을 할 때에 유아에게 '이야기 나누기' 시간에 지켜야 할 규칙을 상기시키거나 유아의 행동이 어떻게 다른 유아와 교사에게 방해가 되는지에 관하여 이야기하여 유아 스스로 자신의 행동을 조절할 수 있도록 지도한다.

㉣ 유아들 모두를 집중시킬 수 있는 다양한 기술을 사용한다. 예를 들면, 유아들이 산만하거나 소란스러울 때 목소리 낮추기, 소리 없이 입모양만 내기, 아는 노래 부르기, 노래를 점점 작게 부르기, 시선 마주치기, 손유희 하기 등의 기술을 적용할 수 있다.

ⓜ 표현을 적절하게 하지 못하는 경우 유아를 고려하여 좀 더 분명한 파악을 할 수 있는 보충적인 말을 하도록 안내하는 질문을 한다. 예를 들면, '주말에 지낸 이야기하기' 시간에 유아가 "난 산에 갔었어요."라고 이야기한 후 더 이상 표현하지 못할 때는 "누구와 함께 갔었니?", "무엇을 갖고 갔지?", "산에 가서 무엇을 보았지?", "산에 올라갈 때 어떤 느낌이 들었니?" 등의 질문을 하여 경험을 적절히 표현하도록 돕는다.

ⓑ 유아에게 수렴적 질문과 발산적 질문을 적절히 사용한다. '소풍'에 대한 주제로 유아들과 함께 이야기 나누기 전개 시 "소풍을 갈 때 어떤 신발을 신고 가야 할까?"와 같이 한 가지 답이 있는 질문이 수렴적 질문이며, "왜 편한 신발을 신고 가야 할까?", "편한 신발을 신고 가지 않는다면?" 등과 같이 여러 가지 다양한 이야기가 나올 수 있는 질문은 발산적 질문이다. 교사는 이야기 나누기 시 이러한 질문 유형을 적절히 사용하되 발산적 질문을 많이 하여 유아의 사고가 확장될 수 있도록 한다.

ⓢ 유아에게 질문을 한 후 생각할 수 있는 시간을 준다. 유아가 생각하는 시간에 약간의 소란스러움을 유발할 수도 있으나 교사는 그러한 소란스러움이 사고 과정임을 이해하도록 한다.

ⓞ 이야기 나누기의 내용에 필요한 그림이나 자료, 그림책 등을 미리 준비하여서 유아가 발표할 때 융판에 그림을 붙이면서 하거나 자료를 보여줌으로써 이야기 나누기가 직접적인 경험과 유사하도록 한다. 아울러 그림으로 전달하는 요소에 대해 명명하고 설명해 줌으로써 유아의 어휘가 발달하도록 돕는다(Laakso, Poikkens, & Lyytinen, 1999).

나. 게임

게임을 할 때는 게임의 안내를 하는 교사의 지시 따르기, 팀의 이름 정하기, 팀의 인원 수 비교하기, 규칙 설명 듣거나 규칙을 의논하여 정하기, 게임 평가하기 등과 같은 언어적 활동이 이루어지므로 즐기면서 듣고 말하는 기회를 갖게 된다.

교사는 게임의 진행에 대해 미리 계획하여 유아가 두 편으로 나누어 앉을지, 원으로 둘러앉을지, 의자를 갖고 올 것인지, 바닥에 앉을 것인지 지시를 명확하게 하여 혼란이 일어나지 않도록 한다. 팀으로 나눌 경우 각 팀의 이름을 정하며, 시간이 걸리더라도 민주적인 방법에 의해 팀의 구성원들이 결정할 수 있도록 지도한다.

게임의 방법이나 규칙을 교사가 설명할 때는 사용하게 되는 물체를 보여주거나 그림자료를 이용하여 간단하게 설명한다. 게임의 규칙을 유아와 함께 정할 때는 될 수 있는 한 유아들의 의견을 충분히 반영하여 정함으로써 유아들이 게임 상황을 미리 예견하여 말할 수 있는 기회를 준다. 유아들이 게임을 진행하는 과정에서 교사는 설명한 규칙을 유아가 이해하였는지에 대하여 파악하고 조절해 줄 수 있다. 설명한 게임 진행방법과 규칙을 제대로 이해하지 못할 경우 게임 진행이 어렵다. 게임이 끝난 후 어느 팀이 이겼는가, 어느 팀이 응원을 열심히 했는가, 어느 팀이 규칙을 잘 지켰는가, 게임을 마친 후의 기분은 어떤가 등에 관하여 토의함으로써 게임에 관하여 평가하는 기회를 갖는다. 교사는 가능하면 게임과정과 토의 시 모든 유아가 참여하여 즐겁게 활동하며 다른 사람의 말에 귀 기울이고 자신의 의견을 말하는 기회를 갖도록 유의한다.

다. 노래 부르기

자연, 계절, 친구, 가족, 지역사회, 이야기 등에 관한 노래를 부르는 활동은 이와 관련된 느낌, 개념 등을 다루는 어휘 또는 말(문장)을 이해하고 익힐 수 있도록 돕는다. 노랫말이 반복되며 전달 아이디어가 분명하고 리듬과 멜로디가 명확한 노래는 기억하기 쉽고 유아가 즐겨 부르게 된다. 노랫말의 의미를 모르고 단순한 암송에 의해 노래 부르기가 진행되면 어휘, 개념 이해나 말하기 발달에 별로 도움이 되지 않는다. 그러므로 노랫말을 소개할 때는 이야기 들려주기 형식이나 융판, 그림자료로 내용을 설명해 주거나 노랫말의 글씨 옆에 떼었다 붙였다 할 수 있는 그림을 첨부하여 유아가 흥미를 갖고 내용을 이해하며 노랫말을 익히게 한다. 또한 소개한 노랫말을 일정한 크기의 종이에 적어서 음률영역에 책처럼 묶어서 비치하여 원할 때마다 볼 수 있도록 해준다.

라. 동화 감상하기

우리 주변에서는 일상생활에 관련된 것, 날씨, 탈것, 느낌, 동물, 지역사회 등 여러 가지 내용을 다룬 동화들이 있어 진행되고 있는 주제에 따라 선택하여 들려 줄 수 있다. 동화 감상을 통해서 유아는 주제에 관련된 정보를 얻거나 개념을 형성할 수 있고, 적절한 어휘나 문장표현에 익숙해질 수 있으며, 상황 또는 대상에 적절하게 표현하는 것을 배우고, 이야기 구조 개념이 발달하게 된다. 동화 감상은 동화책, 그림동화, TV동화, 융판동화, 자석판 동화, 막대동화, 슬라이드 동화, CD동화 등 다양한 매체를 활용하여 이루어질 수 있다. 유아의 연령과 진행되는 주제를 고려하여 집단활동으로 제시될 수 있는 동화를 선택하도록 한다. 동화를 듣고 토의하거나 동극으로 연결되는 활동을 할 때 가능한 한 소집단으로 구성하도록 한다.

동화 감상 시의 지도방법은 다음과 같다.

㉠ 그림동화, TV동화, CD동화 등의 화면이 유아의 눈높이와 일치되도록 한다. 이를 위해 그림동화는 교사의 무릎에 놓고 유아들에게 들려주며, 양옆에 앉은 유아들도 그림을 잘 볼 수 있도록 한 장의 내용을 읽어준 후 천천히 왼쪽에서 오른쪽으로 그림을 돌려가며 보여준다.

㉡ 융판동화는 융판의 위치를 교사의 오른쪽에 두고 들려주도록 하며, 등장인물이나 배경이 융판의 중앙에 위치하도록 한다.

㉢ 슬라이드를 보여주는 경우는 보조교사나 자원봉사자에게 미리 알려서 준비를 할 수 있도록 요청할 수 있다. 그러나 혼자서 학급을 운영하는 경우 유아들이 준비된 상태에서 교사가 프로젝트를 갖다 놓고, 슬라이드 막을 설치하고, 커튼을 닫으러 이리저리 다니면 교실이 산만해질 수 있다. 이런 경우에 슬라이드의 내용과 관련된 노래를 유아들과 부르면서 교사는 프로젝트와 슬라이드 막을 설치하고, 몇몇 유아들에게 커튼을 닫도록 요청할 수 있다. 그리고 준비가 되었으면 마지막으로 한 명의 유아에게 교실의 스위치를 끄도록 요청하는 것이 바람직하다. 슬라이드를 볼 때 녹음기를 이용하는 경우는 녹음기의 위치를 유아의 귀의 위치와 일치하도록 한다.

㉣ 동화 들려줄 준비가 되면 먼저 동화 제목과 지은이를 말해 주고 유아의 표정이나 반응을 살펴가며 동화를 들려준다. 동화를 듣는 과정에서 나오는 유아의 질문은 동화의 내용에 따라 적절히 판단하여 처리하도록 한다. 예를 들면, 동화를 듣는 과정에서 어려운 단어를 유아가 묻는 경우는 쉬운 용어로 간단하게 설명한 후 이야기를 계속 들려 줄 수 있다. 그러나 기 · 승 · 전 · 결이 있는 내용을 들려 줄 때 유아가 상상의 이야기를 한다거나 계속 질문을 하여 이야기의 전개과정에 대한 이해에 왜곡을 초래하게 되는 경우는 이야기를 들려 준 후 질문을 하도록 유도하는 것이 바람직하다.

그림동화, TV동화, 슬라이드의 경우는 이야기를 다 들려 준 후 유아들에게 그림만 보여주어 내용을 이야기하도록 한다.

㉤ 동화를 들려 준 후 동화 속의 주인공, 주인공의 행동유발의 계기가 되는 사건, 주인공의 내적 반응, 시도, 결과 등과 관련한 유아의 이해 정도 또는 느낌을 알아보는 질문을 할 수 있다. 주제와 연결된 여러 개념의 이해에 도움이 되는 질문을 할 수도 있다.

마. 동시 감상 및 동시 짓기

유아들에게 동시를 들려 주고, 동시를 짓게 하는 경험을 제공함으로써 언어표현 능력의 증진뿐 아니라 정서의 함양 및 창의력이 발달되도록 지도해야 한다.

유아들을 위한 동시를 선택할 때 교사는 다음의 사항을 고려하도록 한다. 첫째, 유아들을 위한 동시는 진행되는 주제와 유아의 경험, 계절과 관련 있는 것을 선택하도록 한다. 즉, 추상적이고 상징적인 동시보다는 현재 진행 중에 있는 주제인 '공룡'이나 '가족'과 관련된 동시를 선택해 공감대를 형성할 수 있도록 한다. 둘째, 언어의 리듬과 운율이 있는 동시를 선택한다. 특히 특정한 말이나 의성어가 반복되는 동시를 선택하여 유아들이 동시를 들었을 때 쉽게 따라하거나 반복되어 나오는 말이나 의성어가 나오는 부분을 예상할 수 있는 것을 선택하도록 한다.

동시 감상 시 교사는 다음과 같은 점들을 유의하도록 한다.

㉠ 적절한 시기를 포착한다. 동시 감상을 위해 적절한 시기는 유아들이 동시에

관련된 심리적 · 물리적 경험을 했을 때이며, 정서적으로 안정되어 있을 때이다.

㉡ 유아들이 동시의 내용을 쉽게 이해할 수 있도록 한다. 즉, 동시의 내용을 글과 그림으로 나타내어 들려 주거나, 움직이는 그림자료나 자석자료, 손인형 등을 이용하여 동시를 들려 주도록 한다.

㉢ 유아들이 동시의 운율과 분위기를 이해할 수 있도록 한다. 이를 위해 교사가 동시를 읽어 줄 때 시의 분위기를 살릴 수 있는 음악을 틀어놓고 동시를 읽어 주거나 동시를 읽어 준 후 유아들이 동시를 전체적으로 또는 부분적으로 따라 읽을 수 있는 기회를 제공한다.

㉣ 유아들에게 들려 준 동시의 내용과 관련된 유아의 경험이나 동시를 듣고 난 후의 느낌에 대해 이야기할 기회를 제공한다.

㉤ 유아들에게 들려 준 동시자료는 언어영역이나 관련 영역에 제시하여 유아가 수시로 동시를 감상할 수 있는 기회를 제공한다.

그림 4-28 동시 감상 후 언어영역에 비치한 동시: '무슨 소리지?'

유아들이 동시 짓기를 할 때 교사는 다음과 같은 점을 고려하여 지도하도록 한다.

㉠ 유아들이 동시를 지을 수 있으려면 실제로 구체적인 경험을 해보고 경험 시의 생각과 느낌을 이야기해 보는 기회가 있어야 한다. 예를 들면, 유아가 요

리활동으로 '팝콘' 만들기를 하는 경우 팝콘 만드는 과정에서 나는 냄새와 튀는 모습을 언어로 표현하도록 할 수 있으며, 실외놀이 시 토끼나 닭에게 먹이를 주고 난 후 먹이를 먹는 모습이나 목공놀이를 할 때 못을 박았을 때의 느낌에 대해 언어로 표현해 보도록 유도할 수 있다.

ⓛ 유아의 언어표현을 글로 받아 적어준다. 학기 초부터 자신의 경험이나 느낌을 표현할 때 종이에 받아 써준다. 이를 위해 '봄동산' 견학이나 '낙엽 밟기', '풀밭에서 뒹굴기', '풀밭에 누워 하늘 쳐다보기', '토끼'나 '병아리'와 같은 동물의 움직임 관찰하기 등을 유아들이 경험할 때 느낌을 언어로 표현하도록 하고 유아의 표현을 받아 적기 위한 종이와 매직펜을 항상 준비하였다가 받아 적어준다.

ⓒ 유아들이 동시의 의미를 알게 하고 창의적으로 동시 짓기를 하도록 지도한다. 동시란 유아의 느낌이나 감정, 경험한 것을 짧은 말로 이야기하는 것임을 유아에게 이야기해 준다. 동시 짓기 할 때 유아들의 경험이나 감정을 짧은 말로 표현하는 것에 주목하기보다 유아들이 상황에 적절한 언어표현을 다양하게 할 수 있도록 지도하는 것이 바람직하다.

ⓡ 유아들이 만든 동시를 함께 엮어서 유아들끼리 자신이 만든 동시나 친구가 만든 동시를 읽어 볼 수 있게 언어영역 내의 읽기영역에 비치하여 사람마다 느낌이나 감정이 다르다는 것을 인식할 수 있도록 한다. 다음은 유아들이 동시 짓기에 도움을 줄 수 있는 활동들이다.

- 계절과 관련된 활동 : 봄동산 견학, 비 관찰하기, 비 오는 소리 듣기, 가을동산 견학, 낙엽 밟기, 빗방울 감상 및 눈사람 만들기 등
- 풀밭 관찰하기, 풀밭에서 구르기, 하늘 관찰하기 등
- 동 · 식물 키우기
- 소풍, 운동회, 생일 축하의 경험
- 일상생활 관련 활동 : 요리하기, 목공놀이, 물놀이, 실외놀이(미끄럼, 시소, 그네 타기) 등

바. 동극

동극은 일종의 창작활동으로 동화의 등장인물 · 배경 등의 역할을 유아가 대신 해보는 활동이다. 유아들은 이러한 활동을 통해 이야기에 대한 이해능력뿐 아니라 이야기의 구성능력, 언어표현능력 등이 증진될 수 있다.

동극은 집단활동시간에 교사가 들려준 동화를 기초로 활동이 이루어질 수 있다. 자유선택활동시간에 언어영역에서 교사가 읽어준 책을 듣고 유아들이 자발적으로 동극활동으로 전개할 수도 있다.

집단활동 시 교사는 다음과 같은 절차에 의해 동극을 지도할 수 있다.

㉠ 동극에 적절한 동화를 선택한다. 등장인물들의 행동이 단순하면서 문장이 반복되어 극적인 즐거움을 줄 수 있는 것이 적당하다. 예를 들면, '커다란 무', '세 마리 아기 염소', '커다란 금방울', '모자 장수' 등의 동화가 동극에 적절하다 할 수 있다.

㉡ 유아들에게 동화를 들려준 후 동화의 내용이 어떤 순서로 진행되었는지 유아들과 이야기한다. 이때 등장인물들의 대사, 동작을 표현해 보도록 한다.

㉢ 배역을 정한다. 초기에는 교사가 유아의 적극성 정도, 언어표현능력 등을 감안하여 수줍어하거나 평소에 표현을 잘하지 않는 유아는 동작이 적은 역을 맡도록 조절하나 유아들이 동극을 즐기게 되면 유아들끼리 배역을 결정하도록 유도하여 유아가 중심이 되어 활동을 전개하도록 한다.

㉣ 동극에 필요한 소품을 만든다. 이때 소품을 만드는 데 시간이 오래 걸리는 경우는 동극을 다음날로 연기할 수 있다.

㉤ 배역을 맡지 않은 유아는 관람하고, 배역을 맡은 유아는 대사와 표정, 동작을 곁들여서 자신의 역할을 표현한다. 이때 유아가 대사를 잊어 버린 경우는 교사가 옆에서 이야기해 줄 수 있으며, 유아의 창의적 표현을 유도하도록 한다. 아주 어린 유아들의 경우 처음엔 교사가 읽어 주거나 구연해주는 내용에 맞추어 동작으로 표현만 하면서 부분적으로 짧은 대사를 표현할 수도 있다.

㉥ 동극을 마친 후 평가한다. 관람자의 태도, 동극내용의 좋은 점, 부족했던 점 등에 관해 토의한다.

㉦ 유아가 동극을 계속하기를 원하는 경우는 배역을 다시 정하여 하도록 하거나 다음날 자유선택활동시간에 블록영역이나 역할놀이영역에서 하도록 유도할 수 있다.

사. 블록영역이나 역할놀이영역에서의 놀이

블록영역이나 역할놀이영역에 유아들이 함께 가정놀이, 가게놀이, 병원놀이, 주유소놀이 등을 계획하여 집, 가게, 병원, 주유소 등을 구성하고 역할놀이를 하면서 자연스럽게 말하기와 듣기가 발달하도록 돕는다. 집단의 크기에 따라 때로는 블록영역과 역할놀이영역을 터서 필요한 소품들을 만들어 배치하고 놀이활동이 전개될 수 있다. 어떤 놀이를 하느냐에 따라 놀이에 관련된 배경지식을 반영하여 대화가 이루어지며 놀이역할에 적절한 어휘를 사용하려 하고 자연스럽게 말하는 태도나 사용문장을 역할에 적절하게 조절하려고 노력하게 된다. 이러한 놀이에 교사는 직접 놀이의 한 역할을 맡아 놀이 참여자로서 자연스럽게 역할에 적절한 언어모델을 제시할 수 있다. 또한 유아들이 블록으로 쌓거나 다른 소품으로 제시한 것에 대해 구체적으로 질문하여 공간개념이나 수, 길이, 높이 등과 관련지어 말하는 기회

그림 4-29 역할놀이영역에서의 말하기 · 듣기 가정놀이(4세): 엄마가 밥 줄게, 물 마셔. (꿀꺽)

그림 4-30 블록영역: 집놀이 하기(3세, 말하기 · 듣기)

를 갖게 할 수 있다. 블록영역이나 역할놀이영역에서의 소집단놀이가 확대되어 주제종합놀이 활동으로 전개될 수도 있다.

아. 견학

주제에 따라 시장, 슈퍼마켓, 소방서, 우체국, 박물관, 동물원 등을 방문하여 각 기관 또는 현장에서 일하시는 분들의 말씀을 듣거나 궁금한 점을 유아가 직접 여쭈어 보는 과정에서, 주의 깊게 듣고, 바른 태도로 적절한 어휘와 문장을 사용하여 언어적으로 표현하는 능력이 형성된다. 견학을 떠나기 전에 유아들에게 견학 장소, 견학 목적, 견학 시 가질 태도와 복장 등을 자세히 설명해 주고, 견학 후 유아가 견학과정에서 가졌던 경험과 느낌을 회상하고, 유아가 획득한 새로운 정보와 개념을 토대로 주제에 관련하여 확대된 아이디어를 표현할 수 있도록 이야기 나누기를 전개하도록 한다. 견학 시뿐만 아니라 견학 전후의 활동에서 유아가 구체적인 개념과 연결지은 언어적 표현활동을 하도록 교사가 유의하면 견학이 좀 더 가치 있는 언어활동이 될 수 있다.

자. 주제의 종합놀이 활동

지역사회나 동물 등 주제를 중심으로 활동이 진행되다가 종합하는 놀이활동으로 가게놀이, 동물원놀이가 전개될 수 있다. 이러한 주제의 종합놀이 활동에서는 말하기 · 듣기가 상황과 연결지어 자연스럽게 이루어진다.

주제의 종합놀이 활동에 이르기까지 이야기 나누기에서 주제 종합놀이를 어떻게 전개할 것인가, 무엇을 준비할 것인가, 누가 준비할 것인가, 종합놀이에서 각각의 역할 배정은 어떻게 할 것인가를 정하게 된다. 준비할 소품들이 자유선택활동을 하면서 준비되는 동안 다양한 말하기 · 듣기가 전개된다. 종합놀이활동을 하면서 각자의 배정 역할에 적절한 말하기가 이루어지고 이에 대한 상대방의 반응을 들으면서 상황과 역할에 맞는 자신의 반응을 생각하여 적절히 표현하는 경험을 하게 된다.

차. 실외놀이

실외에서 많은 친구들과 여러 가지 놀이 기회를 통해서 자신의 요구와 주장을 말하고 타인의 의견을 받아들일 줄 알게 된다. 이때 교사는 유아가 막연히 구하고 주장하는 것이 아니라 규칙을 기초로 자신의 관점을 합리적으로 설명하여 협력적으로 놀이할 수 있도록 도와주어야 한다. 실외놀이 시 교사는 친사회적 행동 및 언어표현의 모델을 보여 유아가 실외에 있는 화분에 물을 주기 위해 물뿌리개에 수돗물을 받으면서 다른 사람의 도움을 받았을 때, 다른 아이와 실수로 부딪혔을 때, 함께 놀이하고 싶을 때 등 여러 상황에서 적절히 표현할 수 있도록 도와준다.

2) 유아를 위한 문어지도 방법

(1) 유아의 문어지도 지침

유아의 문어지도를 위해서는 다음과 같은 점을 고려하여야 한다.

읽기

- 일상생활에서 접하는 글자에 관심을 갖는 수준에서 주변에서 자주 보는 글자를 읽는 정도까지 활동이 이루어지도록 한다.
- 그림책에서 그림으로 책 내용을 이해하는 수준에서 자주 보는 그림책에서 아는 글자를 읽고, 궁금한 것에 대해 책을 찾아보는 수준까지의 활동이 포함되도록 한다.
- 유아가 글씨를 서툴게 읽더라도 다시 한 번 읽어주며 유아의 읽고자 하는 의욕을 북돋워준다.
- 여러 가지 인쇄물(신문, 안내책자 등)을 제공하고, 교실에 있는 사물, 영역 표시판, 친구 이름, 옷장 이름표 등을 문자로 적어 게시한다.
- 언어영역에 생활주제와 관련된 동화 CD-ROM, 컴퓨터, 그림동화, 테이블 동화, 자석동화와 같은 여러 종류의 동화, 퍼즐, 읽기게임교구 등을 제공하여 여

러 매체를 이용하여 읽을 수 있도록 한다.

- 발달에 적합한 다양한 주제와 형식의 그림책을 제공하고, 개별 · 소집단 · 대집단별로 그림책을 읽어준다.

쓰기

- 낱말과 문장, 자신의 느낌, 생각, 경험을 그림으로 표현하는 수준에서 글자와 비슷한 형태, 맞춤법에 맞지 않더라도 유아에게 친숙한 글자를 쓰는 정도까지 활동이 이루어지도록 한다.
- 유아의 느낌, 생각, 경험을 유아가 하는 말로 받아 적어주며, 글로 표현되는 과정을 보여준다.
- 맞춤법이나 글씨가 예쁘거나 미운 것과는 상관없이 유아의 쓰고자 하는 욕구와 글의 내용에 초점을 맞춰 상호작용함으로써 '쓴다'는 행위에 흥미를 가질 수 있도록 격려한다.
- 편지 쓰기와 같은 짧은 글 쓰기나 놀이할 때 필요한 쓰기활동(병원놀이 시 병원 이름 쓰기, 차트 쓰기 등) 등 놀이와 일상생활에서 쓰기활동이 자연스럽게 이루어지도록 한다.
- 색연필, 사인펜, 연필 등 필기도구와 종이나 모래글자판, 컴퓨터, 프린터 등 쓰기 도구를 제공하여 여러 매체를 이용하여 쓰기활동을 할 수 있도록 한다.

(2) 3~5세 유아를 위한 문어지도

① 이야기책 읽기(책 읽어 주기)

소리 내어 책 읽어 주기 활동과 초기 읽기 활동에의 참여를 통해 영유아는 언어에 대해 학습하고 읽기의 의미를 학습하는 기회를 갖게 된다. 읽어 주는 것을 듣는 경험을 통해 영유아는 이야기 언어와 구조를 알게 된다(Butler & Clay, 1982; Glazer, 1989; Valdez-Menchaca & Whitehurst, 1992). 즉 이야기 개념 형성을 도와준다. 또한 유아들이 형성한 이야기 구조와 유사한 책을 자주 읽어 주고 이야기책 내용과 관련된 토의를 하는 것은 유아의 이야기 구조 발달을 도와준다(김명순, 홍경은, 2000; 최윤경, 1995). 그리고 유아가 좋아하는 책을 반복하여 읽어줄 때 이야기 언어와 친근해지며 이야기를 원문 그대로 기억하게 되고 궁극적으로 이러한 언어 유형을 독립적으로 사용할 수 있게 된다. 이러한 과정이 문해발달의 기초가 되므로 책 읽어주기는 문해 이해를 위해 일반적으로 추천되는 활동이다(Butler & Clay, 1982; Snow, 1983; Teale, 1981).

그림 이야기책을 읽을 때의 상호작용을 통하여 유아는 탈상황화된 언어를 해석하는 방법을 배운다(Snow, 1983; Wells, 1985). 유아는 이야기책 읽기에서 연령에 따라 다른 지식을 습득한다. 어휘에 대한 지식에서부터(Ninio & Bruner, 1978), 통사론적 구조(Snow & Goldfield, 1983), 그리고 인쇄글자 관계와 이야기 구조에 대한 지식으로 발전한다(Teale, 1984).

반복해서 그림 이야기책을 읽어 들려 주는 것이 다양한 어휘 인식 및 어휘의 이해력과 표현력, 그리고 새로운 어휘 습득에 도움이 된다(마송희, 1998; Cornell, Seneshal, & Broda, 1988; Schickedanz & Dickson, 2005).

가. 개별적으로 책 읽어 주기

교사 또는 부모가 유아에게 개별적으로 책을 읽어 줄 경우 유아가 교사나 부모와 개인적인 접촉을 즐길 수 있고 함께 책을 읽는 동안 유아가 활자나 책에 대한 탐색을 할 수 있고 말하고 싶은 것이나 의문이 있을 경우 책 읽는 도중 자신의 생각을 말하거나 질문, 반응 등을 자유롭게 할 수 있다(Trawick-Smith, 1994; Schickedanz, 2002). 그러므로 유아교육기관에서 기회가 있을 때마다 언어영역이나 역할놀이영역의 책 보기 코너에서 개별적으로 책 읽어 주기를 할 수 있다.

개별적으로 책 읽어 주기 활동은 다양하고 활발한 언어적 상호작용을 가능하게 하고 이때 형성된 공유된 언어 경험으로 유아의 문해발달을 지원해 줄 수 있다. 가능한 한 보조교사나 학부모의 보조를 받아 소집단 또는 일대일 책 읽어 주기를 하도록 한다.

3, 4, 5세 유아에게 개별 또는 소집단으로 책을 읽어 줄 경우 유아들에게 교사가 먼저 "오늘은 무슨 책을 읽어 줄까?"라고 물어 보아 유아가 선택한 책을 읽어 줌으

로써 더 흥미 있는 반응을 유도할 수 있다. 이때 교사는 책의 해당 페이지를 다 읽은 후 잠시 동안의 멈춤을 가질 수 있다. 유아는 교사의 이런 멈춤에 큐(cue)를 받아 책장을 넘길 수 있다.

때때로 어떤 유아들은 교사가 그림을 보고 책을 읽어 주는지, 글자를 보면서 읽는지를 궁금해하는 경우가 있다. 이런 유아들은 가끔 교사가 책을 읽을 때 글자를 손으로 가리는 경향이 있다. 이때 교사는 책읽기를 멈추어야 한다. 유아는 "선생님 왜 안 읽으세요?"라고 물을 것이며 교사는 유아의 이러한 물음에 "네가 글씨를 손으로 가려서 선생님은 읽을 수가 없단다."라고 답함으로써 유아의 궁금증을 해결해 줄 수 있다. 이러한 경험을 통해 유아는 점차적으로 책에 써 있는 글자들이 이야기의 내용이라는 것을 인식하게 된다. 동시에 각 페이지에 본인이 아는 이야기나 글자가 어떻게 짝지어지는지 알고 싶어한다. 처음에는 글자와 이야기를 전혀 맞추지 못하지만 점차적으로 한두 가지씩 비슷하게 맞추게 되고 거듭 흥미 있을 때마다 읽고 시도해 보면서 글자와 말소리가 어떠한 관계에 있고 어떤 글자가 어떤 소리를 표상하는지 알게 된다. 교사는 유아가 알고 싶어하는 글자의 위치를 묻는다거나, 자신이 알고 있는 단어를 확인하고 싶어할 때 긍정적인 반응을 보여주어 읽기를 자극할 수 있다. 예를 들어, "선생님, 돼지 삼형제라는 말이 어디 써 있어요?"라고 질문을 하면, "그래, 어디 써 있는 것 같으니? 네가 한번 찾아볼래?"라든가 "여기에 써 있단다."라고 하고 돼지 삼형제 글자를 손가락으로 짚으며 읽어 줄 수 있다. 그리고 교사는 "여기 말고 또 다른 곳에도 있단다. 이번엔 네가 찾아볼 수 있겠니?"라고 반응해 줄 수 있다.

이야기책을 다 읽어 주고 난 후 유아에게 들은 이야기에 대해 말해 보도록 교사가 요청할 수 있으며, 이때 유아가 자신이 이야기를 창작하여 이야기하더라도 교사는 유아의 이런 반응을 격려해 주는 것이 필요하다. 때때로 교사는 유아가 들은 내용을 더 잘 이해하고 말하도록 책장을 넘겨가며 질문을 할 수 있다. 예를 들어, '아기 돼지 삼형제'를 들려준 후 책장을 넘기면서 "늑대가 지금 누구의 집에서 이야기를 하고 있니?", "큰형 돼지는 무엇으로 집을 지었니?", "왜 늑대가 입으로 바람을 불었을 때 집이 날아 갔지?" 등과 같이 물어볼 수 있다.

그림책을 반복적으로 읽게 되면 유아들은 내용을 암기하기도 한다. 내용을 익숙히 알고 있는 유아에게 읽어 줄 때는 그림에 있는 글자를 손가락으로 가리키며 읽어주거나 그 내용이 담긴 녹음테이프를 준비하여 유아들이 손가락으로 짚어가며 읽도록 유도할 수 있다. 또는 유아가 읽기를 시도하여 암기적으로 읽을 때는 그 글자가 어디에 있는지 특정 단어를 손가락으로 지적해 보도록 할 수 있다. 예를 들어, "수민아, 여기 '야옹이'란 글자가 어디에 있니?"라고 물어볼 수 있다.

이야기책 읽기를 위해 듣기영역에 이야기책을 녹음한 테이프(CD)와 이야기책을 함께 두면 유아는 이야기책을 펼치고 녹음한 이야기를 들으면서, 이야기책을 손으로 짚어가며 추적하기도 하며 때때로 반복되는 구절이 나오면 같이 읽기도 한다. 책을 읽어줄 때 머리와 손, 손가락을 글자를 따라 움직이는 것을 영아가 관찰하면서 글은 왼쪽에서 오른쪽으로 진행된다는 것을 알게 된다. 영아에게 책을 읽어주고 책과 상호작용하는 기회를 제공함으로써 영아가 책 읽기를 즐기며 책과 읽기에 대해 많은 것을 배우면서 능력 있고 자신 있는 독서가로 성장하도록 도울 수 있다(Lamme & Packer, 1986).

아울러 젠슨(Jensen, 1985)에 의하면 이야기책 읽기가 단순히 이야기 암송하기, 그림의 이름 명명하기, 단어와 단어 철자 말하기, 글자와 단어 스탬프 찍기와 같은

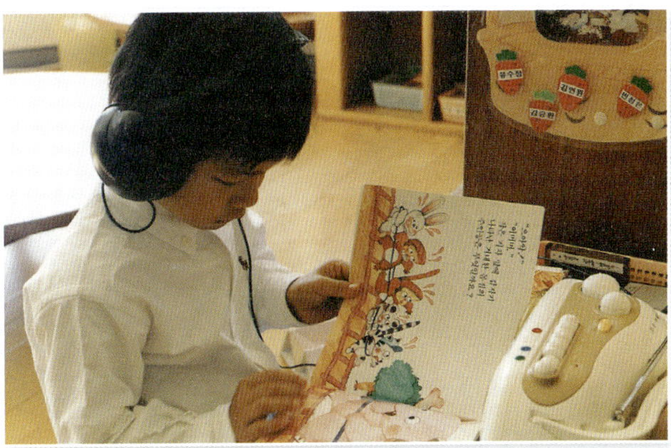

그림 4-31 동화책 보며 테이프 듣기

활동보다 읽기의 초기 지식 습득에 큰 영향을 미친다. 이야기책 읽기만을 통해서도 유아는 책 다루는 방법, 이야기 재구성을 위해 다양한 큐 사용법, 일상적인 대화에서 단어 연결하는 방법을 알게 된다(Granucci, 1986; 이영자, 이종숙, 1990a).

나. 대집단으로 이야기책 읽어 주기

대집단으로 이야기를 읽어 들려줄 경우에는 교사와 유아 간의 상호작용 행동은 아주 최소한의 상태만 유지하게 된다. 학급 크기 때문에 이야기를 읽는 동안 상호작용적 토의가 이루어지기 힘들기 때문이다. 대집단으로 이야기를 읽어줄 때는 가능하면 큰 책을 사용한다. 큰 책으로 읽어줄 경우 유아와 함께 그림과 글에 집중하여 능동적인 읽기를 할 수 있기 때문이다(Strickland & Morrow, 1989). 몇 가지 배경 정보를 제공하고 이야기를 쭉 읽어 준다. 이야기책을 읽어 들려준 후 이야기 내용에 대해 토의하기 위한 몇 가지 질문을 한다.

책 읽어주기 접근방법에는 정보 추출적 읽기와 심미적 읽기가 있으며(Rosenblatt, 1991), 실제 이야기책 읽어주기에서는 정보 추출적 읽기와 심미적 읽기가 함께 일어나도록 정보 · 심미적 읽기를 계획하는 것이 바람직하다(박미라, 2002). 정보 · 심미적 읽기는 책을 읽을 때 이야기의 구조와 줄거리에 유의하면서 유아들의 경험과 상상을 연합시키는 읽기방법이다. 정보적 측면과 심미적 측면 모두에 초점을 둔 포괄적 읽기 접근방법을 취할 때 이야기 구조를 갖춘 문어이야기를 구성하며 동시에 자신의 생각, 느낌, 상상 등에 따라 새로운 이야기를 창조하여 구성할 수 있기 때문이다(박미라, 2002).

일반적으로 책 읽기 상호작용 행동은 관리하기, 격려하기, 지원하고 정보 제공하기의 세 가지 유형으로 나타난다(Morrow, 1990). '관리하기'는 이야기를 소개하고 책에 대한 배경 정보를 제공하고 이야기책에 대한 관련 없는 토의가 진행될 경우 토의방향 제시하기와 같은 상호작용하기가 해당된다. '격려하기'는 유아가 이야기에 대한 질문이나 코멘트를 하도록 이끌고 아무런 반응이 나타나지 않을 때 유아에게 반응모델을 비계설정하여 제시하거나 반응을 실제 생활 경험과 연결시키는 상호작용이다. '지원하고 정보 제공하기'는 질문에 대답하고, 코멘트에 반응하며 교사의 반응과 실제 생활 경험을 연결시키고 유아의 반응에 대해 긍정적 강화를 하는 상호작용이다.

정보 · 심미적 읽기 접근을 택하면서 점차적으로 '관리하기', '격려하기', '지원하고 정보 제공하기' 유형 중에서 '지원하고 정보 제공하기' 상호작용이 많이 나타나도록 함으로써 교사와 유아가 함께 이야기에 대한 의미 구성에 참여하도록 한다. 이러한 상호작용을 통하여 이야기 읽어주는 동안 유아가 의미를 구성할 수 있도록 도와주고 이야기 읽어준 후 이야기 다시 말하기를 통해 읽어준 이야기에 대해 의미를 재구성할 수 있도록 한다(Morrow, 1990).

② 소집단 또는 대집단 이야기 나누기

교사는 대집단활동 시간에 유아들에게 전하고 싶은 메시지나 토의 내용, 활동의 계획 등을 게시판이나 카드에 써놓아 읽어 주는 기회를 가짐으로써 읽기활동을 조장해 줄 수 있다. 예를 들어, 5세 유아들이 지하철 놀이를 위하여 함께 역할과 소품에 대한 계획을 한다면 칠판에 유아들이 정한 역할들과 만들 소품, 역할 담당자를 교사가 그림과 함께 적어 주어 말로 표현한 것이 글자로 표상된다는 인식을 돕

그림 4-32 이야기 나누기 시간에 유아들과 함께 정한 내용을 이동식 칠판에 교사가 적어 주는 장면

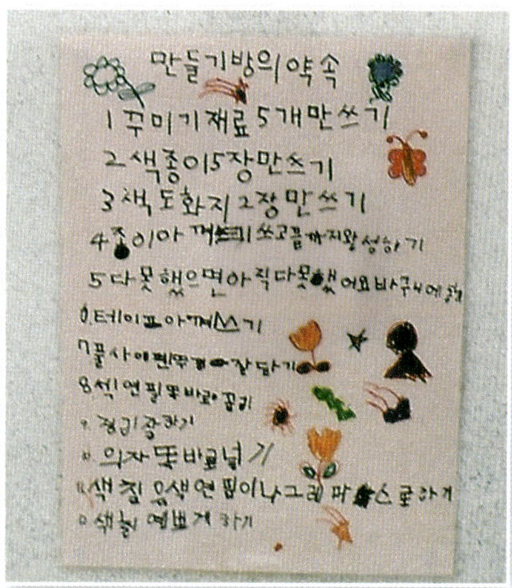

그림 4-33 이야기 나누기 시간에 함께 정한 조형영역(만들기 방)에서의 규칙을 유아들이 써서 교실의 벽에 붙인 것(5세)

고, 쓰기의 모델을 제시한다. 유아들이 칠판을 보고 자신이 하고 싶다고 말한 역할과 소품을 만들고 준비 사항을 확인하면서 읽기의 기초가 형성된다. 또한 소방서에 가서 무엇을 알아볼 것인지에 대해 이야기한 것을 그대로 종이에 적은 후 소방서에 가지고 가서 그 순서에 의해 소방관에게 질문을 해볼 수 있다. 또한 가게놀이 시 상점의 종류, 상점 주인, 손님, 준비할 것들을 정할 때, 병원놀이를 위한 역할을 정할 때, 좋아하는 음식, 좋아하는 놀이 등을 소집단으로 발표할 때도 표상이 되는 그림과 함께 글자로 써서 쓰기 모델을 제시할 뿐만 아니라 글자의 기능을 유아가 이해하는 데 도움이 되도록 할 수 있다.

③ 문자 관련 소품을 포함하는 사회적 극놀이

유아의 초기 문해를 도와주는 가장 적절한 방법은 유아의 상징적 놀이 속에서 문해 개념과 지식을 적용해 보게 하는 것이다. 상징적 놀이와 문해발달 간의 관계는 여러 학자들에 의해 보고되고 있다(Schickedanz, 1978, 1986; Schrader, 1989, 1990). 이들에 의하면 유아는 상징적 놀이와 문해 행동에서 유사한 표상적 · 정신적 과정을 적용하게 된다. 유아는 자신이 가진 문해 개념과 지식을 놀이에 적용하여 실제 생활의 목적을 위해 쓰기를 하였고 자신이 쓴 것을 읽었으며 전화 메시지 쓰기, 쇼핑리스트 작성하기, 요리순서표 쓰기와 읽기, 편지쓰기, 주소, 전화번호 읽기와 쓰기, 은행청구서 쓰기, 주문서 읽기와 쓰기 등은 극놀이 시 자연스럽게 이루어질 수 있는 문해놀이이다. 이러한 문해놀이는 문자의 기능, 즉 읽기와 쓰기의 기능을 이해하도록 돕는다.

교사도 극놀이의 한 역할을 맡아 유아와 함께 극놀이 하면서 기능적 쓰기의 모델을 보이고 문자의 새로운 기능을 소개함으로써 유아의 쓰기발달을 증진시킬 수 있다(Schrader, 1989). 극놀이영역에 문자 소품 자료 제공과 함께 성인이 모델을 보일 때 극놀이에서 유아의 문해 행동 참여시간이 증가하고 유아가 문자와 상호작용하는 빈도에서 차이를 보이는 것(Schickedanz, 1993)으로도 성인의 문자 소품 사용 모델 보이기를 통한 상호작용 또는 개입이 문해발달에 중요한 요인임을 알 수 있다.

가게놀이를 할 경우 가게 주인 역할을 하는 유아와 함께 여러 가게의 종류(과일가게, 생선가게, 옷가게, 신발가게)를 표시한 간판을 준비하고, 물건의 이름과 가격을 표시해 둘 수 있다. 손님 역할을 하는 유아는 물건을 사러 가기 전에 구입할 품목 적기, 돈 만들기 등을 함으로써 쓰기활동이 자연스럽게 이루어질 수 있다. 또한 아이스크림 상점놀이를 한다면 '주문하는 곳', '돈 내는 곳'을 표시하고 아이스크림의 종류 적기, 아이스크림 상점놀이에 포함된 여러 직업의 역할을 정하여 쓰기의 과정을 통해 읽기와 쓰기에 관련된 이해가 이루어질 수 있다. 그리고 교사는 유아와 함께 가게에 가서 가게의 간판을 손으로 짚어가며 유아와 함께 읽어볼 수 있다. 가게 놀이가 한창 진행 중일 때 어떤 유아는 "선생님, 생선가게가 어디 있어요?"라고 물어볼 때가 있다. 이때 교사는 그 유아와 함께 생선가게에 가서 간판을 가리키며 "여기에 생선가게라고 적혀 있네."라고 반응해 줄 수 있다. 이러한 활동을 통해 유아는 글자가 무엇인가를 상징한다는 사실을 인식할 수 있다.

교사가 역할놀이영역에서 사용하는 소품에 이름을 적어두어 유아들이 읽기를 자발적으로 하도록 지도할 수 있다. 예를 들어, 병원놀이를 할 때 사용하는 도구들(주사기, 반사경, 약병, 청진기, 반창고, 붕대 등)의 윤곽을 종이에 그린 후 그 밑에 해당하는 도구의 이름을 적어 둘 수 있다. 유아들은 병원놀이를 하는 과정에서 주사기, 청진기를 사용하고 정리할 때 자발적으로 읽기를 할 수 있을 것이다.

또한 교사는 여러 가지 소꿉놀이 도구들을 정리할 때 분류기준을 유아와 함께 정한 후 글자로 기록하여 읽기를 유도할 수 있다. 예를 들어 '접시', '쟁반', '주발',

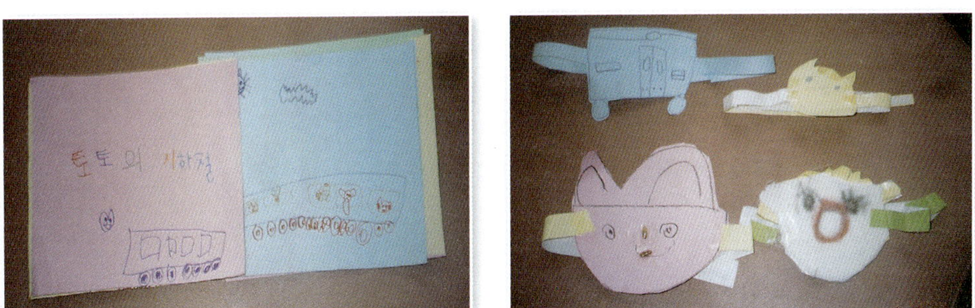

그림 4-34 유아가 지은 이야기와 극놀이 자료

'냄비', '후라이팬', '숟가락'의 글자를 해당되는 그릇 옆에 붙여 두면 유아들은 정리할 때마다 실제 물체와 글자를 연결시켜 가며 자발적으로 읽기를 할 수 있다.

유아들이 극놀이를 할 때 교사는 쓰기활동이 이루어지도록 유도할 수도 있다. 예를 들어, 유아들이 병원놀이를 하고 있을 때 교사는 "눈이 아픈데 어디로 가야 하지요? 안과가 어디예요?"라고 말함으로써 각 과의 이름을 적어서 표시하도록 유도할 수 있다. 이때 유아가 "글자를 못 써요."라고 이야기하면 그림으로도 표시할 수 있음을 이야기해 줄 수 있으며, 어려움을 느끼는 유아를 위해서는 보고 쓸 수 있는 모델을 제시해 주거나 교사가 대신 적어 줄 수 있다. 유아들이 표시를 다 한 경우 교사는 "이렇게 안과, 치과, …라고 써서 표시를 하니까 환자가 병원을 빨리 찾을 수 있겠구나."라고 이야기하여 유아가 쓰기의 필요성을 인식하도록 도움을 줄 수 있다.

또한 교사가 읽어 준 이야기 내용을 행동으로 재현하는 가상적 역할놀이는 이야기 이해 증진에 도움이 된다(Pellegrini, 1984, 1985). 유아가 지은 이야기를 교사가 받아 써주거나 유아가 직접 써서 필요한 소품을 만들어 극놀이를 표현할 수도 있다. 이와 같은 활동은 쓰기 및 이야기 구조 개념 발달에도 도움이 된다.

④ 조작적 놀잇감을 이용한 놀이

문자가 포함된 퍼즐, 자석 자 · 모음 글자, 게임자료(자 · 모음 짝짓기, 빙고 게임 등) 등의 조작적 놀잇감으로 놀이를 하면서 유아는 글자를 인식할 수 있게 되고 글자와 소리 간의 연결을 할 수 있게 되고 방향성을 인식할 수 있게 된다.

⑤ 쓰기 도구 탐색 및 자연적 쓰기 활동

쓰기발달을 위해서는 능동적 참여가 중요하다. 유아는 쓰기 도구 탐색을 위한 충분한 시간이 필요하다(Teale, 1986). 자신의 작품과 그림 카드에 이름 쓰기, 구성한 구성물에 표지판 만들기 등이 쓰기발달에 도움이 된다 (Bissex, 1980).

그러므로 쓰기 증진을 위하여 쓰기영역을 소개하고(Teale, 1987), 쓰기영역에서 실험할 수 있는 기회를 주며 다른 사람과 협력할 기회를 주어 유아들이 자신이 쓴 것을 읽고 다른 또래의 반응을 자연스럽게 얻을 수 있도록 도와준다(Teale & Martinez, 1989).

그림 4-35 유아가 쓴 편지의 예

그림 4-36 유아들이 만든 부모 초대장

⑥ 조형활동

유아는 조형활동영역에서 미술활동이나 점토로 구성하기 등으로 다양한 표상물을 구성하고 자신이 구성한 것을 표시하기 위하여 자시의 이름을 쓰거나 물감그림, 크레용으로 그린 그림, 구성물 등에 대한 설명을 써서 제시하며 다른 사람에게 자신이 쓴 것을 읽어주며 설명한다. 때로는 언어영역에서 자신이 꾸며 쓴 이야기에 대한 이해를 돕기 위해 조형영역에 와서 그림을 그려 넣기도 한다. 이러한 활동이 자연스럽게 유아의 표상에 대한 이해와 쓰기 · 읽기의 발달을 돕는다.

⑦ 요리하기

그림 4-37 조형영역에서의 그리기와 쓰기

요리활동을 하려면 유아들은 필요한 자료, 도구, 요리순서 등에 대한 정보를 알아야 한다. 이를 위해 교사는 요리순서표를 그림과 함께 제작하여 글을 완전히 모르는 유아라도 그림에서 단서를 얻어 읽기를 시도할 수 있도록 지도할 수 있다.

교사는 요리를 시작하기 전에 요리와 순서표에 적힌 내용을 전체적으로 읽는다. 이때 그림에서 단서를 얻어 읽는 유아는 가끔 일부 글자를 읽지 않는 경우가 있다. 이러한 유아들은 문장이 여러 단어들로 연결되어 구성되어 있음을 알지 못할 뿐 아니라, 한 단어가 전체 문장을 대행해 주는 것으로 안다. 따라서 교사는 유아의 이러한 발달단계를 인정하면서 내용을 읽을 때 글자를 하나씩 짚어가며 읽는 것이 바람직하다.

요리하는 과정에서 다음 과정으로 넘어갈 때 교사는 "자, 우리가 감자를 씻었지. 그 다음에는 어떻게 하라고 적혀 있니?"라고 물어 보아 요리를 하는 과정에서 읽을 수 있는 상황을 마련해 줄 수 있다.

교사는 요리할 때 필요한 자료를 봉지에 포장되어 있는 그대로 준비하여 읽기를 유도할 수 있다. 예를 들어, 밀가루, 설탕, 핫케이크 가루 등의 겉봉지를 유아들에게 보여주며 "여기 무엇이라고 적혀 있니?", "여기에 적혀 있는 '핫케이크' 글자를 요리 순서표에서 찾아볼 수 있니?" 등의 질문을 통해 읽기를 하도록 유도할 수 있다.

⑧ 인터넷 멀티미디어 프로그램

인터넷 멀티미디어 프로그램은 문자 기호, 정지 화상, 동화상 등으로 구성한 프로그램을 뜻한다(김경철, 전지영, 2000). 듣기, 말하기, 읽기, 쓰기가 통합된 활동으로 제시되는 인터넷 멀티미디어 프로그램을 활용하여 언어교육이 이루어질 수 있다. 언어 및 사고능력의 하위 영역인 지각에 기초한 기능과 분석적 기능에서 상호작용이 강화된 멀티미디어 프로그램을 활용하는 것이 언어교육에 효과적이다(손경희, 이대균, 2001).

그림 4-38 컴퓨터영역: 정보 검색하기(5세)

⑨ 수학, 과학 영역 활동

수학영역에서 유아들이 게임을 하거나 분류활동을 할 때 교사는 쓰기활동이 일어날 수 있도록 유도할 수 있다. 예를 들어, 유아 4명이 카드 게임을 할 때 순서를 정하는 경우 게임 순서를 이름으로 표시하도록 유도할 수 있다. 이때 교사가 첫 번째, 두 번째, 세 번째, 네 번째가 표시된 카드를 준비하고 유아는 해당되는 칸에 자신의 이름을 적어 넣을 수 있다. 또한 유아가 다양한 자료를 가지고 분류활동을 했을 때 어떤 기준에 따라 물체를 모았는지 물어본 후 그것을 그림이나 글씨로 표시하도록 유도하여 쓰기활동을 장려할 수 있다.

과학활동영역에서는 유아가 관심을 가지고 있는 주제와 관련되는 책이나 백과사전을 준비해 둘 수 있다. 유아가 과학적 사실에 대한 질문을 하게 될 경우 "글쎄, 선생님은 그것은 잘 모르겠구나. 어디에서 알아볼 수 있을까?", "우리 책에서 한 번 찾아볼까?", "어떤 책을 보면 될까?" 등의 질문을 하여 필요한 정보를 책에서 알아내도록 유도할 수 있다. 또한 책을 보는 과정에서 교사는 "개구리가 지금 어떻게 하고 있니?", "이 책에서는 개구리가 무엇을 먹는다고 했니?" 등의 질문을 할 수 있다. 이러한 과정을 통해 유아는 여러 가지 필요한 정보를 책에서 얻을 수 있으며, 글을 읽을 때의 편리함을 인식할 수 있다.

교사는 관찰 코너에서 유아가 물체를 관찰할 때 필요한 사항을 적어 놓아 읽기를 자극할 수 있다. 예를 들어, 금붕어를 유아들이 더 세심하게 관찰할 수 있도록 "확대경으로 금붕어를 보자.", "금붕어가 먹이를 먹을 때 입을 어떻게 움직이나?", "금붕어의 꼬리는 어떤 모양이니?", "금붕어의 눈은 몇 개니?" 등의 질문을 차트에 적어 놓을 수 있다. 유아가 차트를 가리키며 "여기에 뭐라고 써 있어요?"라고 물을 때 교사가 읽어줌으로써 인쇄글자에서 정보를 얻을 수 있음을 깨달을 수 있다.

과학활동영역에서 일어나는 일을 기록하여 여러 가지 쓰기활동이 자연스럽게 일어나도록 한다. 예를 들어, 유아가 개인용 화분에 콩을 심은 경우 교사는 관찰용 책을 개별적으로 준비해 주고, 유아가 콩을 심고난 후의 변화과정을 기록하도록 격려할 수 있다. 이때 유아가 관찰한 내용을 그림으로 그린 경우 교사는 밑에 "싹이 났다", "잎이 두 장 나왔다" 등의 글씨를 적어 넣어줄 수 있다. 또한 올챙이에서 개구리가 되기까지의 과정을 유아가 그림으로 표시한 경우도 그림 밑에 글씨로 적어줄 수 있다.

과학활동영역에서 키우는 동물의 먹이를 예견해 보고 설명하는 과정에서도 쓰기활동을 장려할 수 있다. 예를 들어, 다람쥐의 먹이를 예견하고 실험하는 과정에서 유아들이 예견하고 발견한 것을 비약정적 또는 약정적 쓰기를 통해 기록하는 기회를 제공해 줄 수 있다. 그리고 유아가 물체를 수집해 온 경우 교사는 "영민아, 다른 친구들이 네가 가지고 온 돌을 어디에서 주웠는지, 누가 가지고 왔는지 알도

그림 4-39 과학영역에서 유아가 관찰 내용 기록한 것(5세)

그림 4-40 과학영역에서 책을 보며 올챙이 먹이 알아보기(5세)

록 표시를 해두자."라고 말하여 쓰기활동을 장려할 수 있다.

[그림 4-39]는 과학영역에서 개미집을 보고 관찰한 내용을 그림과 글로 표상한 것으로 '엄마 개미집이 엉망진창이에요. 최지혜' 라고 쓴 글이다. 왼쪽에서 오른쪽으로 위에서 아래로 쓰는 과정에서 공간이동 규칙을 지키지 못하였고 좌우 방향이 틀린 글자가 나타나지만 문어에 대한 개념이 뚜렷한 문장 쓰기 형태의 쓰기가 이루어지고 있음을 이 관찰기록으로 알 수 있다.

⑩ 동시 읽기와 짓기, 이야기 짓기(글짓기) 활동

질이 좋은 문학적 자료를 제공하여 유아가 이야기나 시에 접하게 하는 것은 유아 자신의 이야기를 쓰도록 장려하기도 하고 집단으로 협력하여 이야기를 구성하도록 장려하기도 한다.

그러나 유아의 창작적 짓기를 돕기 위해서는 일상적인 경험을 되도록 많이 제공해야 한다. 예를 들어, 봄동산을 견학하거나, 낙엽 밟기, 풀밭에 누워 하늘을 쳐다보면서 유아가 자신의 느낌을 언어적으로 표현할 기회를 되도록 많이 제공한다. 유아가 자신의 느낌을 말로 표현하거나 쓰도록 장려할 수 있다. 때로는 그림동화로 표현할 수 있는 기회를 마련해 주고 교사가 유아의 말하는 이야기 내용을 써줄 수도 있다. 또한 놀이를 하고난 후의 경험을 기초로 이야기를 꾸며보도록 장려할

그림 4-41 동시 '우리를 도와주세요'를 조작하면서 읽고 즐기기(3, 4, 5세)

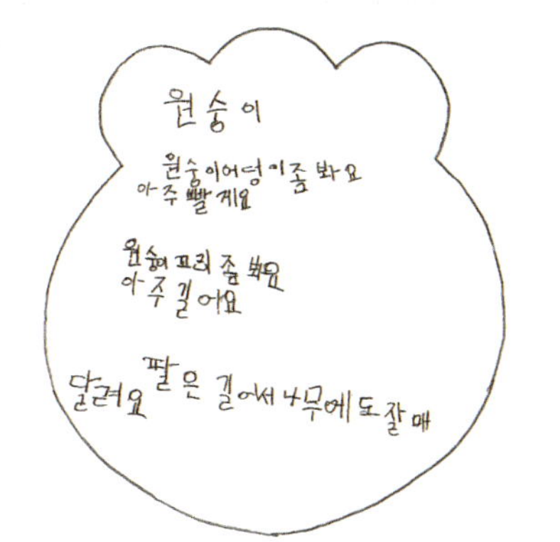

그림 4-42 동시 짓기 제목 : 원숭이(5세)

수 있다. 예를 들어, 팝콘 튀기기를 하고난 후 팝콘 튀기기를 했을 때 나는 소리를 유아들이 자연스럽게 표현을 하도록 기회를 제공하고 그 내용을 교사가 받아 적어 줌으로써 창작적 짓기와 쓰기활동을 연결시켜 줄 수 있다.

⑪ 블록영역 활동

블록영역에서는 유아들이 여러 가지 블록을 이용한 구조물과 관련지어 쓰기활동을 연결시킬 수 있다. 예를 들어, 유아들이 우체국을 견학한 후 블록을 이용하여 우체국과 우체국 내부의 시설물을 만든 경우 '우체국', '편지 모으는 곳', '편지 나누는 곳', '도장 찍는 곳' 등의 표시를 유아와 함께 할 수 있다. 또한 동네를 견학한 후 블록을 이용하여 표상하는 경우 블록으로 세운 건물의 이름에 각각 약국, 미장원, 교회, 병원, 서점 등의 표시를 할 수 있다. 이때 유아는 그림으로 표시하고 교사가 쓰기를 도와줄 수 있으며, 교사가 쓴 것을 보고 유아가 그대로 적어서 표시를 할 수도 있다. 예를 들어, 약국의 경우는 유아가 '✚'의 표시를 하면 교사가 그 옆이나 밑에 '약국'이라고 적어 줄 수 있다.

또한 유아가 자신이 만들어 놓은 구조물을 다음날까지 계속 연장하여 놓고 싶어 할 경우가 있다. 이때 교사는 "그럼 다른 친구들에게 네가 만든 것을 정리하지 말라고 알려야겠구나. 어떻게 알릴 수 있을까?" 물어본 후 블록영역의 한 쪽에 유아가 '만지지 마시오', '부수지 마시오' 등의 표시를 하여 광고를 하도록 도와줄 수 있다.

그림 4-43 블록영역에 구성한 동물원에 세운 표지판의 예

⑫ 견학

유아와 함께 견학을 할 때에도 유아들의 읽기능력을 증진시킬 수 있다. 예를 들어, 동네 견학을 할 때 유아들은 여러 가지 종류의 간판을 발견하게 된다. 서점 앞을 지날 때 유아가 그곳의 간판을 보고 "책"이라고 읽었을 때 교사는 "여기 책이라고 적혀 있는 것 같니? 여기에는 '서점'이라고 쓰여 있단다."라고 하며 다시 읽어줄 수 있다. 그리고 교사는 유아에게 '책'은 한 글자이고, '서점'은 두 글자임을 말해 주어 유아가 다음에는 보다 정확하게 예측을 하여 읽도록 도와줄 수 있다.

⑬ 실외놀이

실외에 있는 동물 집에 동물의 이름, 유아들이 기르는 식물의 이름 등의 팻말을 페인트로 써서 놓음으로써 유아가 동 · 식물의 이름과 팻말에 쓰여진 글자를 연결시킬 수 있는 기회를 가질 수 있다. 자전거나 스쿠터 등 탈것들이 다니는 길에는 '자전거 타는 곳', '멈춤' 등의 표지판을 세워 안내함으로써 유아들이 일상생활에서 글자의 필요성을 인식하고 읽거나 읽어 주는 것을 듣고 말과 글자를 연결하는 경험을 갖도록 할 수 있다. 실외에서의 꽃모종하기, 동 · 식물 기르기, 책 읽기 등의 활동을 통해서도 문해 경험이 이루어질 수 있다. 꽃모종하기의 경우 소집단으로 그림 순서표를 보여주며 꽃모종하는 방법에 대해 이야기 나누고 마당에 꽃모

그림 4-44 실외활동: 실외 소집단 이야기 나누기
그림자료를 보며 꽃모종 순서에 대해 이야기 나눔

종을 할 수 있다. 그림 순서표로 이야기 나누는 과정에서 말과 글자를 연결하는 경험을 가질 뿐만 아니라 글의 기능을 이해하게 된다.

⑭ 귀가 지도

귀가 지도 시 교사는 하루의 일과를 평가하는 과정에서 읽기활동을 전개할 수 있다. 예를 들어, 교사는 하루의 일과활동을 표시한 그림과 글자가 적힌 차트를 준비하여 유아들에게 보여줄 수 있다. 이때 교사는 “오늘 너희들이 유치원에서 놀이한 활동을 선생님께서 그림과 글씨로 적었단다. 여기에 어떤 활동들이 있니?”라고 하며 유아들과 함께 읽어볼 수 있다. 그리고 유아들에게 가장 재미있었던 놀이활동이 무엇이었는지 이야기 나눌 수도 있다. 유아가 “난 바깥놀이 할 때가 제일 재미있어요.”라고 이야기하면 차트에 바깥놀이를 찾아 그 옆에 유아 이름을 적게 하거나 유아의 이름카드를 붙이게 한다. 이때 “선생님, 전 블록놀이가 재미있었어요. 어디에 적으면 되요?”라고 묻는 유아가 있으면 교사는 “여기에 ‘블록놀이’라고 쓰여 있단다.”라고 이야기해준다. 이러한 방법으로 유아들이 재미있었던 놀이활동을 찾아 이름을 다 적은 후 누가 어떤 놀이활동을 재미있어 했는지 비교해 볼 수 있다.

유아들은 이러한 과정을 통해 글자에 흥미를 갖게 되며 문어를 통해 정보를 얻을 수 있음을 인식할 수 있다.

교사는 유아의 이름카드를 준비하여 유아들의 귀가 시 읽기활동을 자연스럽게 전개할 수 있다. 교사는 유아의 발달단계를 고려하여 이름카드 옆에 해당하는 유아의 사진을 붙여 놓아 사진을 단서로 이름을 읽을 수 있도록 배려할 수도 있다. 교사는 “선생님은 오늘 너희들의 이름을 부르지 않을 거야. 대신 너희들의 이름카드를 보여줄 거야.”라고 말하며 이름을 쓴 카드를 보여줄 수 있다. 이때 교사는 유아들이 누구의 이름카드인지를 예측하도록 성별(김씨, 박씨, 이씨 등)로 이름카드를 보여주는 것이 바람직하다. 교사가 이혜정, 이민지, 이호연, 이은수의 카드를 보여줄 때 유아들은 ‘호연’이란 글씨를 읽지는 못하지만 ‘이’의 글자는 읽을 수 있게 된다. 유아들은 이러한 과정을 통해 글자에 대해 흥미를 느끼고, 단서를 고려하여 읽기를 할 수 있음을 인식할 수 있다.

CHAPTER 05

영유아 언어발달 평가 및 평가결과의 활용

5.1 영유아 언어발달 평가

영유아의 언어발달에 대한 평가를 위하여 어린이집이나 유치원에서 이용할 수 있는 정보 수집방법으로는 놀이행동 관찰, 놀이활동작품 샘플 분석, 영유아 인터뷰, 녹음 또는 녹화, 언어검사도구 사용 등이 있다. 교사는 여러 가능한 수집방법을 사용하여 정기적으로 연 3~4회 이상 개별 영유아의 언어발달 평가를 하도록 계획하여야 할 것이다.

1. 관 찰

영유아의 언어 이해와 기술수준의 정보는 대부분 영유아의 놀이행동관찰에서 수집될 수 있다. 관찰 시 어려움은 관찰한 사항의 기록이다. 문장으로 옮기기 어려운 사항도 있고, 모든 관찰사항을 기록하려면 시간이 걸리기 때문이다. 그러므로 교사는 관찰기록 이전에 관찰할 사항을 분명히 하고 기록방법을 결정해야 한다. 관찰에 의한 언어 이해와 기술수준의 정보는 체크리스트에 체크하여 기록하는 방법과 일화기록 방법에 의하여 기록될 수 있다. 교사가 직접 관찰 기록할 경우 한

번에 학급의 모든 유아를 관찰하여 기록하기는 어렵고 매일 한두 명의 유아에 초점을 두어 기록하는 것이 좀 더 용이하다.

1) 체크리스트

영유아별로 체크리스트를 만들어 개별 폴더에 끼워 둔다. 체크리스트는 언어 이해와 기술에 대한 구체적인 사항이 포함되어야 한다. 유아의 말하기 · 듣기 발달, 읽기 발달과 쓰기 발달 수준 체크를 위한 체크리스트의 예를 들면 〈표 5-1〉, 〈표 5-2〉, 〈표 5-3〉과 같다.

표 5-1 말하기 · 듣기 발달 체크리스트의 예

연도 ____________ 이름 ____________

내용 \ 평가 시기		1회 월 일	2회 월 일	3회 월 일	
말의 명료성	• 무슨 말을 하는지 알아들을 수 없다. • 상대방이 알아들을 수 있게 분명히 말할 수 있다.				
태도	• 상대방을 쳐다보지 않고 말한다. • 대화하는 상대방을 쳐다보며 말한다.				
언어 구조	• 일어문 • 이어문 • 삼어문 이상의 문장 • 문법적으로 불완전하나 문장 형태로 말한다. • 문법적으로 완전한 문장 형태로 말한다.				
의사 소통	• 진행되는 이야기 주제에 전혀 관계 없는 말을 한다. • 진행되는 주제에 관련지어 발한다. • 진행되는 이야기 주제에 관련지어 상호작용적으로 의사소통한다. • 요구를 적절히 표현한다. • 일상적 경험에 대해 말한다. • 다른 사람이 자신에게 말을 걸면 기꺼이 대답한다. • 필요시 질문을 한다.				

표 5-2 읽기에 대한 흥미 및 발달 체크리스트

연도 ____________________ 이름 ____________________

내용 \ 평가 시기	1회 월 일	2회 월 일	3회 월 일	
1. 일주일에 3회 이상 책보기 영역을 선택한다.				
2. 새로운 책에 관심을 보인다.				
3. 책을 바로 세워 놓고 본다.				
4. 책과 눈과의 거리는 적절하다.				
5. 말 없이 책의 그림만 쳐다보거나 그림에 대해 질문한다.				
6. 그림을 보고 마음대로 이야기를 꾸민다.				
7. 책의 내용과 의미가 비슷하게 꾸며 말한다.				
8. 책의 단어나 구절을 50% 이하 암기하여 이야기한다.				
9. 책의 단어나 구절을 50% 이상 암기하여 이야기한다.				
10. 글자를 읽을 줄 몰라 "난 못읽어요"와 같은 의사를 표시한다.				
11. 글자를 보고 한 문장을 기준으로 25% 이하로 똑바로 읽는다.				
12. 글자를 보고 한 문장을 기준으로 50% 이하로 똑바로 읽는다.				
13. 글자를 보고 한 문장을 기준으로 75% 이하로 똑바로 읽는다.				
14. 글자를 보고 한 문장을 기준으로 75~ 100% 이하로 똑바로 읽는다.				

표 5-3 쓰기에 대한 흥미 및 발달 체크리스트

연도 ____________________ 이름 ____________________

평가 시기 / 내용	1회 월 일	2회 월 일	3회 월 일	
1. 그리기				
2. 쓰기로서의 그리기				
3. 끼적거리기: 곡선				
4. 글자같이 끼적거리기				
5. 자형이 의도적으로 한두 개 나타나기				
6. 패턴화된 글자 나타나기				
7. 이름 속의 글자 나타나기				
8. 유사글자				
9. 주변의 글자 베껴쓰기				
10. 발명적 철자(음절)				
11. 이름 쓰기				
12. 관례적 글자 쓰기: 단어 쓰기				
13. 관례적 글자 쓰기: 문장 쓰기				

체크리스트 맨 위에 체크하는 날의 날짜를 쓰고 해당되는 난에 체크 표시만 하거나 각각의 행동이 관찰된 날짜를 해당란에 표기할 수 있다.

2) 일화기록

체크리스트에 의한 기록 이외에 세부사항이나 개별 영유아의 독특한 언어 행동 표현 등은 일화기록에 의해 구체적 사건과 상황을 기록하여 평가할 수 있다. 일화기록 시에는 교사가 상황에 대해 후에 환기할 수 있도록 간단히 잊어버리기 쉬운 사항을 메모하여 두었다가 후에 구체적으로 기록한다. 매일의 자유선택활동의 계획 및 진행, 간식 등에 활동시간의 영유아의 언어적 행동과 표현을 기록함으로써 구어적 표현, 어휘 사용, 다른 사람의 말의 이해, 읽기 발달수준, 쓰기 발달수준 등을 파악할 수 있다.

표 5-4 일화기록의 예

일화기록

이름: ○○○
생년월일: ○○년 ○월 ○일
가족상황: 두 형제 중 막내
학급: 5세반
일시 / 장소: 2004년 6월 15일 / 역할놀이영역

내 용

교사: (역할놀이영역에서 밀가루 반죽으로 음식 모양을 빚는 유아들을 보며) 어, 여기는 어디예요?
○○: 매점이요.
교사: 어? 매점이라는 표시가 없어서 몰랐는데?
○○: 이제 막 표시하려고 했어요.
교사: 그런데, 매점에선 무슨 일을 할 수 있는 곳인데요?
△△: 과자랑 초콜릿 같은 거 사먹을 수 있어요.
교사: 아, 간단하게 먹을 수 있는 음식을 파는 곳이구나. 그런 일을 하는 곳이라는 것은 어떻게 알려 줄 수 있을까?
○○: 간판 옆에 써요.
교사: 그런데, 오늘 우리 반에 초대받은 동생들이 글씨를 다 알까?
○○: 그림도 그리면 되죠.
교사: 그런데, '매점' 간판하고 무슨 음식을 파는지 알려 주는 메뉴판하고 같이 표시할 거니? 아니면 따로 표시할 거니?
○○: 따로 표시할 거예요. (계속 음식 만드는 다른 유아들을 보며) 얘들아, 그러지 말고 이거 간판 만드는 거나 도와줘. (다른 친구들을 데리고 미술영역으로 간다.)
○○: (큰 도화지에 '매점'이라고 작게 쓴다.)

교사: 다른 사람들에게 알려 주는 글인데 크게 써야 되지 않을까?
○○: (도화지 뒷면에 다시 '매점'이라고 크게 쓴다.) 야, 너희도 여기에 그림 그리는 거 도와달라니까. (다른 친구들과 그 옆에 음식 그림을 그린다.)
교사: 됐다. ○○야. 이 간판은 어디에 붙이면 잘 보일까?
○○: 요기 위에. (에어컨 옆 벽을 가리킨다.)
교사: (간판을 붙인 후) 어떡하지? 정리시간이 거의 다 됐네? 오늘은 여기까지 해야겠다. 자, 이제 마무리좀 해줄래?

위의 일화기록 사항을 보면 ○○는 매점이 어떤 일을 하는 곳임을 이해하고 동물원 매점 놀이에서 필요한 것이 무엇인지 알며 교사의 제안에 따른 문제해결 방법을 적절하게 찾을 수 있었다. ○○는 제안하는 사람의 말을 듣고 그 의미를 이해하여 제안 상황에 맞게 언어적으로 표현할 수 있는 능력이 있음을 알 수 있다. 그리고 준비 상황에 따라 다른 유아에게 도움을 청하고 함께 활동하기 위해 적절한 언어적 표현을 하고 있음을 알 수 있다. 또한 ○○의 쓰기 발달수준은 관례적 쓰기를 할 수 있고, 관례적 글자를 읽는 데 어려움이 있는 유아를 위해 어떻게 필요한 정보를 전달할 수 있는지에 대한 해결방법을 잘 알고 있는 등 비교적 높은 수준의 문해발달이 이루어졌음을 알 수 있다.

2. 언어 관련 활동작품 샘플 분석

영아나 유아가 자유선택활동 시 만든 작품들이 언어발달 평가를 위한 정보로 사용될 수 있다. 각 영아나 유아의 개인 폴더를 마련하여 쓴 이름, 이야기 꾸며 쓴 것, 영아나 유아가 짓고 교사가 써준 동시나 이야기에 날짜를 기입하여 시기별로 모아 둔다. 때로는 유아가 그날 자신이 활동한 것을 집으로 가져가고 싶어 한다. 영아나 유아의 진전 상황을 파악하기 위하여 도움이 되는 것이라면 복사를 해두거나 사진을 찍어서 인화하여 보관할 수 있다. 이러한 활동작품 샘플 분석으로 영아나 유아의 쓰기발달 진전, 공간 개념의 변화, 생각과 느낌의 표현력 등에 대해 알 수 있게 한다.

3. 영아나 유아와의 인터뷰

일반 행동관찰만으로는 영아나 유아의 생각을 알아보기 힘들거나 행동관찰로 파악하기에는 상당히 오랜 시일이 걸리는 경우가 있다. 이러한 때에 언어에 관련된 영아나 유아의 생각을 알아보기 위한 직접적 방법으로 인터뷰하는 방법을 사용할 수 있다. 예를 들어, 영아나 유아가 책을 읽을 때 글씨를 보고 읽는지, 그림을 보고 읽는지 파악하기 힘들 때 "네가 읽을 땐 무엇을 보고 읽니?" 하고 물을 수 있다. 읽기에 대한 영아나 유아의 개념 수준을 알고 싶을 때 "어른들이 책을 읽을 때 무엇을 보고 읽는다고 생각하니?", "이 책의 앞이 어디지?", "어른들은 책을 읽을 줄 아실까? 어떻게 알았니?" 등으로 직접 자연스럽게 질문을 하여 영아나 유아가 대답하는 말을 듣고 개념 발달수준을 파악할 수 있다. 또한 유아의 이야기 이해나 이야기 회상능력 발달 등을 위해서도 유아 인터뷰를 할 수 있다.

4. 녹음 또는 녹화

영아나 유아의 언어능력 샘플을 구하기 위해 녹음하는 방법은 오랫동안 사용되어 온 방법이다. 최근에는 비디오 녹화기구를 구비하여 실내 여러 활동 영역에서 영유아의 언어 행동을 녹화하여 사용하기도 한다. 이렇게 녹음 또는 녹화한 자료는 여가시간에 여러 번 재생하여 청취 또는 시청함으로써 보통 관찰로는 힘든 언어발달 측면의 평가가 가능하다. 영유아의 언어적 제안과 반응의 유형, 언어 사용 기능, 문장의 길이, 문장 형태, 어미 사용, 읽기 또는 쓰기 활동 시의 상호작용 유형 등 다양한 사항을 녹음 또는 녹화하여 평가할 수 있다.

5. 언어검사도구 사용

우리나라 영유아를 위한 표준화된 언어검사도구로 어휘검사 등 몇몇 표준화된 검사가 있기는 하나 아직 표준화된 언어검사도구가 많지 않다. 교사용 검사도구로 유아의 사회적응 행동발달검사(이영자, 이종숙, 양옥승, 1988) 내의 의사소통영역은 이해, 표현, 읽기와 쓰기 등으로 구성되어 있어 상대방의 표현에 대한 이해, 말하기 능력, 읽기와 쓰기의 기초 및 기술 등을 평가할 수 있으며 교사가 일반 행동관찰에 의해 평가할 수 있는 도구이다. 영유아의 어휘검사로는 피바디 그림어휘검사도구(PPVT=Peabody Picture Vocabulary Test, Dunn & Dunn, 1981)가 흔히 사용된다. 그러나 활동 중에 언어발달을 파악하기 위해서는 교사가 필요에 따라 그림을 보고 이름 말하기, 첫 글자가 같은 단어 그림카드 찾기, 끝 글자가 같은 단어 그림카드 찾기, 모양이 다른 것 찾기, 문장 듣고 내용상의 주어 지적하기 등으로 특정 발달수준을 파악하기 위한 도구를 만들어 자연스럽게 개별적으로 유아에게 적용해 볼 수 있을 것이다. 그러나 여러 검사도구가 유아에게 지나치게 긴장감을 주거나 언어활동 자체를 피하게 되는 결과를 초래하지 않도록 유의해야 한다.

6. 유아 인터뷰, 녹음(녹화), 체크리스트 등에 의한 종합평가

여러 가지 평가방법을 활용하여 영유아의 언어발달을 자연스럽게 평가할 수 있다. 예를 들어, 머로우(Morrow, 1990)는 영유아의 이야기 구조 개념 발달을 측정하기 위하여 영유아에게 이야기를 읽어 들려주고 회상하여 이야기를 다시 말해 보게 하여 녹음, 전사한 내용을 다음 〈표 5-5〉와 같은 체크리스트에 의해 분석하여 측정하는 방법을 제시하였다.

표 5-5 유아의 이야기 구조 개념 발달

유아의 이름 ____________ 연 령 ____________
이야기 제목 ____________ 측정일 ____________

체크방법: 각 항목별로 제시가 되었으면 1점을 준다. 등장인물의 수와 같이 구체적으로 세어서 제시할 수 있는 것은 맞게 제시한 수대로 점수를 준다. 예를 들어, 주인공 이외의 등장인물이 2명이고 2명을 정확히 제시하면 2점을 준다. 복수로 제시하면(예: 친구들) 2점을 준다.

이야기 구조 개념

배 경
① 도입 부분과 함께 이야기를 시작함
② 주인공의 이름
③ 다른 등장인물의 이름을 말한 수 / 실제 등장한 인물 수
④ 시간과 장소에 대한 언급

주 제
주인공의 주요 목표와 해결하여야 할 문제를 언급
구성 일화
회상된 일화 수 / 이야기 속의 일화 수

해 결
① 문제해결(목표 달성)에 대한 언급
② 이야기 종결

연 결
구조적 순서에 맞게 회상: 배경, 주제, 구성 일화, 해결

(순서를 정확히 제시하면 2점, 부분적으로 제시하면 1점, 전혀 순서가 제시되지 않을 때는 0점)

최고 가능 점수 ____________ 유아의 점수 ____________

5.2 영유아 언어교육에 언어발달 평가결과의 활용

영유아교육기관의 교사는 매일의 일과를 운영하면서 자연스럽게 여러 상황에서 나타나는 영유아의 언어 형태들을 지속적으로 관찰하고 평가하여 언어발달단계를 파악함으로써 영유아들에게 개별적으로, 소집단 또는 대집단으로 적절한 언어적 환경 및 활동을 제공하고, 영유아의 단계에 맞게 언어적으로 상호작용할 수 있게 된다. 아울러 또래 간에 자연스럽게 상호작용이 이루어질 수 있도록 집단활동을 위한 팀의 구성에도 언어발달 평가를 참작할 수 있다. 또한 부모상담 시 좀 더 구체적으로 유아의 언어발달 상황을 전달함으로써 가정에서의 유아와의 언어적 상호작용에도 도움이 될 수 있다.

평가를 기초로 영유아의 언어발달을 증진시키고 지지할 부분이 무엇인지 확인한다. 발견된 구어와 문어 발달요구에 대한 체계적 계획과 조치를 취한다. 각 영유아의 구어와 문어 발달수준에 기초하여 영유아의 구어 · 문어 발달을 도와 줄 수 있는 놀이활동을 제공하고 상호작용한다. 이와 함께 교사 스스로도 언어 교수 · 학습을 지지하기 위한 능력을 형성하고 강화하도록 한다.

영유아의 언어발달 평가과정에서 영유아가 좋아하는 놀이활동유형과 접근방법의 파악이 가능하다. 교사는 이러한 영유아의 개별 특성 파악에 기초하여 활동을 선정하고 교사주도적으로 진행할 것인지, 영유아의 자율성을 우선적으로 고려하여 자연스럽게 놀이활동이 이루어지도록 진행할 것인지, 소집단으로 진행할 것인지를 결정한다(Richards, 2017). 아울러 사용 가능한 매체를 고려하여 활동을 준비하여 언어학습에 도움이 되는 분위기를 만들어 영유아가 자신의 생각을 표현하기 위하여 언어를 사용하고 자연스럽게 연습할 수 있는 기회를 제공한다.

리차드(Richards, 2006)는 언어발달 평가에 기초하여 언어활동을 계획하고 진행할 경우 다음의 사항 고려를 제안하였다.

① 학습자 자율성

학습자가 자신의 언어학습 내용과 자기평가의 사용, 소집단 활용 등 학습과정을 스스로 선택할 수 있도록 한다.

② 학습의 사회성

언어학습은 개별적 놀이활동으로 이루어지기도 하지만 다른 사람과의 상호작용이 중요시되는 사회적 활동이다. 그러므로 놀이활동에서 자연스럽게 협력학습이 이루어지도록 안내한다.

③ 통합적 교육과정

프로젝트를 전개하여 작업하는 과정에서 다양한 탐색과정을 통해 사람, 사물, 주변환경과 상호작용하면서 언어적으로 표현하고 사고할 수 있는 기회를 갖도록 한다.

④ 의미 탐색

언어 학습활동의 핵심은 내용의 의미 파악이다. 전개되는 토픽과 연결하여 알아보고 싶은 내용을 중심으로 의미의 탐색을 추구할 수 있도록 놀이활동이 이루어지도록 한다.

⑤ 방법의 다양성 고려

한 가지 방법을 강요하기보다는 영유아 자신이 전략을 세워 다양한 방법으로 놀이하면서 학습하도록 배려한다.

⑥ 사고기술 개발

언어는 고차원적 사고기술, 즉 비판적이고 창의적인 사고 개발의 수단이다. 언어 학습은 언어 자체에 대해서만 학습하기보다는 상황에 따른 사고기술의 개발과 적용을 위한 것임을 고려한다.

⑦ 다양한 평가방식 고려

평가는 영유아의 전반적 능력을 형성해 주기 위해 사용된다. 그러므로 다양한 유형의 평가방법을 고려한다.

⑧ 학습 조성자 역할을 하는 교사

교사는 학습 조성자로서 실제 놀이활동을 통한 학습 등 다양한 놀이활동이 이루어질 수 있도록 여러 대안적 놀이활동을 시도한다.

PART 03

영유아 언어교육의 실제

Chapter 06 주제 중심의 통합적 언어교육의 실제

CHAPTER 06

놀이 중심의 통합적 언어교육의 실제

6.1. 놀이 중심 통합적 언어교육의 이해

영유아를 위한 언어교육 접근법으로 통합적 언어교육 접근법은 영유아의 일상 속에서 듣기와 말하기가 자연스럽게 발달되어지며, 읽기와 쓰기 발달 또한 의미 있는 상황에서 통합적으로 이루어진다고 본다. 따라서 유아에게 의미 있는 관심사나 주제를 중심으로 이루어지는 언어교육은 유아의 학습 흥미도를 높이게 되므로 유아 주도적인 문해 발달에 효과적이다.

2019 개정 누리과정은 각 기관의 실정에 적합한 계획을 수립하여 교육과정을 운영하도록 제안한다(교육부, 보건복지부, 2019). 이에 따른 교수-학습을 위해 교사는 무엇보다 유아들이 흥미 있어 하는 놀이에 자유롭게 참여하고 즐기며 배우도록 한다. 더불어 누리과정의 5개 영역의 내용이 통합적으로 유아의 놀이 경험과 연계되도록 점검하는 노력을 해야 한다.

놀이 중심 교육과정 편성은 유치원과 어린이집에서 하루, 한 주, 한 달, 한 학기, 일 년의 시간을 어떻게 살아갈 것인가에 대한 교육내용과 시간을 조직하는 과정이다. 놀이 중심 교육과정에서는 각 기관의 실정에 맞게 교육계획을 수립하고 일과를 놀이, 일상생활, 활동으로 구성하되 놀이가 충분히 이루어지도록 편성하여 운영할 것을 강조한다(교육부, 보건복지부, 2019).

따라서 유아 언어교육은 유아의 흥미와 상황, 시기별로 유아의 경험과 연계한 놀이를 관찰하고 놀이와 연계한 주제 중심 통합 교육과정으로 운영할 수 있다. 교사는 학급 유아들이 흥미 있어 하는 놀이 주제를 파악하고 이를 중심으로 한 놀이 지원 시 각 영유아의 언어발달을 돕는 어휘를 고려하여 상호작용하도록 한다. 필요한 경우, 교사가 놀이 지원의 시기와 내용을 고민하는 과정에서 언어교육의 듣기, 말하기, 읽기, 쓰기의 내용 요소를 반영하는 언어 활동을 추가하여 지원하도록 한다.

본 장에서 놀이 중심의 통합적 언어교육의 실제는 '개정 누리과정 놀이 이해자료'(교육부, 보건복지부, 2019)와 '개정 누리과정 놀이 실행자료'(교육부, 보건복지부, 2019)에 기반하여 유아의 놀이 경험 에피소드를 시작으로 교사의 놀이 지원 방안을 제시하고자 한다.

1. 유아의 놀이 경험을 기반으로 교육적 지원 계획해 보기

개정 누리과정에서의 계획하기란 교사가 유아의 놀이를 통한 배움을 지원하기 위하여 교육과정 내용과 시간을 조직하는 것이다. 즉, 교사가 미리 모든 것을 계획하여 그대로 실행하는 것을 지양하고 유아의 흥미에 따라 진행된 놀이활동 내용을 기초로 재구성하며 만들어가는 교육과정에 의미를 둔다. 아울러 교사는 전체 또는 개별 유아가 진행하고 있는 놀이에 초점을 두되 유아에게 필요한 경험, 계절이나 날씨와 같은 자연적인 현상, 기관의 특별한 행사 등을 반영하여 계획할 수 있다.

개정 누리과정에서는 계획과 관련하여 각 기관의 지역적 특성이나 철학에 맞게 교육계획의 양식이나 작성 시기, 활용 방법을 자율적으로 정하도록 한다. 개정 누리과정은 유아가 경험해야 할 내용을 바탕으로 배움의 통합성, 융통성, 자율성을 강조하므로 기존의 문서 양식으로는 담아낼 수 없거나 필요 없는 부분이 생길 수도 있고, 작성 시기가 변경될 수도 있다. 따라서 연간, 월간, 주간, 일일 계획안의 형식이나 분량을 자율적으로 할 수 있으며 통합하거나 선택적으로 활용할 수 있다.

다음의 예는 학기 말 교사들이 모여 전년도 유아들의 놀이 실행 정도를 평가한 후 재구성한 연간 교육계획안의 예이다. 교사들은 유아의 연령과 수준, 흥미에 따른 생활 놀이 주제 선정을 위하여 지난 연간 교육계획안의 월별 생활 놀이 주제와 활동 진행내용을 평가하고 평가내용을 반영하여 현재 학급 유아의 흥미와 요구에 적절하도록 연간 놀이 주제를 조정하였다.

표 6-1 유아의 발달과 계절, 경험 수준을 반영한 연간 생활 놀이 주제의 예

월		주제	비고
3월	1주 2주 3주 4주	유치원과 친구 – 달라진 형님반	• 만 3세반은 처음 입학하는 유치원의 환경과 생활을 자세히 안내하는 것으로 계획 – 이후 구체적인 자연의 변화를 관찰하게 되면서 관련 생활 놀이 주제를 다룸 • 4세는 새로 만난 친구와 사이좋게 지내는 법에 대한 내용을 더 다룰 수 있음 • 5세는 달라진 놀잇감과 주변 환경 변화를 탐구하며 나타나는 놀이 주제로 계획
4월	1주 2주 3주 4주	봄 – 생활도구 (다양한 놀잇감)	
5월	1주 2주 3주	나와 가족 – 다양한 가족들	• 3세와 4세는 5월 가족의 날을 맞아 가족과 나와의 관계에 대해 다룸 • 5세는 현대사회의 다양한 가족 형태에 관심을 가지도록 주제를 심화하여 계획
5월 6월	4주 1주 2주 3주 4주	우리 주변의 동물 – 동물과 자연	• 3세는 유아가 경험할 수 있는 주변의 동물을 중심으로 놀이 주제를 선정하고, 4세는 여러 가지 동물의 이름과 모습 등에 흥미를 확장시키도록 주제를 선정함 • 5세는 현대사회의 이슈인 멸종위기동물에 관심을 가지고 원인과 해결방법을 유아 수준에서 탐구하도록 주제를 조정하여 전개함
〈중 략〉			

2. 교육내용의 구성 및 관련 어휘 추출하기

유아들의 놀이를 중심으로 이루어지는 통합적 언어교육의 계획과 운영 시 놀이 주제와 관련한 교육내용을 선정하는 과정이 필요하다. 교육내용은 유아들과 함께 놀이를 재구성하는 과정에서 학급 유아의 연령 및 관심사에 따라 놀이 주제를 축소 혹은 확대하여 융통성 있게 내용을 재조직하는 것이 바람직하다.

다음의 〈표 6-3〉의 예시는 만 5세 유아들이 자신이 좋아하는 동물을 블록과 재활용품으로 구성하는 놀이를 시작하다가 현재 멸종되는 동식물에 관심을 가지고 이를 보존하기 위한 방법을 조사하는 놀이로 변형된 예시이다. 즉 〈표 6-2〉의 '동식물의 서식지에 관심 가지기'에서 만 5세 유아들의 탐구능력을 고려하여 '동식물의 서식과 습성 탐구하기'로 교육내용을 수정하게 되었다. 또한 '사라져가는 동식물에 관심 가지기'에서 나아가 만 5세 유아들이 스스로 궁금한 점을 컴퓨터, 뉴스 기사 등을 활용하여 동식물이 사라져가는 원인을 조사하고 이를 해결하기 위한 방법을 생각해 보도록 심화 · 확장하는 교육내용을 추가하여 '동식물이 사라져가는 원인 탐구하기'로 수정하게 된 예시이다.

나아가 교사는 학급 상황과 유아의 관심사에 따른 교육내용과 관련하여 유아의 사전경험과 발달수준에 적절한 어휘를 미리 생각해야 적절한 언어적 상호작용을 할 수 있다. 유아의 사전 경험이나 언어발달 수준에 따라 알고 있는 어휘나 표현 어휘가 다르므로 놀이 상황에서 활용되는 어휘를 관찰하고 언어발달을 위한 지원을 해야 한다. 이에 〈표 6-3〉은 수정한 교육내용과 관련하여 만 5세 유아들과 상호작용하기에 적절한 어휘의 예를 포함하였다.

표 6-2 놀이 주제 '동물과 자연'의 교육내용 선정의 예

주제	궁금한 동식물	동물과 우리의 생활	자연과 더불어 사는 우리
교육내용	• 좋아하는 동물 탐구하기 • 상상 속의 동물 탐구하기 • 사라진 동물에 관심 가지기	• 동물과 함께 하는 즐거움 느끼기 • 동물이 주는 이로움 알아보기 • 동물과 함께 지내는 방법 알아보기	• 동물의 서식지에 관심 가지기 • 사라져가는 동식물에 관심 가지기 • 자연과 더불어 살아가기

표 6-3 학급 유아의 관심사를 반영한 놀이 주제 '동물과 자연'의 교육내용 재구성의 예

주제	궁금한 동식물	동물과 우리의 생활	자연과 더불어 사는 우리
교육 내용	• 좋아하는 동물 탐구하기 • 사라진 동물에 관심 가지기	• 동물과 함께 하는 즐거움 느끼기 • 동물이 주는 이로움 알아보기 • 동물과 함께 지내는 방법 알아보기	• 동물의 **서식과 습성 탐구하기** • **동식물이 사라져가는 원인 탐구하기** • 자연과 더불어 살아가기
관련 어휘	• 집에서 기르는 동물, 강아지, 개, 고양이, 토끼 등 • 새끼, 어미, 포유류, 어류, 육지동물, 바다동물, • 사라진 동물, 공룡, 공룡 이름, 쥬라기, 백악기 등	• 반려동물, 동물 놀잇감, 산책, 목욕, 기쁨, 행복, 신남 등 • 고기, 알, 가죽, 마차 등	• 사는 곳, 먹이, 습성, 야행성, 겨울잠, 땅파기, 나무 오르기 등 • 벌목, 개발, 숲의 사라짐, 땅의 오염, 물의 오염 등 • 동식물의 겨울나기, 자연보호, 분리수거, 자원재활용 등

3. 놀이 중심의 통합적 언어교육 환경 조성하기

영유아가 관심 있어 하는 놀이 주제와 관련하여 교육내용과 어휘를 고려한 후 예상 가능한 유아들의 놀이에 필요한 자료를 구비하여 언어교육 환경을 재정비한다. 언어교육 환경은 유아들의 실제 경험 혹은 사전경험과 연계된 내용을 기반으로 한 자료로 구성한다.

〈표 6-3〉에서 제시한 '동물과 우리 생활'과 관련하여 각 흥미영역에서 이루어지는 언어활동을 위한 자료와 언어영역의 말하기, 듣기, 읽기, 쓰기와 관련하여 조성해야 하는 환경의 예는 다음과 같다.

1) 각 흥미영역에서 이루어지는 언어교육 환경 조성의 예

유아들의 관심사에 따른 놀이가 시작되면 교사는 다양한 놀이 지원을 시작한다. 특히 예상 가능한 놀이와 관련하여 교사는 유아의 하루 일과 진행에 따라 필요한 각 영역의 자료를 준비한다. 기본적으로 이루어져야 하는 언어교육 환경자료로는 주제 관련한 사진, 그림과 같은 벽면 게시물, 주제 관련한 읽기 책, 관찰 혹은 조사 결과를 기록하는 용지, 구성 자료, 기타 유아의 개념을 구체적인 구성물로 하는 데 필요한 자료 등이다.

표 6-4 놀이 주제 '동물'과 관련한 각 흥미영역 언어자료의 예

영역명	언어교육 환경자료의 예	
계획 영역	• 새 활동을 소개하는 그림자료 • 여러 가지 필기도구류 • 놀이계획을 기록한 화이트보드 등	
쌓기놀이 영역	• 동물 모형류 • 동물원 구성에 필요한 작은 블록류 • 동물원, 동물병원 등 구성에 필요한 사진과 그림 자료 • 동물 관련 책과 필기도구	
조형 영역	• 동물 구성 놀이활동을 위한 여러 가지 조형 재료 • 구성한 작품을 소개하는 제목과 내용을 적을 수 있는 도화지류 • 주제 관련한 미술작품 감상용 그림책	
수 · 과학 영역	• 동물원, 동물병원 등 구성에 필요한 사진과 그림 자료 • 동물 관련 책과 필기도구 • 주제 관련한 각종 보드게임류 • 게임 설명 자료	
음률 영역	• 주제 관련 노랫말판 • 악보집	

2) 언어교육 내용 요소에 따른 환경 조성의 예

영역명	환경자료의 예	
말하기 활동 자료	• 동물 모형류 • 동물손인형, 융판자료, 자석동화자료 등 • 동물의 서식지 배경을 붙일 수 있는 융판 등	 
듣기 활동 자료	• 동물 울음소리 녹음자료 • 동화 녹음자료 • 녹음기와 헤드폰	
읽기와 쓰기에 관심 가지기 활동 자료	• 동물 이름 그림–글자카드 • 동물의 특성과 관련한 언어게임 자료와 게임 설명자료 • 동물 관련 책 • 동물 관련 책과 필기도구 • 화이트보드와 펜 • 보고 따라 쓸 수 있는 동물 이름카드	 

4. 놀이와 연결하여 통합적 언어교육 실행하기

교사는 유아의 놀이를 관찰하고 적절한 언어활동을 지원하기 위해 다양한 아이디어를 제안할 수 있다. 놀이 중심 교육과정에서 교사는 유아의 흥미와 상관없이 새로운 놀이자료를 일방적으로 제안하거나 교사 주도로 새로운 놀이방법으로 이끌기보다는 놀이 관찰에 기반하여 놀이를 지원하는 것이 좋다. 현재 진행 중인 놀이가 잘 지속될 수 있도록 공간, 자료, 시간 등의 측면에서 무엇을 어떻게 지원하는 것이 좋을지 고민하고 제안하며, 유아가 교사의 지원을 어떻게 받아들이는지 살펴보고 추후 지원에 반영할 필요가 있다(교육부, 보건복지부, 2019).

놀이지원으로서의 제안은 때로는 교실의 상황이나 계절, 교육적 가치에 기반하여 교사가 제안할 수 있다. 예를 들어, 교실의 규칙을 정할 때 유아가 규칙의 필요성을 느끼면서 적절한 규칙을 만들어 보도록 제안할 수 있다. "다른 친구에게 방해되지 않으려면 어떻게 하면 좋을까?", "교실에서 던지며 놀면 부딪힐 수도 있으니까 어떻게 하면 좋을까?" 등이 그 예라 할 수 있다. 때로는 유아의 놀이가 문제 상황에 부딛혔을 때에도 교사는 놀이참여자가 되어 함께 유아들이 문제를 명확하게 이해하고 문제해결을 도울 방법을 찾도록 협의한다. 또는 놀이 중 배움을 위한 적절한 순간에 즉각적으로 지원을 제공하는 것도 필요하다. 교사는 유아가 놀이 주제 관련한 지식과 개념을 깊이 알아보는 계기를 만들어 유아 스스로 개념을 습득해 나가는 놀이 과정이 되도록 할 수 있다.

무엇보다 학급 유아의 학습주기에 따라 먼저 유아가 생활 주제를 인식하거나 탐색하는 활동, 궁금해하며 조사해 보고 싶은 내용과 해 보고 싶은 놀이를 중심으로 탐구하는 활동, 알아낸 개념과 내용을 적용해 보는 활동의 과정으로 놀이를 진행한다면 교육내용을 다르면서도 유아의 개념 습득 시 유아의 사고의 흐름을 고려할 수 있다.

다음의 사례는 만 5세반 유아의 관심사를 반영한 놀이 흐름에 따라 진행되는 통합적 언어교육의 사례이다.

유아의 놀이 경험

만 5세반 유아들은 교실에서 함께 지내고 싶은 동물들을 알아보면서 친구들이 좋아하는 동물을 조사하여 그래프를 만들고 싶어하였다. 동물의 서식지와 특성을 검색하던 유아 중 ○○이가 좋아하는 동물인 표범이 점점 사라지고 있다는 사실을 발견하게 된다.

○○ 유아 : 애들아! 이것 봐! 내가 좋아하는 표범이 점점 사라지고 있대!
☆☆ 유아 : 나도 표범 좋아하는데... 무늬가 멋있는데..
교사 : 사라지고 있는 동물들이 더 있을까?
○○ 유아 : 더 알아보고 싶어요!
교사 : 그래, 정말 슬픈 일이구나. 그러면 사라지는 동물의 종류도 알아보자. 더 궁금한 것이 또 있니?
☆☆ 유아 : 왜 사라지는지도 궁금해요.
교사 : 그럼 그것도 알아보자.

교사의 지원

교사는 사라지는 동물들에 대한 유아들의 관심사를 관찰하고 사라지는 원인과 그 결과에 대해 유아들이 논리적으로 사고할 수 있는 이야기 나누기가 필요함을 인식하게 된다. 이야기 나누기는 새로운 개념의 도입 혹은 놀이 프로젝트의 마무리 단계에서 유아들에게서 나온 아이디어를 종합하거나 새로운 궁금점을 시작하는 데 도움이 된다. 따라서 이야기 나누기를 한 후 유아들의 놀이 아이디어 전개에 따라 유아들 수준에서 동물들을 보호하는 방법을 실천하는 여러 가지 놀이를 전개하고 확장하도록 지원하게 된다.

다음은 유아들의 놀이 흐름에 따른 교사의 놀이지원을 주요 언어활동에 따라 제시한 전개의 예이다.

	동물들이 사라져 버리면 어떤 일이 생길까요?'		
활동유형	이야기 나누기	언어교육 내용	듣기 / 말하기 / 읽기
목표	• 동물들이 사라지는 이유를 안다. • 동식물과 사람 간의 공생관계에 대해 알아본다. • 동물을 소중히 여기는 마음을 갖는다.		
누리과정 관련요소	• 의사소통 〉 듣기와 말하기 〉 자신의 경험, 느낌, 생각을 말한다. 〉 상황에 적절한 단어를 사용하여 말한다. 〉 상대방이 하는 이야기를 듣고 관련해서 말한다. • 자연탐구 〉 자연과 더불어 살기 〉 생명과 자연환경을 소중히 여긴다.		
활동자료	• 사전활동 자료 : 우리 반 인기 동물 그래프, 유아 조사자료 • 먹이사슬의 순환을 보여주는 자석그림 자료, 배경판, 매직 등 		
활동방법	1. 사전활동으로 이루어진 우리 반이 좋아하는 동물 그래프를 보며 이야기 나눈다. – 지난 시간에 우리 반이 제일 좋아하는 동물 조사한 결과는 어땠니? 2. 치타가 사라지고 있는 이유에 대해 유아들이 조사하도록 돕는다. – ㅇㅇ이가 컴퓨터 영역에서 조사한 것을 보니 치타는 왜 사라지고 있니? – 치타가 사라지는 이유는 치타의 털에 있는 무늬가 엄청 예뻐서 사람들이 자꾸 털옷을 만들려고 치타를 잡아가서 그렇대. – 그런데 치타 말고 점점 사라지는 동물들은 또 무엇일까? – 북극곰은 왜 사라지고 있을까? 3. 동물들이 사라지면 어떤 결과가 나타날지 예측해 본다. – 동물들이 여러 가지 이유로 자꾸 사라지면 무슨 일이 생길까? – 과연 치타가 사라지고 치타의 먹이가 되는 가젤이나 얼룩말들이 많아지면 정말 좋아질까?		

활동방법	4. 그림 자료를 보며 사람과 동식물 간의 공생관계에 대해 이야기 나눈다. 여기 그림을 보자. 넓은 초원에 치타가 살고 있어요. (사람 붙이고 치타를 떼며) 그런데, 사냥꾼이 와서 치타를 빵! 총을 쏘고 데려갔어요. (코트를 붙이며) 그리고 치타의 털로 멋진 코트를 만들어서 입었대요. 그 다음에는 어떤 일이 생겼을까요? 치타의 먹이가 되는 얼룩말이랑 가젤과 같은 초식동물은 무엇을 먹는 동물인가요? – 그래. 풀을 먹는 동물이 초식동물이지요. 그럼 치타가 사라진다면 초식동물들의 수가 어떻게 될까요? – 너희들이 말한 것처럼 치타가 사라지면 초식동물들이 많아진대요. 그럼 초식동물들이 많아지면 초식동물들이 먹는 풀과 열매 같은 식물들이 어떻게 될까요? – (나무 바꾸며) 식물들이 다 사라져버리고 나뭇가지만 남았네. 풀과 열매가 사라지면 어떤 일이 생길까요? – 그래. 너희가 생각한 대로 원래 풀의 뿌리는 물이 날아가지 않도록 땅에 머금고 있대요. 하지만 풀이 없어지면 땅 속 물이 다 날아가 버려서 물도 사라지고 만대요. 그렇다면 물에 살고 있었던 물고기들은 어떻게 될까요? – (연못의 물이 발라버리는 그림으로 바꾸며) 물이 마르면 물고기들이 살지 못하고 사라질 거예요. 근데 그럼 물과 물고기가 없어지면 그곳에 살고 있었던 사람들은 어떤 불편함이 생길까요? – 그래. 동물들이 사라지면 사람들도 고기, 생선이나 우유와 같은 먹을 것도 줄어들겠다. 이렇게 치타 한 마리가 사라지는 것만으로도 자연이 변해버리는데, 더 많은 동물들이 사라진다면 어떻게 될까? 5. 동물들을 보호하기 위해 할 수 있는 일에 대해 이야기 나눈다. – 그럼 동물들이 사라지지 않도록 하려면 우리는 어떤 일을 할 수 있을까요? – 너희가 이야기한 대로 우리가 동물과 함께 행복하게 잘 살아야 한다는 것을 다른 사람에게 알려주기 위해 포스터를 만들어서 붙여 볼 수도 있고, 동물을 괴롭히는 사람들에게 편지를 쓸 수도 있고, 엄마가 동물 옷을 사지 못하게 말해줄 수도 있구나. – 너희의 좋은 생각들 중에 어떤 것부터 해 볼까? – 편지쓰기는 어느 영역에서 할 수 있을까? – 포스터는 어느 영역에서 만들어 볼 수 있을까?
교사의 놀이지원	• 유아들이 스스로 멸종위기 동물이 생기는 원인과 결과를 과학영역의 도서나 컴퓨터 검색 등으로 조사하도록 사전활동을 지도한다. • 유아들에게 다소 어려울 수 있는 인간과 동물의 공생관계를 이해하도록 그림자료를 준비하고 순환 과정을 매직 등으로 그려주며 이야기 나누기를 진행한다. • 유아 수준에서 실천 가능한 동물 보호 방법을 생각하고 추후 활동으로 지속하도록 격려한다.

<table>
<tr><th colspan="4">동물보호 포스터 만들기</th></tr>
<tr><td>활동유형</td><td>언어</td><td>언어교육 내용</td><td>말하기 / 읽기 / 쓰기</td></tr>
<tr><td>목표</td><td colspan="3">• 멸종위기동물에 관심을 갖는다.
• 동물 보호를 위해 실천 가능한 방법을 그림과 글로 표현해 본다.
• 동물을 소중히 여기는 마음을 갖는다.</td></tr>
<tr><td>누리과정 관련요소</td><td colspan="3">• 의사소통 〉 읽기와 쓰기에 관심을 가지기 〉 자신의 생각을 글자와 비슷한 형태로 표현한다.
• 자연탐구 〉 자연과 더불어 살기 〉 생명과 자연환경을 소중히 여긴다.</td></tr>
<tr><td>활동자료</td><td colspan="3">• 멸종위기 동물에 대해 책과 컴퓨터로 조사한 인쇄물
• 포스터 구성에 필요한 여러 가지 종이와 쓰기 도구류</td></tr>
<tr><td>활동방법</td><td colspan="3">1. 사전활동으로 멸종위기 동물에 대해 조사한 자료를 보며 이야기 나눈다.
– 지난 시간에 ㅇㅇ이가 컴퓨터 영역에서 조사한 것을 보니 ** 동물은 왜 사라지고 있니?
– 북극곰이 추운 북극에서 살 수 있게 하려면 우리가 어떤 일을 할 수 있을까?
– 이 방법을 사람들에게 어떻게 알려줄까?
– 어디에 붙이고 싶니?

2. 유아들이 동물들의 사진판 동물 보호를 위해 할 수 있는 일에 대해 문구를 생각하여 그림이나 글로 표현해 보도록 한다.
– 너희가 이야기한 대로 우리가 동물과 함께 행복하게 잘 살아야 한다는 것을 다른 사람에게 알려주기 위해 포스터에 뭐라고 적고 싶니?
– 지구온난화를 막기 위해 쓰레기를 줄이자는 것은 어떻게 나타내고 싶니?
– 어른들이 털옷을 사지 못하게 말해줄 수도 있구나.

3. 다 만들어진 포스터를 함께 읽어보고 보완할 점 등을 이야기 나눈다.
– 친구들이 만든 포스터를 보니 어떠니?
– 더 쓰고 싶은 말이 있니?</td></tr>
<tr><td>교사의 놀이지원</td><td colspan="3">• 유아들이 스스로 멸종위기 동물이 생기는 원인과 결과를 과학영역의 도서나 컴퓨터 검색 등으로 조사하도록 사전활동으로 지도한다.
• 유아 수준에서 실천 가능한 동물 보호 방법을 생각하고 문구를 생각하여 표현해 보도록 격려한다.</td></tr>
</table>

<table>
<tr><th colspan="4">맞는 글자 / 틀린 글자 게임</th></tr>
<tr><td>활동유형</td><td>언어</td><td>언어교육 내용</td><td>듣기 / 말하기 / 읽기</td></tr>
<tr><td>목표</td><td colspan="3">• 글자의 모양에 관심을 갖는다.
• 자신의 생각을 알맞은 단어로 나타내 본다.
• 동물을 사랑하는 태도를 갖는다.</td></tr>
<tr><td>누리과정 관련요소</td><td colspan="3">• 의사소통 〉 읽기과 쓰기에 관심 가지기 〉 말과 글의 관계에 관심을 가진다.
• 자연탐구 〉 자연과 더불어 살기 〉 생명과 자연환경을 소중히 여긴다.</td></tr>
<tr><td>활동자료</td><td colspan="3">• 멸종위기 동물 사진에 말풍선을 붙인 판
• 동물들의 생각을 나타내는 문장에 맞는 글자 / 틀린 글자가 써진 말 풍선 모양 단어카드(코팅 후 뒷면 벨크로테이프 부착)
</td></tr>
<tr><td>활동방법</td><td colspan="3">1. 동물 포스터를 만들며 동물들의 생각을 나타내는 문장 쓰기를 어려워하는 유아들과 모여 게임 자료를 보며 이야기 나눈다.
– 지난 시간에 ㅇㅇ이가 북극곰이 점점 녹는 빙하 조각 위에 있는 사진을 보며 북극곰이 무슨 생각을 하는 것 같다고 했지?
– "지구가 뜨거워지지 않게 해주세요"라고 말하는 것 같아 써주고 싶었지?
– 그때 어떤 글자쓰기가 어려웠니?
– '않게'라는 단어를 소리나는 대로 '안케'로 쓴 친구가 많았지?
– 그래서 너희가 이 게임을 하며 책에서 보았던 맞는 단어를 찾을 수 있도록 만든 게임이란다.</td></tr>
</table>

활동방법	2. 유아들과 모여 동물 사진판을 보며 동물들의 생각을 나타내는 문장을 4가지 말풍선 중 알맞게 쓰여진 것을 찾는 게임을 해본다. – 첫 번째 북극곰 사진에서 북극곰이 무엇이라고 생각하고 있는지 말 풍선 내용을 읽어볼까? – 같은 내용인데 조금씩 글자가 다르네. 어떤 말풍선이 맞는 걸까? – 다음 사진을 보자. 하나, 둘, 셋 하면 너희가 맞게 쓰여졌다고 생각하는 말풍선을 찾아보자. 먼저 찾는 사람이 하트 모양을 하나씩 획득하는 게임이란다. – 세 번째 사진은 00 이가 핑크고래가 '나를 내버려둬!'라고 쓰여진 말풍선을 잘 찾았네. 3. 유아들이 맞춘 맞는 글자와 틀린 글자 말풍선을 비교해 보고 다른 모양 글자와 문장의 차이를 찾아 따라 써보도록 한다. – 00이가 고른 '나를 내버려둬!'와 '나를 내버러더!'는 어떤 점이 다르니? – 00이는 어떻게 맞추었니? – 못 맞춘 친구들이 속상하다는데 어떻게 하면 하트를 더 받을 수 있을까? – 아, 말풍선 종이를 더 준비해서 맞게 쓰면 점수를 획득하도록 하고 싶구나. – 더 쓰고 싶은 말이 있니?
교사의 놀이지원	• 교사는 평소 유아들이 자주 틀리는 문장의 단어를 관찰하고 유아들 스스로 오류를 찾는 게임을 준비한다. • 초등학교 가기 전 유아들이 문장 쓰기에 재미를 가질 수 있도록 흥미로운 게임 형태로 진행하되, 못하는 유아들이 실망하지 않도록 따라 써보는 규칙을 함께 의논한다. • 유아들이 동물들의 사진을 보며 드는 생각을 다양하게 표현해 보도록 격려하고, 원하는 동물 사진과 말풍선을 추가하여 준비해 둔다.

6.2. 연령별 주제 중심 통합적 언어교육의 실제

우리는 앞서 놀이 중심 통합적 언어교육의 계획과 운영의 실제를 만 5세반 유아를 대상으로 제시하였다. 이 장에서는 예비 유아교사와 현장 교사들이 영유아의 발달 수준을 고려하여 연계성 있게 놀이 중심 통합적 언어교육을 계획하고 실행할 수 있도록 다양한 연령대 유아들의 관심사에 따른 언어활동의 계획과 운영 사례를 제시하고자 한다.

1. 놀이 중심 통합적 언어교육의 예 – '우리 주변의 동물'

1) 교육내용의 구성 및 관련 어휘 추출하기

영유아의 놀이 지원은 유사한 놀이 주제라도 유아의 언어발달 수준에 따라 적절하게 변형하여 접근해야 한다. 예를 들어 만 2~3세 유아들은 주변의 친근한 사물에 대해 호기심이 증가하는 시기로서 주변의 동물이나 그림책에서 보는 동물에 관심을 보이게 될 때의 놀이 주제는 '우리 주변의 동물'로 조정될 수 있다. 영유아의 언어 및 인지발달 수준에 따라 습득하게 되는 개념이나 배경지식을 다루는 교육내용도 다음 〈표 6-5〉의 예시와 같이 재구성할 수 있다.

교사가 담임 학급 영유아들의 발달 수준 및 놀이 관심사에 따라 교육내용을 재조직하는 것이 어려운 경우 표준보육과정에 기초한 보육프로그램을 참고하면 보다 용이하게 조직할 수 있다. 아울러 만 2~3세 영유아의 발달수준에 적절한 관련 어휘를 추출해 보는 과정은 주제 관련한 지식과 개념을 보다 적절하게 지도하는 데 꼭 필요한 과정이 된다.

표 6-5 만 2세반 생활주제 '우리 주변의 동물'에 대한 교육내용 재구성의 예

주제	우리 주변의 동물	여러 가지 동물의 소리와 생김새	동물을 대하는 태도
교육 내용	• 주변의 친근한 동물에 관심 가지기 • 주변의 동물의 이름에 관심 가지기 • 엄마동물과 아기동물에 관심 가지기	• 여러 가지 동물의 소리 알아보기 • 여러 가지 동물의 생김새와 움직임 알아보기	• 동물과 놀아보며 즐거움 느끼기 • 동물을 대하는 바른 태도 기르기
관련 어휘	• 개, 고양이, 금붕어, 지렁이, 곤충 등 • 사자, 호랑이, 원숭이, 코끼리, 토끼, 사슴, 돼지, 닭, 오리 등 • 강아지, 망아지, 새끼 등	• 꽉꽉, 멍멍, 야옹, 히잉 • 눈, 코, 입, 동그라미 무늬 등 • 살금살금, 쿵쿵 등	• 집 지어주기, 먹이 주기, 쓰다듬어 주기 등 • 기쁨, 행복, 신남 등

2) 놀이 중심의 통합적 언어교육 환경 조성하기

어린 연령의 영유아가 우리 주변의 동물에 대해 관심을 가질 때 교육내용과 어휘를 고려한 후에는 예상 가능한 유아들의 놀이에 필요한 언어교육 환경을 언어발달 수준에 따라 조정하는 과정이 필요하다. 위의 〈표 6-5〉에서 제시한 '우리 주변의 동물'에 대한 교육내용과 관련하여 만 2~3세 유아들은 어휘 듣고 따라 말하기, 듣고 지시 따라 하기, 친숙한 어휘 익히기, 친숙한 인쇄글자 모양 익히기, 끼적거리기 등의 언어놀이를 경험하는 것이 필요하므로 관련한 언어교육 환경을 다음의 예와 같이 조성하여 영유아의 언어발달을 지원한다.

표 6-6 놀이 주제 '우리 주변의 동물'과 관련한 언어교육 환경조성의 예

영역명	언어교육환경 자료의 예	
듣기 활동 자료	• 동물 울음소리 녹음자료 • 동화 녹음자료 • '토끼와 거북이' 듣기 게임자료 • 녹음기와 헤드폰	
말하기 활동 자료	• 동물 모형류 • 동물 손인형, 융판자료, 자석동화자료 등 • 동물의 서식지 배경을 붙일 수 있는 융판 등 • 인형극 틀 등	
읽기와 쓰기에 관심가지기 활동 자료	• 동물 관련 책 • 동물 사진 혹은 그림 게시자료 • 동물 이름 그림-글자카드 • 끼적거리기를 할 수 있는 크레용과 큰 종이 등 • 화이트보드와 펜 • 동물 이름 촉감놀이판	

3) 놀이와 연결하여 통합적 언어교육 실행하기

어린 연령의 영유아는 가정에서부터 동물이 나오는 그림책 혹은 동물에 대한 노래를 듣고 따라 부르는 놀이를 자연스럽게 하게 된다. 이와 관련한 언어놀이를 지원하기 위해 교사의 지원 사례를 제시해 보면 다음과 같다.

영유아의 놀이 경험

만 2세반의 햇님이는 '삐약, 우리 엄마세요?'라는 동화를 좋아한다. 교사에게 와서 계속 동화책을 읽어달라고 하고 동화에 나오는 동물들의 소리를 흉내내는 놀이를 하자, 다른 영아들도 함께 따라하는 놀이가 시작되었다.

햇님이 : 이거, 이거(동화책을 가리키며) 삐약, 엄마세요? 해주세요.
별님이 : 삐약, 삐약~ 좋아!

교사의 놀이 지원

교사는 영아들이 좋아하는 동물의 이름에 대한 어휘와 의성어, 의태어를 익히고 싶어하는 것을 관찰하고 영아들이 좋아하는 동화에 나오는 동물 손인형을 준비하여 동화내용을 말하는 놀이를 지원하게 된다. 아울러 동물 촉감책을 좋아하는 영아들이 같은 느낌의 촉감재료를 활용하여 해당동물의 이름을 따라가 보도록 하는 언어자료를 제작하여 읽기와 쓰기에 자연스럽게 관심을 가지도록 지원하게 된다.

다음은 영아들의 놀이 흐름에 따른 교사의 놀이 지원을 주요 언어활동에 따라 제시한 전개의 예이다.

<table>
<tr><th></th><th colspan="3">노래 '동물 흉내'</th></tr>
<tr><td>활동유형</td><td>노래 부르기</td><td>언어교육 내용</td><td>듣기 / 말하기</td></tr>
<tr><td>목표</td><td colspan="3">• 동물이 내는 울음소리에 관심을 가진다.
• 음악을 들으며 노래를 따라 불러본다.
• 친구들과 함께 노래하며 즐거움을 느낀다.</td></tr>
<tr><td>표준보육과정 관련요소</td><td colspan="3">의사소통 〉 듣기와 말하기 〉 표정, 몸짓, 단어로 의사를 표현한다.</td></tr>
<tr><td>활동자료</td><td colspan="3">• 오리, 염소, 돼지, 소 모양 막대자료
• 그림 노랫말판</td></tr>
<tr><td>활동방법</td><td colspan="3">1. 동물 막대자료로 동물이 내는 소리에 대해 이야기 나눈다.
– 이 동물의 이름은 뭘까?
– 어떤 소리를 낼까?
– 다 같이 흉내 내어 소리내 볼까?

2. 노랫말판을 소개하고 피아노 반주 혹은 녹음자료로 노래를 들어본다.
– 오늘은 지금 본 동물들이 내는 소리를 노래로 불러볼 거야.
– 노래를 들으며 따라해 봐요.

오리는 꽉꽉, 오리는 꽉꽉
염소 메에~ 염소 메에~
돼지는 꿀꿀 돼지는 꿀꿀
소는 음어~ 소는 음머~

3. 노래를 부르며 동물 소리와 모습을 흉내 내어 보며 더 하고 싶은 놀이가 있는지 이야기 나눈다.
– 오리 소리를 낼 때 어떻게 하고 싶어?
– 동물 흉내를 내보니 어땠니?</td></tr>
<tr><td>교사의 놀이지원</td><td colspan="3">• 영아들이 노래를 잘 부르는 것보다 동물 소리를 흉내 내어 보고 즐거움을 느끼도록 격려한다.
• 영아들이 다른 동물로 바꾸어 부르고 싶어 하면 새로운 어휘를 익힐 수 있도록 상호작용하며 진행한다.
• 추후 동물 막대인형자료나 동물인형으로 이야기 짓기 놀이로 연계하도록 상호작용한다.</td></tr>
</table>

<table>
<tr><th></th><th colspan="3">토끼와 거북이</th></tr>
<tr><td>활동유형</td><td>언어</td><td>언어교육 내용</td><td>듣기 / 말하기</td></tr>
<tr><td>목표</td><td colspan="3">• 말소리의 차이를 구분한다.
• 동물의 각기 다른 울음소리, 소리를 듣고 친숙한 동물을 찾아본다.
• 주의를 집중하여 듣는 태도를 기른다.</td></tr>
<tr><td>누리과정 관련요소</td><td colspan="3">• 의사소통 〉 듣기와 말하기 〉 말이나 이야기를 관심 있게 듣는다.
〉 책과 이야기 즐기기 〉 말놀이와 이야기 짓기를 즐긴다.</td></tr>
<tr><td>활동자료</td><td colspan="3">• 토끼와 거북이 그림을 누르면 세워지도록 제작한 시소 모양 교수, 토끼와 거북이 그림책, 토끼와 거북이 동화를 녹음한 CD, CD플레이어 등
</td></tr>
<tr><td>활동방법</td><td colspan="3">1. 그림책 제목을 소개하며 토끼와 거북이의 특징에 대해 이야기 나눈다.
– 선생님이 만들어 온 이 동화책의 제목은 '토끼와 거북이'야. 들어본 적이 있니?
– 토끼가 뛰는 모습이 어떠니?
– 거북이가 걷는 모습을 본 적이 있니?
– 토끼와 거북이가 달리기 시합을 하기로 한 이야기인데 달리기를 하면 누가 이길 것 같니?

2. 녹음 CD를 활용하여 토끼와 거북이 동화를 들려준다.

3. 동화를 다시 들으며 '토끼'라는 단어가 나오면 토끼 그림을 누르고, '거북이' 단어가 들리면 거북이 그림을 누르는 듣기 게임 교구를 소개한다.
– 이제는 동화를 다시 들으며 하는 게임을 보여줄게. 동화를 듣다가 '토끼'라는 말이 들리면 토끼 그림을 누르는 게임 놀잇감이란다. 그러면 '거북이'라는 말이 들리면 무슨 그림을 누르면 될까?

4. 게임자료를 언어영역에 놓아두고 원하는 영아가 동화를 다시 들으며 게임할 수 있도록 진행한다.
– 거북이라는 말이 들리네! 무슨 그림을 누를까?</td></tr>
</table>

활동방법	5. 듣기 게임을 해 본 소감에 대해 이야기 나눈다. - 오늘 토끼와 거북이라는 말이 나오면 그림이 세워지도록 하는 게임 놀잇감을 해 본 친구들은 어땠니? - 잘 들으면 어떤 점이 좋을까?
교사의 놀이지원	• 유아가 듣기에 집중하여 활동을 할 수 있도록 듣기영역에 CD플레이어와 헤드폰을 제공한다. • 듣기 게임자료를 동물그림이 잘 세워지도록 제작하여 유아의 흥미를 높인다. 원하는 유아가 서로 순서를 돌아가며 교구를 사용하도록 약속을 정하여 운영할 수 있다.

	어디 어디 숨었니?		
활동유형	언어	언어교육 내용	말하기 / 읽기
목표	• 동물원에서 만날 동물의 종류와 특징들을 알아본다. • 동물의 그림자를 보고 동물의 모습을 맞춰볼 수 있다. • 동물에 대해 관심을 갖는다.		
누리과정 관련요소	• 의사소통 〉 읽기와 쓰기에 관심 가지기 〉 주변의 상징, 글자 등의 읽기에 관심을 가진다.		
활동자료	• 동물의 그림자 모양이 그려진 그림자료판, 그림자에 맞는 동물 그림자료 		

활동방법	1. 동물원에 가서 보았던 동물을 회상해 본다. – 00반 친구들은 무슨 동물원에서 보았던 동물 중 누가 가장 기억에 남니? – 어떤 모습이 가장 기억에 남니? – 한 번 흉내 내어 줄 수 있어? 2. 활동자료를 소개하고 동물모양 그림자 찾기를 해본다. – 앞에 있는 그림판에 무엇이 보이니? – 어떻게 하는 놀이일까? – 어떤 동물의 그림자일까? – 코끼리라고 생각한 이유는 무엇이니? – 다른 친구들 생각은 어떠니? – 그럼 코끼리의 특징은 무엇일까? 3. 동물 그림자 찾기 놀이를 해 본 소감에 대해 이야기 나누고 더 해보고 싶은 놀이에 대해 이야기 나눈다. – 동물 그림자 찾기를 해보았는데 어떠니? – 어떻게 그림자 모양을 잘 찾을 수 있었어? – 다른 모양도 잘 찾을 수 있을까?
교사의 놀이지원	• 유아들에게 충분히 생각할 수 있는 시간을 제공한다. • 유아들이 서로 대화해 볼 수 있는 시간을 제공한다. • 추후 다른 모양 그림자 찾기 자료도 추가하여 영유아들이 다양한 글자모양을 인식할 수 있도록 돕는다.

	촉감글자 놀이		
활동유형	언어	언어교육 내용	듣기 / 말하기
목표	• 친숙한 동물의 이름을 안다. • 동물들의 이름을 촉감을 따라 써본다. • 쓰기에 관심을 가진다.		
누리과정 관련요소	• 의사소통 〉 읽기와 쓰기에 관심 가지기 〉 주변의 상징, 글자 등의 읽기에 관심을 가진다.		
활동자료	• 여러 가지 촉감 재료(사포지, 폼폼, 털실, 비닐 등)를 붙인 동물 그림과 글자판  		

활동방법	1. 그림판을 보며 영아들의 사전경험에 대해 이야기 나눈다. – 이 그림은 뭘까? – 호랑이를 본 적 있니? – 양을 만지면 느낌이 어떨까? – 이 그림의 양을 만져볼까? – 폭신폭신한 느낌이었구나. 2. 동물 그림과 같은 촉감의 글자를 만져보며 손가락으로 따라 쓰기를 해본다. – ○○이는 만져보니 어때? – ○○이의 이름 글자래. 손가락으로 따라가 볼까? – 네가 ○ 글자를 따라 쓰고 있구나. – △△ 동물이름도 한 번 써볼까? 3. 손가락으로 촉감글자 놀이를 해 본 느낌에 대해 이야기 나눈다. – 손가락으로 촉감 따라가기를 해봤는데 어땠니? – 가장 좋은 느낌은 무슨 동물그림이었니? – 이름을 무엇이라고 쓰며 따라간 것 같아?
교사의 놀이지원	• 표면이 거친 느낌의 사포지는 거칠지 않은 것으로 제작하지만 영아가 만질 때에 조심하도록 미리 이야기 나눈다. • 여러 가지 촉감이 주는 새로운 어휘를 익히도록 지도한다. • 그림과 글자의 촉감을 느끼며 따라 쓰기를 시도하는 활동으로 이루어질 수 있도록 지도한다.

	동물 이름으로 변신!		
활동유형	언어활동	언어교육 내용	쓰기 / 읽기
목표	• 동물의 생김새를 안다. • 동물의 이름 글자의 모양을 조작해 본다. • 동물 모양 글자에 관심을 갖는다.		
누리과정 관련요소	• 의사소통 〉 읽기와 쓰기에 관심 가지기 〉 자신의 생각을 글자와 비슷한 형태로 표현한다.		
활동자료	• 동물의 특징으로 만들 수 있는 글자판. 		
활동방법	1. 유아들이 아는 여러 가지 동물의 이름과 생김새의 특징을 말해본다. – OO이는 어떤 동물을 좋아하니? – ** 동물의 어디가 길어서 좋니? 2. 교사는 동물 이름 변신 놀이판을 소개한다. – 이 그림판을 보니 어떤 동물이 보이니? – 아까 기린은 목이 길다고 했었는데, 여기 동물이름판에 있는 기린은 목이 짧아요. 그림자료를 길게 늘이면 무슨 글자일까요? 3. 유아들이 원하는 동물 그림판을 고르고 움직이는 자료를 조작하여 이름을 완성하도록 격려한다. – 우와~ 코 그림자료를 늘려주고 나니 코끼리라는 글자가 생겼어요! – 판다의 대나무를 길게 늘려 볼까? 쭈욱~ 판다의 대나무를 길게 만들어 주고 나니까 무슨 글자라고 씌어진 것 같나?		

활동방법	4. 교사를 따라 동물이름 글자를 읽어본 다음, 손으로 따라 써본다. – OO이도 선생님이랑 같이 융판글자를 손가락으로 따라 써볼까? 5. 활동을 해본 소감을 이야기 나누고 더 읽어보고 싶거나 따라 써보고 싶은 동물의 이름 글자판을 추가하여 활동해 본다.
교사의 놀이지원	• 유아가 동물의 이름과 생김새, 글자 모양에 모두 흥미를 가지도록 퀴즈를 내주며 활동을 진행할 수 있다. • 유아 혼자 글자를 천천히 따라 써보고 읽어볼 수 있는 시간을 충분히 제공한다.

2. 놀이 중심 통합적 언어교육의 놀이주제 – '나와 친구'

1) 교육내용의 구성 및 관련 어휘 추출하기

만 3세 전후 유아들은 유아교육기관에 처음 등원하게 되면서 가정에서 놀이할 때보다 더 많은 또래들을 만나게 된다. 유아가 만나게 되는 또래 친구들은 성인 양육자와 달리 언어적 상호작용이나 친사회적 기술이 미숙하므로 가정에서와 같이 자신의 요구를 비언어적 방법으로 표현해도 알아차리기 어렵다. 또래에 대한 관심의 증가나 친사회적 기술의 미숙으로 인한 갈등이 빈번한 학급에서 교사는 '나와 친구'라는 놀이 주제를 교육적 필요에 의해 선정하여 유아들을 지원할 수 있다.

이에 놀이 주제 '나와 친구' 교육내용의 예는 다음 〈표 6–7〉의 예시와 같이 재조직할 수 있다. 특히 친사회적 기술을 지원하는 과정에서 필요한 어휘를 익히도록 미리 생각한다.

표 6-7 놀이주제 '나와 친구'에 대한 교육내용 재조직 예

주제	나의 모습과 기분	친구의 모습과 기분	나와 친구의 생활
교육내용	• 나의 모습 알기 • 나의 기분 알기 • 나의 기분 표현하기	• 친구의 모습에 관심 가지기 • 친구의 기분에 관심 가지기	• 친구와 즐겁게 놀이하기 • 친구와 사이좋게 지내기
관련어휘	• 얼굴, 눈, 코, 입, 머리카락 등 • 좋음, 싫음, 기쁨, 행복, 신남, 속상함, 슬픔, 화남, 무서움, 서운함 등 • 속상해, 슬퍼, 신나, 행복해, 바래, 원해 등	• 친구 이름, 친구 얼굴, 모습 등 • 친구의 기쁨, 행복, 신남, 슬픔, 화남, 서운함 등	• 놀이, 소꿉놀이, 바깥놀이, 말놀이, 글놀이, 미술놀이 등 • 나랑 놀자, 들어가도 되니? 나 먼저 하고 싶어, 양보할께 등

2) 놀이 중심의 통합적 언어교육 환경 조성하기

놀이 주제 '나와 친구'는 어린 유아가 또래와 관계 형성 시 필요한 친사회적 기술을 익히는 데 필요한 어휘를 익힐 수 있는 언어자료가 필요하다. 관련 어휘는 학급에서 필요한 상황을 관찰하여 교사가 적절한 동화를 선정하여 활용하거나 제작할 수 있다.

위의 〈표 6-7〉에서 제시한 '나와 친구'에 대한 교육내용과 관련하여 만 3~4세 유아들은 어휘 듣고 따라 말하기, 다른 사람의 말 경청하기, 듣고 이해하기, 놀이에 필요한 어휘 익히기, 친숙한 인쇄글자 모양 익히기, 글자모양 만들어 보기 등의 언어놀이를 경험하는 것이 필요하다. 따라서 관련한 언어교육 환경을 다음의 〈표 6-8〉 예와 같이 조성하여 영유아의 언어발달을 지원한다.

표 6-8 놀이 주제 '나와 친구'과 관련한 언어교육 환경조성의 예

영역명	언어교육환경 자료의 예	
듣기 활동 자료	- 친구 목소리 녹음자료 - 동화 녹음자료 - 녹음기와 헤드폰	
말하기 활동 자료	- 전화기 모형 - 친구 모습 막대인형 등 - 동화 활용한 융판자료, 자석동화 자료 등 - 인형극 틀 등	
읽기와 쓰기에 관심가지기 활동 자료	- 나의 기분에 대한 책 - 친구이름 그림-글자카드 - 자석글자, 자석시트판 등 - 끼적거리기를 할 수 있는 크레용과 큰 종이 등 - 화이트보드와 펜	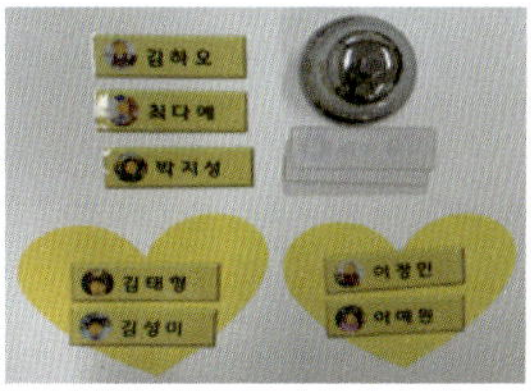

3) 놀이와 연결하여 통합적 언어교육 실행하기

어린 연령의 유아는 '나와 친구'에 대한 교육내용과 관련하여 나와 친구의 기분에 대한 어휘 익히기, 이야기 듣고 이해하기, 놀이에 필요한 어휘 익히기, 친구 이름과 같은 친숙한 글자모양 만들어 보기 등의 언어놀이를 경험하도록 지원한다. 이와 관련한 언어놀이를 지원하기 위해 교사의 지원 사례를 제시해 보면 다음과 같다.

영유아의 놀이 경험

만 3세반의 서윤이는 아침에 유치원에 등원하면 친구들에게 인사를 잘 한다. 이에 다른 친구들도 서윤이랑 같이 놀고 싶어한다.

다정이도 서윤이와 놀고 싶지만, 서윤이가 블록으로 만든 집에서 놀고 있으면 바라보다가 결국 울어버리고 만다. 이에 교사는 다정이를 돕기 위해 이야기 나누고 놀이 개입을 돕기로 한다.

서윤이 : 얘들아~ 안녕! 내가 만든 집에 놀러와.
00 : 나도 같이 놀자~
서윤이 : 그래~
다정이 : (옆에서 바라만 보다가 울어버린다)
교사 : 다정아~ 왜 울어? 속상한 마음이 드니? 왜?
다정이 : 나도.. 저기...(서윤이가 만든 집을 가리킨다)
교사 : 아, 같이 들어가서 놀고 싶었구나. 그럴 땐 뭐라고 말하면 좋을까?
혼자 말하기 부끄러우면 선생님과 같이 가서 서윤이에게 물어볼까?
(다정이 손을 잡고
교사: 같이 들어가 놀려면 어떻게 하면 돼요?
서윤이 : (블록에 색종이를 얼른 붙이며) 여기 누르세요~
교사 : 다정이가 눌러볼까? 띵동~ 들어가도 되나요?
서윤이 : 네~ 들어오세요.

교사의 놀이 지원

교사는 또래의 놀이에 쉽게 들어가지 못하거나 또래와의 놀이 상황에서 갈등이 생기면 울어버리는 유아들을 관찰하며 놀이 개입을 하는 모델링을 보이고 관련한 동화를 들려주기로 한다. 아울러 자신의 기분을 인식하고 적절하게 표현하도록 하는 놀이자료를 제작하여 유아가 또래와 즐겁게 지내기 위한 지원을 하게 된다.

다음은 유아의 놀이 흐름에 따른 교사의 놀이지원을 주요 언어활동에 따라 제시한 전개의 예이다.

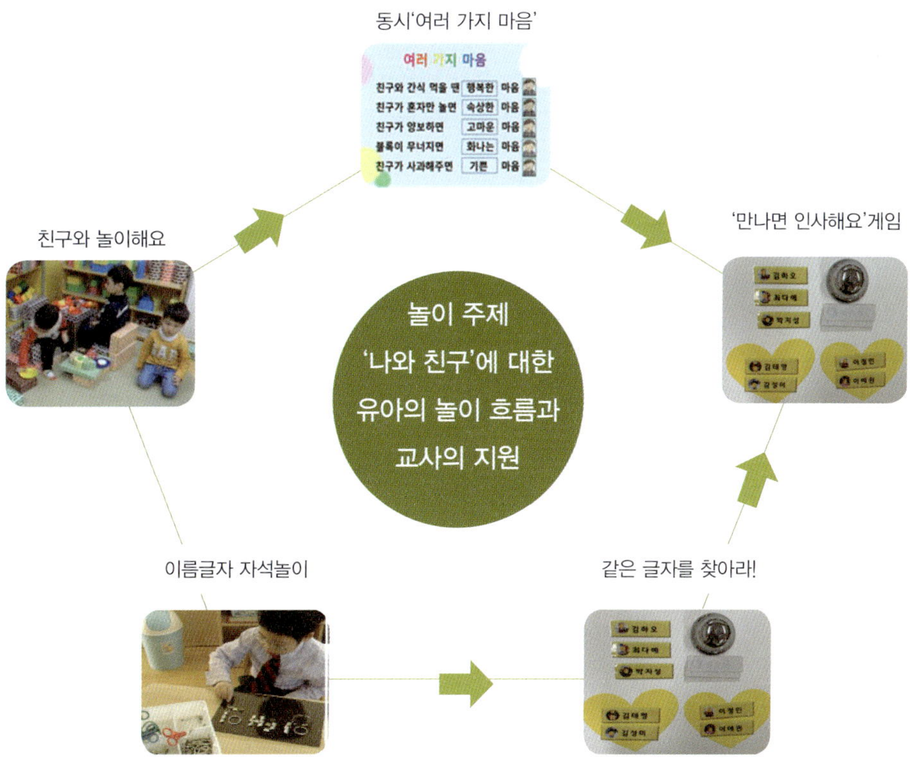

여러 가지 마음

활동유형: 동시 감상

언어교육 내용: 말하기 / 듣기 / 읽기

목표

- 다양한 표정을 보고 감정을 안다.
- 표정 카드를 보고 자신의 감정과 경험에 대해 이야기한다.
- 동시를 감상하고 재구성하는 즐거움을 느낀다.

누리과정 관련요소

- 의사소통 〉 듣기와 말하기 〉 자신의 경험, 느낌, 생각을 말한다.
  〉 책과 이야기 즐기기 〉 동화, 동시에서 말의 재미를 느낀다.
- 사회관계 〉 더불어 생활하기 〉 서로 다른 감정, 생각, 행동을 존중한다.

활동자료

'여러 가지 마음' 동시판

표정카드

활동방법

1. '여러 가지 마음' 동시 제목을 들려주고 이야기를 나눈다.
   - 제목을 들어보니 어떤 동시일 것 같니?
   - 우리 마음은 이 동시 제목처럼 여러 가지니?
   - 어떤 마음들이 있니?
   - 표정 카드를 보며 이야기를 나눈다.
   - (표정 카드 중 하나를 보여주며)
     표정을 보니, 이 아이의 마음은 어떨 것 같니?
   - 너희들도 이런 마음인 적이 있었니?
     〈다른 표정 카드를 보여 주면 같은 방법으로 이야기를 나눈다〉

2. 동시를 소리내어 읽어 들려주고 소감을 이야기 나눈다.
   - (동시를 들려준 후) 동시를 들어보니 어떤 느낌이 드니?
   - 만약 동시의 각 부분을 바꾸어 본다면 어떤 마음으로 표현해 볼 수 있을까?

활동방법

3. 표정 카드와 같은 감정을 느꼈던 여러 경험으로 동시를 재구성한다.

> 여러 가지 마음
>
> 솜사탕을 먹을 땐, 싱글벙글 (　　　　) 마음
> 장난감을 빼앗길 땐, 울퉁불퉁 (　　　　) 마음
> 엄마가 보고플 땐, 주룩주룩 (　　　　) 마음
> 천둥이 칠 땐, 우르르쾅쾅 놀란 (　　　　) 마음

– 너희들은 언제 기쁜 마음이 들었니?
– 기쁜 마음을 싱글벙글 대신 어떤 말로 다르게 표현하고 싶니?
– 우리의 경험으로 바꾼 동시를 들려줄게.
– 우리가 만든 동시를 들어보니 느낌이 어떻니?
– 함께 읊어볼까?
– 또 다르게 바꿔보고 싶으면 언어영역에서 동시 짓기 활동을 해 보자.

교사의 놀이지원

- 동시를 들으며 나와 친구의 기분에 대한 여러 가지 어휘를 익히도록 이야기 나눈다.
- 동시 감상 시 교실에서의 놀이 상황과 연계하여 경험을 회상해 보도록 상호작용한다.
- 추후 언어영역에 안전거울을 동시자료 옆에 붙여두고 자신의 얼굴표정을 살펴보며 정서를 인식하도록 지원한다.

	이름글자 자석놀이		
활동유형	언어	언어교육 내용	쓰기 / 읽기
목표	• 친구에게 관심을 가진다. • 친구 이름 글자의 모양을 조작해 본다. • 주변의 친숙한 글자에 관심을 갖는다.		
누리과정 관련요소	• 의사소통 〉 읽기와 쓰기에 관심 가지기 〉 자신의 생각을 글자와 비슷한 형태로 표현한다.		
활동자료	• 자석시트, 자석에 붙는 여러 가지 물건들(예: 클립, 가위, 구슬자석 등)을 바구니에 종류별로 담아놓은 자료		
활동방법	1. 교사는 자석판과 자석에 붙는 물건들로 이름 글자 만들기를 해볼 것임을 소개한다. – 무엇이 보이니? – 자석판에 붙는 물건으로 네 이름글자를 붙여볼 수 있을까? 2. 유아들이 친구의 이름 글자 카드를 보고 여러 가지 도구와 물건을 자석판 위에 얹어 글자 형태를 구성해 보도록 한다.  3. 교사를 따라 동물이름 글자를 읽어본 다음, 손으로 따라 써 본다. – 00이도 선생님이랑 같이 융판글자를 손가락으로 따라 써볼까? 4. 활동을 해 본 소감을 이야기 나누고 더 읽어보고 싶거나 따라 써보고 싶은 동물의 이름 글자판을 추가하여 활동해 본다.		
교사의 놀이지원	• 유아가 친구의 이름과 생김새, 글자 모양에 모두 흥미를 가지도록 퀴즈를 내주며 활동을 진행할 수 있다. • 유아 혼자 글자를 천천히 따라 구성해 보고 읽어볼 수 있는 시간을 충분히 제공한다.		

<table>
<tr><th></th><th colspan="3">같은 글자를 찾아라!</th></tr>
<tr><td>활동유형</td><td>언어</td><td>언어교육
내용</td><td>쓰기 / 읽기</td></tr>
<tr><td>목표</td><td colspan="3">• 글자 모양에 관심을 가진다.
• 친구 이름 글자의 모양 중 같은 글자 모양을 찾아본다.
• 주변의 친숙한 글자에 관심을 갖는다.</td></tr>
<tr><td>누리과정
관련요소</td><td colspan="3">• 의사소통 〉 읽기와 쓰기에 관심 가지기 〉 말과 글의 관계에 관심을 가진다.</td></tr>
<tr><td>활동자료</td><td colspan="3">• 학급 유아의 사진과 이름을 적은 글자카드, 게임용 종, 글자카드 모으는 하트판
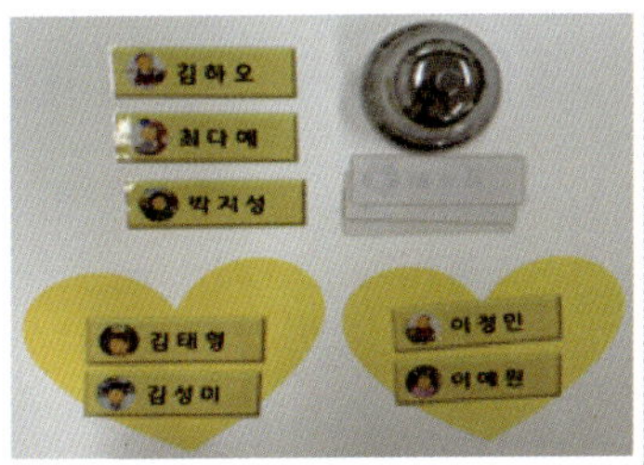
</td></tr>
<tr><td>활동방법</td><td colspan="3">1. 교사는 학급 유아의 이름에 관심 있어하는 유아들을 위해 사진-이름글자로 할 수 있는 놀이에 대해 이야기 나눈다.
– 친구 이름 글자카드가 있는데 어떤 놀이를 할 수 있을까?
– 같은 모양 글자를 찾아볼 수 있을까?

2. 유아들과 정한 방법대로 사진-이름 글자 카드를 뒤집어 쌓아놓고 유아들이 정한 순서대로 이름 카드를 한 장씩 뒤집어 함께 읽어본다.
– 00이가 먼저 이름카드를 뒤집을 차례이구나. 누구 이름이 나왔니?
– 아는 글자 모양이 있니?
– 다음 이름카드를 뒤집어 볼까?

3. 유아들이 펼쳐놓은 카드에서 같은 모양 이름 글자를 찾아보도록 격려하고 같은 모양 이름 글자를 찾은 유아가 종을 쳐서 이름 카드를 가져가도록 한다.
– 왜 종을 쳤니? 어떤 모양 글자가 같다고 찾아냈니?
– 같은 소리와 모양을 가진 글자인지 함께 읽어볼까?</td></tr>
</table>

활동방법	4. 각 유아가 모은 글자카드를 함께 살펴보고 게임을 해본 소감을 이야기 나눈다. – 우와! **이는 '김'이라는 글자를 3장이나 찾았구나. – 같은 글자를 찾아라 게임을 해보니 어떤 생각이 들었니? – 친구들 이름카드로 또 어떤 놀이를 해보고 싶니?
교사의 놀이지원	• 유아들이 친구의 사진–이름카드에 관심을 가지고 탐색해 보는 시간을 가진다. • 글자를 읽는다는 분위기보다 같은 모양 글자를 찾아가는 게임으로 진행하여 글자모양 자체에 흥미를 가지고 찾는 놀이를 지속하도록 격려한다. • 유아들이 이름 글자 카드로 다양한 놀이방법을 생각해 내도록 격려한다.

	나랑 같이 놀자		
활동유형	신체놀이 / 언어	언어교육 내용	말하기 / 듣기 / 읽기
목표	• 친구와 놀이할 때 사용하는 말을 안다. • 친구와 즐겁게 놀이하기 위한 어휘를 사용해 본다. • 친구와 함께 놀이하는 즐거움을 느낀다.		
누리과정 관련요소	• 의사소통 〉 듣기와 말하기 〉 자신의 경험, 느낌, 생각을 말한다. 〉 고운 말을 사용한다. • 사회관계 〉 더불어 생활하기 〉 서로 다른 감정, 생각, 행동을 존중한다.		
활동자료	• 하트가 여러 개 붙어 있는 목걸이(활동하는 유아 수만큼 준비) • 경쾌한 음악 녹음 자료 		

활동방법	1. 동화 '나랑 같이 놀자'를 읽어 들려주고 친구에게 놀이하자는 말을 들었을 때 어떤 마음이 드는지 이야기 나눈다. – 친구에게 함께 놀자라고 말을 들으면 어떤 생각이 드니? – 그럴 때 친구는 또 어떤 말로 대답해 주면 서로 기분이 좋을까? – 기분이 좋아지면 또 무엇을 해주고 싶어지니? 2. 게임 자료를 보며 놀이방법을 소개한다. – 여기 무엇이 보이니? – 아까 이야기 나눈 대로 기분이 좋아지는 말을 들으면 하트로 사랑의 마음을 전하는 게임이란다. – 즐겁게 놀이하기 위해 처음에는 음악에 맞추어 즐겁게 걸어다니다가 음악이 멈추면 만나는 친구에게 인사해 보자. – 서로 안전하게 게임을 하려면 어떤 약속을 정해야 할까? 3. 각자 하트목걸이를 목에 걸고 게임방법대로 놀이해 본다. – 음악이 시작되면 바닥에 표시된 원 안에서 춤을 추다가 음악이 멈추면 그대로 멈춰요. – 멈춰요! 누굴 만났니? '안녕! 같이 놀자'라고 말해줄까? – 뭐라고 대답해 주면 좋을까? – 기분이 좋아진 친구는 서로 하트로 사랑의 마음을 나눠줘요. – 다시 음악 시작~ 서로 부딪치지 않도록 조심하며 춤을 추다가~ 멈춰요. – 또 어떤 기분 좋은 말을 해줄까? – 아, '인사해 줘서 고마워' 하고 싶구나. – 그럼, 고마워 말해주고 대답해 주고, 또 하트로 사랑의 마음을 전해요. 4. 신체놀이를 마치고 모여 앉아 게임을 해본 소감을 이야기 나누며 더 해보고 싶은 말이 있는지 이야기 나눈다. – '같이 놀자' 게임을 해보았는데 어떠니? – 어떤 말을 들을 때 기분이 좋아졌니? – 더 해주고 싶은 말이 있니?
놀이지원	• 유아들이 친사회적 행동에 필요한 말을 자꾸 표현해 보도록 신체놀이로 먼저 시작해 본다. • 유아들이 게임 방법이 익숙해지면 '고마워, 사랑해, 양보해 줄게' 등의 여러 가지 친사회적 어휘를 사용해서 놀이를 지속해 보도록 격려한다. • 게임자료를 언어영역에 두고 여러 가지 표정 카드 혹은 여러 가지 놀이상황 그림카드를 추가하여 소집단 언어활동으로 연계하여 놀이를 지속하도록 지원한다.

3. 놀이 중심 통합적 언어교육의 예 – '우리 동네'

1) 교육내용의 구성 및 관련 어휘 추출하기

만 4세 유아는 자신과 가족, 친구에 대한 관심사를 보다 확장하여 주변의 사회 모습에 관심을 보이게 된다. 이에 유아들이 유치원에서 주변 동네를 산책하는 바깥놀이를 지속하게 되면서 새로 알게 된 개념을 그림 혹은 블록으로 쌓기놀이를 하게 되면서 놀이 주제 '우리 동네'를 전개할 수 있다. 다음 〈표 6-9〉는 유아들이 놀이 주제 '우리 동네'에 대해 추가되는 흥미를 반영하여 교육내용을 재구성한 예이다.

표 6-9 놀이주제 '우리 동네'의 교육내용 재구성의 예

소주제	우리 동네 모습	우리 동네 생활	우리 동네 사람들	우리 동네 전통과 문화
교육 내용	• 우리 동네에 관심 가지기 • 우리 동네의 위치와 공간 둘러보기 • 우리 동네의 다양한 건물과 모습 알아보기	• 우리 동네 자연 공간 찾아보기 • 우리 동네 공공기관 알아보기 • 우리 동네 공동의 활용 공간 알아보기	• 우리 동네 사람들이 하는 일에 관심 가지기 • 우리 동네에 도움을 주시는 분 알아보기 • 서로 돕고 사는 우리 동네 사람들 알아보기	• 우리 동네 전통과 문화에 관심 가지기 • 우리 동네의 자랑거리 알아보기 • 우리 동네를 아끼고 사랑하기
관련 어휘	• 우리 동네 이름 • 우리 동네 가게, 학교, 유치원, 병원, 시장, 마트 등	• 공원, 숲, 나무, 벤치, 동물, 곤충 등 • 도서관, 경찰서, 소방서, 주민센터 등	• 우리 동네 사람들을 부르는 호칭 : 아주머니, 사장님, 할아버지, 나이 등 • 여러 가지 직업의 이름 : 선생님, 의사, 화가 등	• 우리 동네 문화관, 역사관, 박물관 • 지역축제, 자랑거리, 문화해설사 • 청소, 벽화, 캠페인 등

2) 놀이 중심의 통합적 언어교육 환경 조성하기

놀이 주제 '우리 동네'는 유아들이 우리 동네에 관심을 가지고 바깥놀이 시간에 산책을 하며 동네의 모습을 다각도로 알아보고 관련한 지리나 경제 개념을 알아가도록 놀이를 전개해 나갈 수 있다.

위의 〈표 6-9〉에서 제시한 '우리 동네'에 대한 교육내용과 관련하여 유아들은 우리 동네에서 내가 자주 가는 곳의 이름 알기, 여러 기관과 직업 어휘 익히기, 현장 견학 시 만나는 사람의 말 경청하기, 도서관 방문하며 다양한 책 읽어보기, 우리 동네 산책 시 보게 되는 인쇄물이나 책자 읽어보기 등의 언어놀이를 경험하게 된다. 따라서 관련한 언어교육 환경을 다음 〈표 6-10〉의 예와 같이 조성하여 유아의 언어발달을 지원한다.

표 6-10 놀이 주제 '우리 동네'와 관련한 언어교육 환경조성의 예

영역명	환경자료의 예	
듣기 활동 자료	- 동네 견학 시 들은 소리나 강의 녹음자료 - 동화 녹음자료 - 지시 듣고 따라하기 녹음자료 - 녹음기와 헤드폰	
말하기 활동 자료	- 가게놀이에 필요한 놀이자료 - 역할놀이에 필요한 놀이자료 - 동화 활용한 융판자료, 자석동화 자료 등 - 인형극 틀 등 - '꿀꿀이의 심부름' 언어자료 등	 
읽기와 쓰기에 관심가지기 활동 자료	- 우리 동네 산책 혹은 현장견학 시 받은 인쇄책자 - 우리 동네 간판 사진자료 - 메뉴판 - 간판과 안내문 등을 적을 수 있는 필기도구류와 종이류	 

3) 놀이와 연결하여 통합적 언어교육 실행하기

놀이 주제 '우리 동네'는 바깥놀이 시간에 산책을 하며 동네의 모습을 다각도로 알아보는 놀이활동을 전개해 나갈 수 있다. 나아가 우리 동네 사람들이 함께 살아가는 공동 공간으로서 동네 공원에 마련된 작은 도서관을 여러 번 탐방하면서 책에 관심 가지기, 책 읽기를 즐기기, 가게놀이 등 역할놀이에 필요한 언어자료 만들기 등이 활발히 이루어지도록 지원한다. 이와 관련한 언어놀이를 위한 교사의 지원 사례를 제시해 보면 다음과 같다.

유아의 놀이 경험

만 4세반 유아들은 요즘 유치원 주변의 공원으로 가서 바깥놀이하는 것을 즐겨하고 있다. 공원 가는 길에 보게 되는 우리 동네의 여러 가게와 간판 등을 함께 읽어보며 우리 동네의 모습을 탐색하고, 동네 공원에 작은 책장과 벤치가 마련되어 있는 것을 발견하게 된다.

OOO : 저것 봐! 봄에 우리가 꽃을 사러 왔던 꽃가게야.
교사 : 위에 간판이 있네. 같이 읽어볼까?
*** : 나 '정'자 알아요. 내 이름과 같아요.
교사 : 그래 '정다운 화원'이라고 쓰여 있는데 잘 찾았구나.
OOO : 어, 공원에 책장이 있어요.
교사 : 왜 우리 동네 공원에 책장과 벤치의자를 마련해 놓았을까?
***: 시원한 나무 그늘 아래서 책 많이 읽으라고요.ㅈ
OOO: 우리 유치원에도 숲속 도서관 만들고 싶다.
***: 나도~ 의자도 편하게 만들고~

교사의 놀이 지원

교사는 유아들의 다양한 흥미를 반영하여 우리 동네의 가게 놀이와 함께 도서관 구성하여 놀이하기를 함께 전개해 보기로 하였다. 유아들에게 익숙한 가게 간판 글자를 활용하여 유아들이 역할놀이에서 필요한 가게 간판과 메뉴판, 안내문 등을 만들어 보도록 다양한 필기도구와 종이류 등을 지원하게 된다.

아울러 도서관 놀이를 시작하며 유아들이 책 읽기를 즐기도록 격려하고 책을 소중히 다루는 태도를 다루도록 하면서 중고책 시장 놀이로 확장할 수 있도록 가정과의 연계를 지원하게 된다. 다음은 유아의 놀이 흐름에 따른 교사의 놀이 지원을 주요 언어활동에 따라 제시한 전개의 예이다.

<table>
<tr><th></th><th colspan="3">가게놀이에는 간판이 필요해요</th></tr>
<tr><td>활동유형</td><td>언어</td><td>언어교육 내용</td><td>쓰기 / 읽기</td></tr>
<tr><td>목표</td><td colspan="3">• 간판의 의미와 기능에 대해 안다.
• 가게 주인과 손님의 역할놀이를 해 보며 필요한 표지를 만들어 본다.
• 다양한 방법으로 의사소통하는 즐거움을 느낀다.</td></tr>
<tr><td>누리과정 관련요소</td><td colspan="3">• 의사소통 > 읽기와 쓰기에 관심 가지기 〉 자신의 생각을 글자와 비슷한 형태로 표현한다.
• 사회관계 > 사회에 관심 가지기 > 내가 살고 있는 곳에 대해 궁금한 것을 알아본다.</td></tr>
<tr><td>활동자료</td><td colspan="3">• 글자와 그림이 있는 간판 사진, 다양한 크기의 색상지, 사인펜, 색연필 등</td></tr>
<tr><td>활동방법</td><td colspan="3">1. 시장 놀이를 하기 위해 가지고 온 물건을 소개하며 이야기 나눈다.
– 오늘 우리 어떤 놀이를 하기로 했지?
– 모두 팔고 싶은 물건 하나씩 가져왔니?
– 어떤 물건을 가지고 왔는지 친구들에게 소개해 줄 사람 있니?

2. 시장에 가 본 경험과 시장에 갔을 때 본 간판에 대해 이야기 나눈다.
– 너희는 시장에 가 본 적이 있니?
– 시장에는 어떤 가게가 있었니?
– 무엇을 파는 가게였니?
– 그 가게의 이름은 어떻게 알 수 있었어?
– 가게를 나타내기 위한 가게 이름이 쓰여 있는 것을 무엇이라고 할까?

3. 실제 시장에 있는 간판 사진을 탐색하며 이야기 나눈다.
– (간판 사진을 보며) 간판에 무엇이 보이니?
– 이 가게는 무엇을 파는 가게일까?
– 왜 그렇게 생각했니?
– 무엇을 보고 알 수 있었니?

4. 자신이 구성할 가게의 간판과 각종 안내문을 만든다.
– 너희가 시장놀이를 하기 위해서 직접 가게 간판을 만들 텐데 어떤 가게의 간판을 만들고 싶니?
– 가게 이름은 무엇으로 하면 좋을까?
– 가게 간판을 특별하게 꾸며 줄 수 있는 방법이 있을까?</td></tr>
</table>

활동방법	5. 자신의 간판을 소개한다. – ○○이네 가게는 무엇을 파는 가게일까? – ○○이네 간판은 어떻게 생겼니? 6. 자신이 만든 간판을 걸어 놓고 주인과 손님 역할놀이를 해 본다. – 주인은 어떤 일을 할까? 뭐라고 이야기해야 할까? – 가게 물건이 많게 하려면 어떻게 준비할 수 있을까? – 손님이 많이 오게 하려면 또 어떤 방법으로 할 수 있을까? 7. 활동에서 느낀 점을 이야기하며 놀이계획을 수정 해본다. – 간판을 직접 만들어 보았는데 어땠니? – 어떤 점이 재밌었니? – 시장놀이에 또 무엇이 필요하니? – 어디에서 무엇으로 만들 수 있을까?
교사의 놀이지원	• 교사는 유아들이 다양하고 매력적인 간판을 탐색하여 자신의 간판을 만들어 볼 수 있도록 간판 사진자료를 함께 준비해 줄 수 있다. • 시장놀이는 '유아 간 놀이계획 – 원하는 유아의 소품 협의–제작(미술 및 언어놀이) – 놀이 실행(역할놀이 및 쌓기놀이)–함께 평가 후 놀이 확장'의 과정이 순환적으로 이루어지도록 충분한 시간을 두고 함께 협의하여 진행한다.

	꿀꿀이의 심부름		
활동유형	언어	언어교육 내용	말하기 / 듣기 / 읽기
목표	• 여러 가지 가게의 모습에 관심을 갖는다. • 심부름하는 지시문을 이해하고 심부름하는 경험을 해본다. • 글자의 모양에 갖는다.		
누리과정 관련요소	• 의사소통 〉 듣기와 말하기 〉 상대방이 하는 이야기를 듣고 관련하여 말한다. 〉 읽기와 쓰기에 관심 가지기 〉 주변의 상징, 글자 등의 읽기에 관심을 가진다.		
활동자료	• 이야기 속 등장인물 펠트 인형  • '시장에 가요'동화책 / 장보기 카드  		
활동방법	1. 시장에 가 본 경험에 대하여 이야기 나눈다. – 시장에 가 본 적이 있는 친구 있니? – 시장에 가서 어떤 물건을 사보았니? – 그중에 동물이 우리에게 주는 것은 무엇이 있을까? 2. '꿀꿀이의 심부름' 동화를 들려준다. – 오늘 우리는 동화 '시장에 가요'의 주인공 꿀꿀이와 시장에 가서 꿀꿀이를 도와 엄마 심부름으로 함께 물건을 사볼거야~ 먼저 이야기를 잘 듣고 함께 꿀꿀이를 도와주자.		

활동방법	꿀꿀이 엄마: 꿀꿀아~ 오늘은 시장에 가서 엄마 심부름을 좀 해주렴. 꿀꿀이: 어떤 심부름이요? 꿀꿀이 엄마: 엄마가 여기에 적어준 것을 시장에 가서 사오면 된단다(장보기 카드를 뽑는다). 과일가게에서 000, 옷가게에서 000, 빵가게에서 000을 사오면 돼~ 꿀꿀이: 네! 엄마~ 다녀오겠습니다. 꿀꿀이: (엄마가 주신 쪽지를 가리키며) 어떤 가게에 먼저 갈까? 과일가게에 먼저 가야지. 꿀꿀이: 안녕 하세요~ 사자아저씨 사자아저씨: 꿀꿀아, 안녕? 오늘은 시장에 혼자 왔니? 꿀꿀이: 네, 엄마 심부름으로 000을 사러 왔어요. 사자아저씨: 자! 여기에 있단다. 꿀꿀이: 감사합니다~ 안녕히 계세요. 사자아저씨: 그래~ 잘 가렴, 꿀꿀아~ 3. 심부름하기 활동을 해본다. – 이제부터는 친구들이 꿀꿀이를 도와서 물건을 사보자. 어느 가게에 먼저 가볼까? – 그럼 이제 꿀꿀이가 옷가게에 들어가서 옷 사는 것을 도와주자. (옷가게 페이지를 펼치며) 꿀꿀이가 옷가게에 왔어. 어? 옷가게 주인이신 토끼아주머니가 계시네. 토끼아주머니께 어떻게 인사해야 할까? – 맞아~ 인사를 참 잘해주었어. 가게에 들어가면 주인어른께 '안녕하세요'라고 인사하는 거야. – 꿀꿀이가 무엇을 사러왔는지 아는 친구는 대답해 보자. – 토끼아주머니께서 000을 주셨어~ 물건을 사고 나갈 때는 아주머니께 어떻게 말하고 나가야 할까? 4. 꿀꿀이가 되어 심부름을 하고 사온 물건의 이름이 맞는지 장보기 카드를 함께 읽어본다. – 자~ 꿀꿀이가 심부름을 잘하고 있는지 볼까? 지금까지 무엇과 무엇을 샀지? – 엄마가 주신 쪽지를 보자, 어떤 것이 남았지? – 그럼 000을 사러 가보자. 어디로 가야 할까? 5. 활동 후 소감에 대해 이야기 나눈다. – 꿀꿀이처럼 심부름 해보기를 해보았는데 어떠니? – 장보기 카드가 있을 때와 없을 때가 어떻게 다를까? – 너희라면 잊지 않기 위해 어떤 방법을 사용할 수 있을까?
교사의 놀이지원	• 유아들이 글자의 기능을 이해하도록 상호작용한다. • 동물이 주는 이로움에 대해서도 생각해 볼 수 있도록 상호작용한다. • 유아들이 어떻게 물건을 살지 생각하고 말할 시간을 충분히 준다. • 유아들이 올바르게 말로 표현하는 방법을 익힐 수 있도록 동화 전개에 적절히 참여시킨다.

	즐거운 도서관 놀이하기		
활동유형	쌓기놀이 / 역할놀이	언어교육 내용	읽기 / 쓰기
목표	• 우리 동네 여러 기관의 기능과 역할에 관심을 가진다. • 도서관에 필요한 안내문을 구성해본다. • 책 읽기를 즐기는 태도를 기른다.		
누리과정 관련요소	• 의사소통 > 읽기와 쓰기에 관심 가지기 • 사회관계 > 사회에 관심 갖기 > 지역사회에 관심 갖고 이해하기		
활동자료	• 도서관 견학 사진, 쌓기 놀이 영역의 여러 블록류, 색테이프, 여러 가지 크기의 종이류(예: 전지 크기의 큰 종이, 색상지 등), 여러 가지 필기도구		
활동방법	1. 동네 산책을 하며 이용했던 도서관의 기능과 역할에 대해 이야기 나눈다. - 우리가 이용했던 ○○ 도서관에서는 어떤 일을 했었지? - 그러면 도서관 놀이를 더 하고 싶으면 어떤 사람의 역할이 필요할까? - 책을 빌리려면 우리 유치원 책에 무엇을 더해야 할까? - 누가, 어떻게 준비하면 좋을까? 		

활동방법

2. 도서관 놀이를 위해 각자 하고 싶은 역할을 정하고 준비한다.
   - 도서관 의자는 어떤 모양으로 구성해야 책 읽기에 편할까?
   - 무슨 블록으로 만들고 싶니?
   - 간판은 어느 영역에서 만들까?
   - 도서관 사서는 누가 하고 싶니?

3. 각자 의논한 역할에 따라 도서관 놀이를 하고 더 필요한 점 등에 대해 이야기 나눈다.
   - 도서관 놀이를 실제 해 보니 어땠니?
   - 책이 낡아져서 불편했구나.
   - 더 필요한 책은 어디서 마련할까?
   - 각자 집에서 함께 나누고 싶은 책을 가져와도 좋겠구나.
   - 책 시장을 여는 방법도 좋은 생각이다.

교사의 놀이지원

- 유아들의 놀이 아이디어에 따라 유치원 도서관을 구성하고 필요한 안내문구를 고안하도록 격려한다.
- 안내문구뿐만 아니라 책 읽기를 즐기도록 도서관 배치나 의자 등을 디자인하여 구성하도록 격려한다.

<table>
<tr><th></th><th colspan="3">중고 책 시장 놀이하기</th></tr>
<tr><td>활동유형</td><td>역할놀이 / 언어</td><td>언어교육 내용</td><td>듣기 / 말하기 / 읽기 / 쓰기</td></tr>
<tr><td>목표</td><td colspan="3">• 시장의 기능과 역할에 관심을 가진다.
• 시장의 기능과 역할에 알맞은 어휘를 사용하는 경험을 한다.
• 책을 소중히 여기는 태도를 기른다.</td></tr>
<tr><td>누리과정 관련요소</td><td colspan="3">• 의사소통 > 읽기와 쓰기에 관심 가지기
• 사회관계 > 사회에 관심 갖기 > 지역사회에 관심 갖고 이해하기</td></tr>
<tr><td>활동자료</td><td colspan="3">• 중고 서점 견학 사진, 쌓기놀이영역의 여러 블록류, 색테이프, 여러 가지 크기의 종이류(예: 전지 크기의 큰 종이, 색상지 등), 여러 가지 필기도구</td></tr>
<tr><td>활동방법</td><td colspan="3">1. 중고 서점에 가서 알아낸 점과 '아나바다 바자회'에 대한 동영상을 보며 재활용과 나눔에 대한 이야기 나눈다.
– '아나바다'는 어떤 뜻일까?
– 바자회에서 물건을 교환해 본 적이 있니?

2. 유아들과 낡은 책을 어떻게 재활용하고 나눌 수 있는지 하얀 칠판에 적어가며 의논한다.
– 우리 유치원이나 집에 있는 낡은 책을 어떻게 하면 좋을까?
– 우리 집의 낡은 책을 수선하고 난 다음에는 어떻게 할까?
– 책 시장을 열려면 무엇이 필요할까?

3. 유아들이 의논한 날짜에 각자 집에서 헌 책을 가져와 분류하고 가격을 의논하여 정한다.
– 비교적 깨끗한 책이 500원이면 좋겠니?
– 더 낡은 책은 얼마라고 하면 좋을까?

</td></tr>
</table>

활동방법

5. 중고 책 시장이 열림을 홍보하고 책 시장을 개최한다.
   - 안내문에 무엇을 알려주어야 할까?
   - 우리 동네 사람들이 유치원 책 시장에 많이 오게 하려면 어떻게 쓰면 좋겠니?

6. 유아들과 함께 중고 책 시장 공간을 꾸미고 책 시장을 개최한다.

7. 중고책 시장 놀이를 해 본 소감을 이야기 나누고 다음 놀이를 계획해 본다.
   - 중고 책 시장 놀이를 해보았는데 어땠니?
   - 우리가 책 시장에서 번 돈으로 무엇을 할 수 있을까?
   - 보고 싶은 책의 가격은 얼마일까?
   - 책을 더 사와서 또 어떤 놀이를 하고 싶니?

놀이지원

- 집에서 가져온 책의 상태를 보고 책을 아끼는 태도를 가지도록 상호작용한다.
- 중고책 시장에 필요한 안내문의 문구를 유아들이 스스로 고안하여 적어보도록 격려하고 쓰는 것이 어려운 유아들을 위해 교사가 옆에서 함께 적어주며 모델링을 보인다.

참고문헌

교육과학기술부(2012). **5세 누리과정 교사용 지도서: 동식물과 자연.**

교육과학기술부(2013a). **3세 누리과정 교사용 지도서: 우리 동네.**

교육부 (2019). 3-5세 연령별 교육과정. 교육부 고시 제 2019-189호. 유아교육법 제 2항에 의거하여 2020년 3월 1일부터 시행. http://www.moe.go.kr

권경순, 이연섭, 정인실(1980). **한국아동의 어휘발달연구**(I). 서울 : 한국교육개발원.

김경철, 전지영(2000). 유치원 교육에서 웹 활용방안. **열린교육연구, 5**(2), 129-148.

김금주(2000). 영아-어머니의 상호작용 유형과 영아의 언어발달에 관한 연구. 덕성여자대학교 박사학위논문.

김명순(1999). 영아기의 의사소통 능력. 올바른 보육은 요람에서부터 : 삼성복지재단 어린이개발센터 제7회 학술대회 자료집.

김명순, 홍경은(2000). 글 없는 그림책 읽기 활동이 유아의 이야기 구성능력에 미치는 장단기 효과. **유아교육연구, 20**(2), 103-119.

김영주(1992). 연속성 가설 대 성숙가설-한국어 관계절 습득양상과 언어습득 보편성 이론의 관계. 김태옥 교수 회갑기념논총, **언어학과 인지**, 63-87.

김윤지(2002). 유아교육환경 평정척도 개정판(ECERS-R)의 국내적용을 위한 예비연구. 연세대학교 석사학위청논문.

덕성여자대학교부속유치원(2014). '상호작용이론에 기초한 유치원 교육과정-덕성여대부속유치원 어린이들의 봄, 여름, 가을, 겨울 이야기', 서울: 형설출판사.

마송희(1998). 이야기 들려주기가 유아의 어휘습득에 미치는 영향. **유아교육연구, 18**(2), 215-237.

박미라(2002). 이야기 책 읽어주기 접근법이 유아의 문어 이야기 구조 발달 및 이야기 유형에 미치는 영향. 덕성여자대학교 대학원 박사학위논문.

백미열, 이옥주, 황혜경(2003). 유치원 설립유형 및 지역에 따른 물리적 환경에 관한 연구:

실내외 환경 및 건강 · 안전을 중심으로. **영유아교육연구, 6**, 133-146.
보건복지부(2012). 표준 보육과정의 구체적 보육내용 및 교사 지침. 영유아보육법 시행규칙 제30조 별표 8의 2. http://mohw.go.kr
보건복지부 (2013). 제3차 어린이집 표준보육과정: 만 0-5세 보육과정의 영역 및 구체적 내용. 보건복지부 고시 제 2013-8호.
보건복지부(2014). **어린이집 표준보육과정에 기초한 영아보육프로그램 2세.**
보건복지부(2020). 4차 어린이집 표준교육과정. 영유아보육법 시해규칙 제30조 및 별표 8의 4. http://www.mohw.go.kr
손경희, 이대균(2001). 인터넷 멀티미디어 프로그램을 활용한 언어교육이 유아의 언어 및 사고능력에 미치는 영향. **열린유아교육연구, 5**(3), 143-165.
신동주, 류진순(2006). 유아교육기관의 물리적 환경과 유아의 실 · 내외 놀이행동. **유아교육학논집, 10**(2), 165-185.
이문정(2001). 유아의 이야기 짓기와 극화활동의 연계가 유아의 이야기 구조 및 탈상황적 언어발달에 미치는 영향. **아동학회지, 22**(2), 241-249.
이성진, 허형, 김광웅, 김준곤(1977). **한국아동의 종단적 연구(Ⅲ)**. 한국행동과학연구소.
이승복(1982). 단일언어, 조명한 저, **한국아동의 언어획득연구: 책략모형**. 서울: 서울대학교출판부.
이승복(1994). **어린이를 위한 언어획득과 발달**. 서울: 정민사.
이승복(1997). 언어습득의 책략과 발달과정. **새국어생활, 7**(1), 53-80.
이연섭, 권경안, 김성일(1979). **한국아동의 구문 발달**(I). 서울: 한국교육개발원.
이영애, 이정욱, 이금구(2015). **교직실무**. 서울: 방송통신대학교출판문화원.
이영옥(1979). 한국어린이의 관계화 구문 습득에 관한 연구. **언어, 3**(2), 15-33.
이영자(1994). **유아언어교육**. 파주: 양서원.
이영자(2013). **유아언어발달과 지도**. 파주시, 파주: 양서원.
이영자, 권영례, Harms(1999). 유치원과 초등학교 저학년 교육환경 평가척도 개발연구. **교육학연구, 37**(3), 341-364.
이영자, 박미라(1992). 유아의 이야기 구조 개념의 발달에 관한 기초 연구. **유아교육연구, 12**, 31-51.
이영자, 이종숙(1985). 비지시적 지도방법에 의한 유아의 읽기와 쓰기 행동의 발달. **덕성여자대학교 논문집, 14**, 367-402.
이영자, 이종숙(1990a). 유아의 문어발달과 비지시적 지도방법이 문어발달에 미치는 영향에 관한 연구. **교육학 연구, 28**(2), 105-123.

이영자, 이종숙(1990b). 유아의 문어발달과 구어 · 문어구별 능력발달에 대한 질적 분석 연구. **유아교육연구, 10**, 41-65.

이영자, 이종숙(1996). 영아의 문해행동 발달과 영아 · 부모의 상호작용 유형의 변화. **유아교육연구, 16**(1), 23-48.

이영자, 이종숙, 양옥승(1988). 유아를 위한 사회적응 행동발달 검사지 개발 연구. **유아교육연구, 8**, 87-106.

이영자, 이종숙, 이정욱(1997). 1, 2, 3세 유아의 의미-통사론적 발달 연구. **유아교육연구, 17**(2), 55-75.

이영자, 이종숙, 이정욱(1998). 1, 2, 3세 유아의 의문문 사용 발달연구. **인간발달연구, 5**(1), 87-101.

이영자, 이지현(2005), 유아의 개인적 내러티브와 가상적 내러티브의 구조발달 양상 및 구성요소에 관한 연구, **유아교육연구, 25**(5), 173-206.

이인섭(1986). **아동의 언어발달-한국아동의 단계별 위상**. 서울: 개문사.

조명한(1982). **한국아동의 언어획득연구 : 책략모형**. 서울: 서울대학교출판부.

조숙환(1997). 언어습득론. **새국어생활, 7**(1), 3-28.

최윤경(1995). 이야기의 구조와 문체가 아동의 이해와 회상에 미치는 영향. 서울대학교 대학원 석사학위논문.

Applebee, A. N. (1978). *The child's concept of story*. Chicago : University of Chicago Press.

Aukrust, V. G., & Snow, C. E. (1998). Narratives and explanations during mealtime conversations in Norway and the U. S. *Language in Society, 27*, 221-246.

Austin, J. (1972). *How to do things with words.* Oxford : Oxford University Press.

Baldwin, D. A. (1991). Infants'contribution to the achievement of joint reference. *Child Development, 62,* 875-890.

Baldwin, D. A. (1993). Infants' ability to consult the speaker for clues to word reference. *Journal of Child Language, 2,* 395-418.

Barenboim, C. (1981). The development of person perception in childhood and adolescence : From behavioral comparisons to psychological constructs to psychological comparisons. *Child Development, 52,* 120-144.

Bates, E., Dale, P. , & Thal, D. (1995). Individual differences and their implications for theories of language development. In P. Fletcher & B. MacWhinney(Eds.), *The handbook of child language*(pp. 96–151). Oxford, England : Blackwell.

Bates, E., & MacWhinney, B. (1982). Functionalist approaches to grammar. In E. Wanner & L. Gleitman(Eds.), *Language acquisition : The state of the act*(pp. 173–218). New York : Cambridge University Press.

Bates, E., & MacWhinney, B. (1987). Competition, variation, and language learning. In B. MacWhinney(Ed.), *Mechanisms of language acquisition*(pp. 157–193). Hillsdale, NJ : Lawrence Erlbaum.

Bates, E., & MacWhinney, B. (1989). Functionalism and the competition model. In B. MacWhinney & E. Bates(Eds.), *The crosslinguistic study of sentence processing*(pp. 3–76). Cambridge, UK : Cambridge University Press.

Bates, E., & Snyder, L. (1987). The cognitive hypothesis in language development. In I. Uzgiris & J. Mcv. Hunt(Eds.), *Research with scales of psychological development in infancy.* Chapaign– Urbana, IL : University of Illinois Press.

Bednar, A. K., Cunningham, D., Duffy, T. M., & Perry, J. D. (1991). *Theory into practice : Past, present, and future.* Englewood, CO : Libraries Unlimited.

Beeghly, M., & Bretherton, I. (1982). Talking about internal states : The acquisition of an explicit theory of mind. *Developmental Psychology, 18,* 906–921.

Benedict, H. (1979). Early lexical development : Comprehension and production. *Journal of Child Language, 6,* 183–201.

Benson, M. (1996). Structure, conflict, and psychological causation in the fictional narratives of 4–and 5–year–olds. *Merrill-Palmer Quarterly, 42*(2), 228–247.

Berko Gleason, J. (1977). Some notes on feedback. In C. E. Snow & C. A. Ferguson (Eds.), *Talking to children : Language input and acquisition.* Cambridge, UK : Cambridge University Press.

Berko Gleason, J.(Ed.) (2001). *The development of language.* Needham Heights, MA : Allyn & Bacon.

Bissex, G. L. (1980). *GNYS AT WRK : A child learns to write and read.* Cambridge, MA : Harvard University Press.

Bock, K. (1982). Towards cognitive psychology of syntax : Information processing contributions to sentence formulation. *Psychological Review, 89,* 1–47.

Bohannon Ⅲ, J. N., & Bonvillian, J. D. (2001). Theoretical approaches to language acquisition. In J. Berko Gleason(Ed.), *The development of language*(pp. 254–314). Needham Heights, MA : Allyn & Bacon.

Bohannon, J. N., & Marquis, A. (1977). Children's control of adult speech. *Child Development, 48,* 1002–1008.

Bohannon, J. N., & Warren–Leubecker, A. (1988). Recent developments in child–directed–speech : You've come a long way, Baby–Talk. *Language Science, 10*(1), 89–110.

Bowerman, M. (1973). *Early syntactic development : A cross-linguistic study with special reference to finish*. Cambridge, MA : Cambridge University Press.

Bowerman, M. (1982). Reorganization processes in lexical and syntactic development. In E. Wanner & L. Gleitman(Eds.), *Language acquisition : The state of the art*(pp. 319–346). Cambridge, UK : Cambridge University Press.

Braine, M. D. S. (1963). The ontogeny of English phrase structure : The first phrase. *Language, 39,* 1–14.

Branigan, G. (1976). Organizational constraints during the one word period. Paper presented at First Annual Boston University Conference on Language Development, October, 1–2.

Bretherton, I., Fritz, J., Zahn–Wexler, C., & Ridgeway, D. (1986). Learning to talk about emotions : A functionalist perspective. *Child Development, 57,* 529–548.

Bloom, L. (1970). *Language development : From function to emerging grammars*. Cambridge, MA : MIT Press.

Bloom, L. (1973). *One word at a time : The use of single-word utterances before syntax*. The Hague : Mouton.

Bloom, L. (1998). Language aquisition in its developmental context. In W. Damon, D. Kuhn, & R. S. Siegler(Eds.), *Handbook of child psychology* Vol. *2 : Cognition, perception, and language*(5th ed., pp. 371–420). New York : Wiley.

Bloom, L., Lightbown, P., & Hood, L. (1975). Imitation in language development. *Monographs of the Society for Research in Child Development, 40*(Serial No. 160).

Bromley, K. (1988). *Language arts : Exploring connections.* Needham Heights, MA : Allyn and Bacon.

Brown, R. (1973). *A first language.* Cambridge, MA : Harvard University Press.

Brown, R., Cazden, C., & Bellugi-Klima, U. (1969). The child's grammar from I to Ⅲ. In R. Brown(Ed.), *Psycholinguistics : Selected papers.* New York : The Free Press.

Bruner, J. S. (1975). The ontogenesis of speech acts. *Journal of Child Language, 2*, 1-19.

Bruner, J. (1978). The role of dialogue in language acquisition. In A. Sinclair, R. Jarvella, & W. Levelt(Eds.), *The child's conception of language.* New York : Springer-Verlag.

Bruner, J. S. (1983). *Child's talk : Learning to use language.* New York : Norton.

Bruner, J. S. (1983). The acquisition of pragmatic commitments. In R. Gollinkoff(Ed.), *The transition from pre-linguistic to communication*. Hillsdale, NJ : Erlbaum.

Bruner, J. S. (1990). *Acts of meaning.* Cambridge, MA : Harvard University Press.

Bus, A. G., & VanIJendoorn, M. H. (1988). Mother-child interaction, attachment, and emergent literacy : A cross-sectional study. *Child Development, 59*, 1262-1272.

Butler, D., & Clay, M. (1982). *Reading begins at home*. Exeter, NH : Heinemann.

Carpenter, M., Akhtar, N., & Tomasello, M. (1998). Fourteen-through 18-month-old infants differently imitate intentional and accidental actions. *Infant Behavior and Development, 21,* 315-330.

Chafe, W. (1970). *Meaning and the structure of language.* Chicago : Chicago University Press.

Chaney, C. (1989). I pledge a legiance to the flag : Three studies in word segmentation. *Applied Psycholinguistics, 10*(3), 261-281.

Cho, S. W. (1981). The acquisition of word order in Korean. Unpublished master's thesis, The University of Calgary, Calgary.

Cho, Y. M. Y., & Hong, K. S. (1988). Evidence for the VP constituent from Korean child. Papers and reports on child language development. *Department of linguistics, Stanford University, 27,* 31-38.

Choi, S. J. (1995). Early acquisition of Korean : A cross-linguistic study. *Journal of Child Language, 22,* 497-529.

Chomsky, N. (1957). *Syntactic structures.* The Hague : Mouton.

Chomsky, N. (1965). *Aspects of the theory of syntax.* Cambridge MA : MIT Press.

Chomsky, N. (1986a). *Knowledge of language: Its nature, origin, and use.* London: Praeger.

Chomsky, N. (1986b). Aspects of a theory of mind. *New Ideas in Psychology, 4*, 187–202.

Chomsky, N. (1988). *Language and problems of knowledge.* Cambridge, MA: MIT Press.

Chomsky, N. (1999). On the nature, use and acquisition of language. In W. Ritchie & T. Bhatia(Eds.), *Handbook of child language acquisition*(pp. 33–54). New York: Academic Press.

Christie, J. F.(Ed.) (1991). *Play and early literacy development.* Albany: State University of New York Press.

Clark, H. H., & Clark, E. V. (1977). *Psychology and language: An introduction to psycholinguistics.* New York: Harcourt Brace Jovanvich, Inc.

Clay, M. M. (1970). Research on language and reading in Pakeha and Polynesian children. In D. K. Bracken & E. Malmquist(Eds.), *Improving reading ability around the world.* Newark, Delaware: International Reading Association.

Clay, M. M. (1972). *Reading: The patterning of complex behavior.* Auckland, New Zealand: Heineman Educational Books.

Clay, M. M. (1975). *What did I write?* Auckland, New Zealand: Heineman Educational Books.

Clay, M. M. (1977). Exploring with a pencil. *Theory into Practice, 16*(5), 334-341.

Clay, M. M. (1979). *Reading: The patterning of complex behavior.* Auckland, New Zealand: Heinemann Educational Books.

Clay, M. M. (1982). *Observing young readers.* Exeter, NH: Heinemann Educational Books.

Columbo, J., & Bundy, R. S. (1981). A method for the measurement of infant auditory selectivity. *Infant Behavior and Development, 4*(2), 219–223.

Cooper, R. P. , & Anslin, R. N. (1990). Preference for infant–directed speech in the first month after birth. *Child Development, 61*, 1584–1595.

Cornell, E. H., Seneshal, M., & Broda, L. S. (1988). Recall of picture books by 3 year–old children: Testing and repetition effects in joint reading activities. *Journal of Educational Psychology, 76*(6), 1372–1381.

Crystal, D. (1987). The structure of language. In David Crystal(Ed.), *Child language, learning, and linguistics*(2nd ed., pp. 15–21). London : Edward Arnold.

DeBaryshe, D. B. (1993). Joint picture–book reading correlates of early oral language skill. *Child Development, 50*, 38–42.

deBoysson–Bardies, B., Halle, P. , Sagartt, L., & Durant, C. (1989). A crosslinguistic investigation of vowel formants in babbling. *Journal of Child Language, 16*, 1–17.

De Temple, J., Wu, H. F., & Snow, C. (1991). Papa pig just left for pigtown : Children's oral and written picture descriptions under varying instruction. *Discourse Processes, 14*, 469–495.

Dickinson, D., & Snow, C. (1987). Interrelationships among prereading and oral language skills in kindergarten from two social classes. *Early Childhood Research Quarterly, 2,* 1–26.

Dunn, L. M., & Dunn, L. M. (1981). *Peabody Picture Vocabulary Test Revised.* Circle Pines, Minn : American Guidance Service.

Durkin, D. (1980). *Teaching young children to read.* Boston, MA : Allyn and Bacon.

Eckerman, C. O., Paderson, J., & Stein, M. R. (1982). The toddler's emerging interactive skills. In K. H. Rubin & H. S. Ross(Eds.), *Peer relationship and social skills in childhood.* New York : Springer–Verlag.

Eisenberg, A. R. (1985). Learning to describe past experiences in conversation. *Discourse Processes, 8*, 177–204.

Elbers, L., & Ton, J. (1985). Playpen monologues : The interplay of words and babbles in the first–words period. *Journal of Child Language, 12*, 551–565.

Fenson, L., Dale, P. S., Resnick, J. S., Bates, E., Thal, D. J., & Pethick, S. J. (1994). Variability in early communicative development. *Monograph of the Society for Research in Child Development, 59*(5)(serial No. 242).

Fernald, A. (1992). Human maternal vocalizations to infants as biologically relevant signals : An evolutionary perspective. In J. H. Barkow, L. Cosmides, & J. Tooby(Eds.), *The adapted mind : Evolutionary psychology and the generation of culture*(pp. 391–428). Oxford, England : Oxford University Press.

Fernald, A., & Mazzie, C. (1991). Prosody and focus in speech to infants and adults. *Developmental Psychology, 27,* 209–221.

Fernald, A., & Simon, T. (1984). Expanded intonation contours in mother's speech to newborns. *Developmental Psychology, 20*, 104–113.

Ferreiro, E., & Teberosky, A. (1982). *A literacy before schooling.* Exeter, NH : Heinemann Educational Books.

Field, T., Woodson, R., Greenberg, R., & Cohen, D. (1982). Discrimination and imitation of facial expressions by neonates. *Sciences, 218,* 179–181.

Fillmore, C. (1968). The case for case. In E. Bach & R. Haams(Eds.), *Universals in linguistic theory.* New York : Holt, Rinehart & Winston.

Fivush, R., Gray, J. T., & Fromhoff, F. A. (1987). Two–year–olds talk about the past. *Cognitive Development, 2,* 393–410.

Garnica, O. K. (1977). Some prosodic and paralinguistic features of speech to young children. In Snow & C. A. Ferguson(Eds.), *Talking to children : Language input and acquisition.* Cambridge, England : Cambridge University Press.

Gibson, E. J., Pick, A., Osser, H., & Hammond, M. (1962). The role of grapheme correspondence in the perception words. *American Journal of Psychology, 75*, 654-570.

Gibson, E. J., & Yonas, P. M. (1968). A new theory of scribbling and drawing in children. In *the analysis of reading skills: A program of basic and applied research* (Cornell University and United States office of Education, Final report No. 5-1213). Ithaca, NY: Cornell University. ERIC Document No. 034663.

Glazer, S. M. (1989). Oral language and Literacy development. In L. M. Morrow & D. S. Strickland(Eds.), *Emergent literacy : Young children read and write*(pp. 16–26). Newark, Delaware : International Reading Association.

Gleason, J. B. (1973). Code switching in children's language. In T. E. Moore(Ed.), *Cognitive development and the acquisition of language*. New York : Academic Press.

Gleitman, L. (1990). The structural sources of verb meaning. *Language Acquisition, 1,* 3–55.

Glenn, S. M., Cunningham, C. C., & Joyce, P. F. (1981). A study of auditory preferences in non–handicapped infants and infants with Down's Syndrome. *Child Development, 52*, 1303–1307.

Goodman, Y. (1986). Children coming to know literacy. In W. H. Teale & E. Sulzby(Eds.), *Emergent literacy : Reading and writing*(pp. 1–14). Norwood, NJ :

Ablex.

Gough, P. B., & Hillinger, M. L. (1980). Learning to read : An unnatural act. *Bulletin of the Orion Society, 30*, 179–196.

Granucci, P. L. (1986). A case study of literacy development between 24 and 36 months of age. Unpublished doctoral dissertation, Boston University.

Goldfield, B., & Resnick, J. (1990). Early lexical acquisition : Rate, content, and the vocabulary spurt. *Journal of Child Language, 17,* 171–183.

Goodman, Y. (1986). Children coming to know literacy. In W. H. Teale & E. Sulzby (Eds.), *Emergent literacy : Reading and writing*(pp. 1–14). Norwood, NJ : Ablex.
Gough, P. B., & Hillinger, M. L. (1980). Learning to read : An unnatural act. *Bulletin of the Orion Society, 30,* 179–196.

Granucci, P. L. (1986). A case study of literacy development between 24 and 36 months of age. Unpublished doctoral dissertation, Boston University.
International Reading Association. (1986). Literacy development and pre–first grade : A joint statement of concerns about present practices in pre–first grade reading instruction and recommendation for improvement. *Young Children, 41*(4), 10–13.

Greenfield, P. , & Smith, J. H. (1976). *The structure of communication in early language development.* New York : Holt, Rinehart & Winston.

Gropper, G. L. (1987). A lesson based on a behavioral approach to instructional design. In C. M. Reigeluth(Ed.), *Instructional theories in action* (pp. 45–112). Hillsdale, NJ : Lawrence Erlbaum Associates.

Gruendel, J. M. (1980). Scripts and stories : A study of children's event narratives. Unpublished doctoral dissertation. Yale University.

Halliday, M. A. K. (1973). *Explorations in language study*. London : Edward Arnold.

Halliday, M. A. K. (1974). A Sociosemiotic perspective on language development. *Bulletin of the School of Oriental African Studies, 37.*

Halliday, M. A. K. (1975). *Learning how to mean : Explorations in the development of language.* London : Edward Arnold.

Harms, T., Clifford, R. M., & Cryer, D. (1997). *Early childhood environment rating scale.* revised edition. N.Y.: Teachers College Press.

Harms, T., Clifford, R. M., & Cryer, D. (2005). *Early childhood environment rating scale.*

revised edition. N.Y.: Teachers College Press.

Hildreth, G. (1836). Developmental sequences in name writing. *Child Development, 7*, 291-303.

Hirsh–pasek, K., Kemler Nelson, D. G., Jusczyk, P. W., Wright Cassidy, K., Druss, B., & Kennedy, L. (1987). Clauses are perceptual units for young infants. *Cognition, 26,* 269–286.

Hudson, J. A. (1990). The emergence of autobiographical memory in mother–child conversation. In R. Fivush & J. A. Hudson(Eds.), *Knowing and remembering in young children: Emory Symposia in cognition*(pp. 166–196). New York: Cambridge University Press.

Hudson, J. A., & Nelson, K. (1983). Effects of script structure on children's story recall. *Developmental Psychology, 19*, 625–635.

Hudson, J. A., & Nelson, K. (1986). Repeated encounters of similar kind: Effects of familiarity on children's autobiographic memory. *Cognitive Development, 1*, 232–271.

Hudson, J. A., & Shapiro, L. R. (1991). From knowing to telling: The development of children's scripts, stories, and personal narratives. In A. McCabe & C. Peterson(Eds.), *Developing narrative structure*(pp. 89–136). Hillsdale, NJ: Lawrence Erlbaum Associates Inc.

Hudson, J. A., & Slackman, E. A. (1990). Children's use of scripts in inferential text processing. *Discourse Processes, 13*(4), 375–386.

Huttenlocher, J. (1974). The origins of language comprehension. In R. L. Solso(Ed.), *Theories in cognitive psychology*. New York: Wiley.

Hymes, D. (1972). Models of the interaction language and social life. In J. J. Gumperz & D. Hymes(Eds.), *Directions in sociolinguistics.* New York: Holt, Rinehart & Winston.

Hymes, D. (1974). Phonological rules in young children. *Journal of Child Language, 1,* 49–64.

International Reading Association (1986). Literacy development and pre–first grade: A joint statement of concerns about present practices in pre–first grade reading instruction and recommendation for improvement. *Young Children, 41*(4), 10–13.

Isenberg, J., & Jacob, E. (1983). Literacy and symbolic play : a review of the literature. *Childhood Education, 59*(4), 272–276.

Jacob, E. (1984). Learning literacy through play : Puerto Rican kindergarten children. In H. Goelman, A. Oberg, & F. Smith(Eds.), *Awakening to literacy*(pp. 73–83). Portsmouth, NH : Heinemann.

Jensen, M. A. (1985). Story awareness : A critical skill for early reading. *Young Children, 11*, 20–24.

Jusczyk, P. W. (2001). Finding and remembering words : Some beginnings by English–learning infants. In M. Tomasello & E. Bates(Eds.), *Language development : The essential readings*. London, England : Blackwell.

Jusczyk, P. W., Cutler, A., & Redanz, N. J. (1993). Infants'preference for the predominant stress patterns of English words. *Child Development, 64,* 675–687.

Kang, J. L. (1995). Literacy–related interaction among 3– and 5– year–old Korean preschoolers. Unpublished doctoral dissertation, Graduate School of Education, Boston University.

Kaplan, P. S., Goldstein, M. H., Huckeby, E. R., Owren, M. J., & Cooper, R. P. (1995). Dishabituation of visual attention by infant– versus adult–directed speech : Effects of frequency modulation and spectral composition. *Infant Behavior and Development, 18,* 209–223.

Katz, N., Baker, E., & McNamara, J. (1974). What's in a name? : A study of how children learn common and proper names. *Child Development, 65,* 469–473.

Kavanaugh, R. D., & Engel, S. (1998). The development of pretense and narrative in early childhood. In O. N. Saracho & B. Spodek(Eds.), *Multiple perspectives on play in early childhood education*(pp. 80–99). Albany, NY : State Univ. of New York Press.

Kent, R., & Miolo, G. (1995). Phonetic abilities in the first year of life. In P. Fletcher & B. MacWhinney(Eds.), *The handbook of child language*(pp. 302–334). Oxford, England : Blackwell.

Kim, Y. J. (1987). The acquisition of relative clauses in English and Korea : Development in spontaneous production. Unpublished doctoral dissertation, Harvard University.

Kim, Y. J. (1992). The acquisition of Korean(first draft). In D. Slobin(Ed.), *The cross-linguistic study of language acquisition,* Vol. 4. Lawrence Erlbaum.

Labos, W. (1970). The logic of nonstandard English. In F. Williams(Ed.), *Language and poverty : Perspectives on a theme.* Chicago : Markham.

Lamme, L. L., & Packer, A. L. (1986). Bookreading behaviors of infants. *The Reading Teacher, 39*(6), 504–509.

Lavine, L. (1977). Differentiation of letter forms in prereading children. *Developmental Psychology*, 13(2), 89-94.

Lee, C. M. (1990). Pragmatic and metapragmatic aspects of language acquisition in Korean. Paper presented at the fifth International Congree for the Study of Child Language. Budapest.

Lee, H. J. (1990). Logical relations in the child's grammar : Relative scope, bound variables, and long dice binding in Korean. Unpublished doctoral dissertation, University of California at Irvine.

Lee, K. O. (1990). Universal Structure of COMP. Unpublished doctoral dissertation, Cornell University.

Lee, Y. J. (1993). Young children's written language development and oral and written language awareness. *Early Childhood Development and Care, 85*, 97-108.

Lee, Y. J., & Lee, J. S. (1996). A study on the development of an emergent literacy program and its application for young children. *International Journal of Early Childhood Education, 1,* 59–88.

Leech, Geoffery (1974). *Semantics : The study of meaning.* London : Penguin Books.

Lenneberg, E. (1970). The biological foundations of language. In M. Lester(Ed.), *Readings in applied transformational grammar.* Holt, Rinehart, and Winston, Inc.

Levitt, A. G., & Wang, Q. (1991). Evidence for language–specific rhythmic influences in the reduplicative babbling of French– and English–learning infants. *Language and Speech, 34*, 235–249.

Liberman, I. Y. (1973). Segmentation of the spoken word and reading acquisition. *Bulletin of the Orton Society, 23*, 65–77.

Lindfors, J. W. (1987). *Children's language and learning.* Englewood Cliffs, NJ : Prentice–Hall.

Lomax, R. G., & McGee, L. M. (1987). Young children's concepts about print and reading: Toward a model of word reading acquisition. *Reading Research Quarterly, 22*(2), 237-256.

Lucariello, J., & Nelson, K. (1987). Remembering and planning talk between mothers and children. *Discourse Processes, 10,* 219-235.

Luria, A. (1961). *The role of speech in the regulation of normal and abnormal behavior.* London: Pergamon.

Mason, J., & McCormick, C. (1979). *Testing the development of reading and linguistic awareness*(Technical Report No. 126). Urbana, IL: University of Illinois, Center for the study of reading(ERIC Document No. 170 735.

Mason, J. M., & Stewart, I. P. (1990). Emergent literacy assessment for instructional use in kindergarten. In L. M. Morrow & J. K. Smith(Eds.), *Assessment for instruction in early literacy*(pp. 155-175). Englewood Cliffs, NJ: Prentice-Hall.

McGee, L. M., & Richgels, D. J. (1990). *Literacy's beginnings.* Needham Heights, MA: Allyn and Bacon.

MacWhinney, B. (1987). *Mechanisms of language acquisition.* Hillsdale, NJ: Lawrence Erlbaum.

MacWhinney, B. (1989). Competition and teachability. In M. Rice & R. Schiefelbusch (Eds.), *The teachability of language*(pp. 63-104). Baltimore: Paul H. Brookes.

Markman, E. (1992). Constraints on word learning: Speculations about their nature, origins, and word specificity. In M. Gunnar & M. Maratos(Eds.), *Modularity and constraints in language and cognition.* Hillsdale, NJ: Lawrence Erlbaum.

Masataka, N. (1993). Effects of contingent and noncontingent maternal stimulation on the vocal behavior of three-to four- month-old Japanese infants. *Journal of child Language, 20,* 303-312.

Mason, J., & McCormick, C. (1979). *Testing the development of reading and linguistic awareness*(Technical Report No. 126). Urbana, IL: University of Illinois, Center for the study of reading(ERIC Document No. 170 735.

Mason, J. M., & Stewart, I. P. (1990). Emergent literacy assessment for instructional use in kindergarten. In L. M. Morrow & J. K. Smith(Eds.), *Assessment for instruction in early literacy*(pp. 155-175). Englewood Cliffs, NJ: Prentice-Hall.

McCabe, A. (1994). *Language games to play with your child: Enhancing communication from infant through late childhood.* NY: Plenum Publishing Co.

McCabe, A., & Peterson, C. (1985). A naturalistic study of the production of causal connectives by children. *Journal of Child Language, 12,* 145–159.

McCabe, A., & Peterson, C. (1991). *Developing narrative structure.* Hillsdale, NJ: Lawrence Erlbaum Associates Publishers.

McClelland, J. L., & Rumelhart, D. E. (1981). An interactive activation model of context effects in letter perception: An account of the basic findings. *Psychological Reviews, 88,* 375–402.

McGee, L. M., & Richgels, D. J. (1990). *Literacy's beginnings.* Needham Heights, MA: Allyn and Bacon.

McNeill, D. (1966). Development psycholinguistics. In F. Smith & G. A. Miller(Eds.), *The genesis of language*. Cambridge, MA: MIT Press.

Menyuk, P. (1977). *Language and maturation.* Cambridge, MA: MIT Press.

Miller, P. J., & Sperry, L. L. (1988). Early talk about the past: The origins of conversational stories of personal experience. *Journal of Child Language, 15,* 293–315.

Miller, P. J., Wiley, A. T., Fung, H., & Liang, C. (1997). Personal storytelling as a medium of socialization in Chinese and American families. *Child Development, 68*(3), 557–568.

Moerk, E. L. (1983). *The mother of Eve-as a first language teacher.* Norwood, NJ: Ablex.

Morrow, L. M. (1990). Assessing children's understanding of story through their construction and reconstruction of narrative. In L. M. Morrow & J. K. Smith (Eds.), *Assessment for instruction in early literacy*. Englewood Cliffs, NJ: Prentice-Hall.

Morrow, L. M. (1990). Preparing the classroom environment to promote literacy during play. *Early Childhood Research Quarterly, 5*, 537–554.

Morrow, L. M. (2001). *Literacy development in the early years: Helping children reading and write.* Needham Heights, MA: Allyn and Bacon.

Morrow, L. M., & Rand, M. K. (1991). Promotion literacy during play by designing early children classroom environments. *The Reading Teacher, 44*, 396–402.

Mueller, E. (1972). The maintenance of verbal exchanges between young children. *Child Development, 43*, 930–938.

Nelson, K. (1973). Structure and strategy in learning to talk. *Monographs of the Society for Research in Child Development, 38*(Serial No. 149).

Nelson, K. (1985). *Making sense : The acquisition of shared meaning.* New York : Academic Press.

Nelson, K., & Gruendel, J. M. (1979). At morning it's lunch time : A scriptural view of children's dialogues. *Discourse Processes, 2*, 73–94.

Ninio, A., & Bruner, J. S. (1978). The achievement and antecedents of labeling. *Journal of Child Language, 5,* 1–15.

Ninio, A., & Snow, C. (1988). Language acquisition through language use : The functional sources of children's early utterances. In Y. Lezi, I. Schlesinger, & M. Braine(Eds.), *Perspectives on a theory of language acquisition*(pp. 11–30). Hillsdale, NJ : Erlbaum.

Ninio, A., & Snow, C. (1996). *Pragmatic development.* Boulder, CO : West View Press.

Ninio, A., & Snow, C. (1999). The development of pragmatics : Learning to use language appropriately. In W. Ritchie & T. Bhatia(Eds.), *Handbook of child language acquisition*(pp. 347–386). New York : Academic Press.

Ochs, E., Taylor, C., Rudolph, D., & Smith, R. (1992). Story–telling as a theory building activity. *Discourse Processes, 15*(1), 37–72.

Oller, D. K., & Eilers, R. (1988). The role of audition in infant babbling and speech. *Journal of Child Language, 3,* 1–11.

Oller, D. K., Eilers, R. E., Basinger, D., Steffins, M. L., & Urbano, R. (1995). Extreme poverty and the development of precursors to th speech capacity. *First Language, 15*, 167–187.

Paces, S. (1993). Early vocabulary in Korean : Are nouns easier to learn than verbs? Unpublished doctoral dissertation, University of Kansas.

Pellegrini, A. D. (1980). The relationship between kinder–garten's play and achievement in prereading, language and writing. *Psychology in the Schools, 17,* 530–535.

Pellegrini, A. D. (1981). The development of preschooler's private speech. *Journal of Pragmatics, 5,* 278–292.

Pellegrini, A. D. (1984). The effects of classroom ecology on preschooler's functional uses of language. In A. D. Pellegrini & T. D. Tawkey(Eds.), *The development of oral and written language in social contexts*(pp. 129–141). Norwood, NJ : Ablex Publishing Corporation.

Pellegrini, A. D. (1985). The relations between symbolic play and literate behavior. *Review of Educational Research, 55*, 107–121.

Peterson, C., & McCabe, A. (1983). *Developmental psycholinguistics : Three ways of looking at a child's narratives.* New York : Plenum Press.

Peterson, C., & McCabe, A.(1987). The structure of and coordinations in children's narratives. *Journal of Psycholinguistic Research, 18,* 467–490.

Piaget, J. (1952). *The origins of intelligence in children*(M. Cook, trans.). New York : Norton.

Piaget, J. (1954). *The origins of intelligence.* New York : Basic Books.

Piaget, J. (1962). *Play, dreams and imitation in childhood.* New York : Norton.

Piaget, J. (1974). *The language and thought of the child.* New York : Meridan.

Piaget, J. (1980). The psychogenesis of knowledge and its epistemological significance. In M. Piatelli–Palmarin(Eds.), *Language and learning*(pp. 23–34). Cambridge, MA : Harvard University Press.

Pinker, S. (1994). *The language instinct.* New York : Harper–Collins.

Plunkett, K. (1995). Connectionist approaches to language acquisition. In P. Fletcher & B. MacWhinney(Eds.), *The handbook of child language*(pp. 36–72). Oxford, UK : Blackwell.

Preece, A. (1987). The range of narrative forms conversationally produced by young children. *Journal of Child Language, 14*, 353–373.

Radford, A. (1991). *Syntactic theory and the acquisition of English syntax.* Cambridge, MA : Basil Blackwell.

Reigeluth, C. M. (1983). Instructional design : What is it and why is it. In C. M. Reigeluth(Ed.), *Instructional theories in action*(pp. 13–36). Hillsdale, NJ : Lawrence Erlbaum Associates.

Ribowsky, H. (1985). The effect of code emphasis approach and a whole language approach upon emergent literacy of kindergarten children. ERIC Document No.

269 720.

Richards, J. C. (2006). *Communicative language teaching today.* New York, NY : Cambridge Univerisity Press.

Richards, J. C. (2017). *Curriculum development in language teaching*(2nd ed.). Cambridge, UK : University of Cambridge Press.

Ridgeway, D., Waters, E., & Kuczaj, S. (1985). Acquisition of emotion–descriptive language : Receptive and productive vocabulary norms for ages 18 months to 6 years. *Developmental Psychology, 21*, 901–908.

Roseberry, S., Hirsh-Pasek, K., & Golinkoff, R. M. (2014). Skype me! Socially contingent interactions help toddlers learn language. *Child Development, 85*(3). 956-970. doi:10.1111/cdev.12166.

Rosenblatt, L. M. (1991). Literature–S. O. S.!. *Language Arts, 68*, 444–448.

Roskos, K. (1988). Literacy at work in play. *The Reading Teacher, 41*, 562–567.

Rossmn, F. (1980). Preschooler's knowledge of the synbolic function of written language in storybooks. Unpublished doctoral dissertation, Boston University.

Rumelhart, D. E. (1975). Notes on a schema for stories. In D. Bowbrow & A. Collins(Eds.), *Studies in cognitive science*(pp. 211–236). New York : Academic Press.

Rumelhart, D. E., & McClelland, J. L. (1986). On learning the past tense of English verbs. In J. L. McClelland, D. E. Rumelhart, & the PDP Research Group(Eds.), *Pararrell distributed processing, explorations in the microstructure of cognition, Vol. 2 : Psychological and biological models*(pp. 216–271). Cambridge, MA : Bradford Books, MIT Press.

Sachs, J. (1983). Talking about the there and then : The emergence of displaced reference in parent–child discourse. In K. E. Nelson(Ed.), *Children's language, Vol. 4*(pp. 1–28). New York : Gardner Press.

Scarborough, H. S. (2003). Connecting early language and literacy to later reading (dis)abilities : Evidence, Theory, and Practice. In S. B. Neuman & D. K. Dickinson(Eds.), *Handbook of early literacy research*(pp. 97–110). New York, NY : The Guilford Press.

Schickedanz, J. (1978). You be the doctor and I'll be sick : Preschoolers learn the language arts through play. *Language Arts, 55*, 713–718.

Schickedanz, J. A. (1983). Literacy begins in babyhood: Notes from a mother's diary. Unpublished mimeo paper.

Schickedanz, J. (1989). The place of specific skills in preschool and kindergarten. In D. S. Strickland & L. M. Morrow(Eds.), *Emerging literacy.* Newark, DE: International Reading Association.

Schickedanz, J. (1990). *Adam's righting revolutions: One child's literacy development from infancy through grade one.* Portsmouth, NH: Heinemann Educational Books.

Schickedanz, J. (1993). Designing the early childhood classroom environment to facilitate literacy development. In B. Spodek & O. N. Saracho(Eds.), *Language and literacy in early childhood education*(pp. 141–155). New York, NY: Teachers College Press.

Schickedanz, J. (2002). **놀이를 통한 읽기와 쓰기의 지도**(이영자 역). 서울: 이화여자대학교 출판부. (Original work published 1999)

Schickedanz, J., & Dickinson, D. (2005). *Comprehensive Early Literacy Program* (CELP). New York, NY: Pearson Education.

Schickedanz, J., Hansen, K., & Forsyth, P. D. (1990). *Understanding children.* Mountain View, CA: Mayfields Publishing Co.

Schlesinger, I. M. (1974).Relational concepts and underlying language. In R. Schiefelbusch & L. Lloyd(Eds.), *Language perception: Acquisition, retardation, and intervention.* Baltimore: University Park Press.

Schrader, C. T. (1989). Written language use within the context of young children's symbolic play. *Early Childhood Research Quarterly, 4,* 225–244.

Schrader, C. T. (1990). Teaching children while they play: Cultivating emergent writing and reading. *Day Care and Early Education, Spring*, 22–25.

Schwartz, J. (1988). *Encouraging early literacy: An integrated approach to reading and writing in N-3.* Portsmouth, NH: Heinemann Educational Books.

Shatz, M., & Gelman, R. (1973). The development of communication skills: Modifications in the speech of young children as a function of listener. *Monograph of the Society for Research on Child Development, 38*(5).

Shields, M. M. (1979). Dialogue, monologue, and egocentric speech by children in nursery schools. In O. K. Garnica & M. L. King(Eds.). *Language, children, and society.* Oxford : Pergamon Press.

Sinclair-deZwart, H. (1969). Developmental psycholinguistics. In D. Elkind & J. Flavell (Eds.), *Studies in cognitive development : Essays in honor of Jean Piaget*(pp. 315-336). New York : Oxford University Press.

Skinner, B. F. (1957). *Verbal behavior.* Englewood Cliffs, NJ : Prentice-Hall.

Slackman, E. A., Hudson, J. A., & Fivush, R. (1986). Actors, actions, links, and goals : The structure of children's event representations. In K. Nelson (Ed.), *Event knowledge : Structure and function in development*(pp. 47-69). Hillsdale, NJ : Lawrence Erlbaum Associates.

Slobin, D. I. (1966). The acquisition Russian as a native language. In F. Smith & G. A. Miller(Eds.), *The genesis of language : A psycholinguistic approach.* Cambridge, MA : MIT Press.

Slobin, D. I. (1973). Cognitive prerequisites for the grammar. In C. A. Perguson & D. I. Slobin(Eds.), *Studies of child language development.* New York : Holt, Rinehart & Winston.

Slobin, D. (1982). Universal and particular in the acquisition of language. In E. Wanner & L. Gleitman(Eds.), *Language acquisition : The state of art*(pp. 128-172). Cambridge, UK : Cambridge University Press.

Slobin, D. I. (1985). The crosslinguistic evidence for the language making capacity. In D. I. Slobin(Ed.), *The crosslinguistic study of language acquisition, Vol. 2.* Hillsdale, NJ : Lawrence Erlbaum Associates.

Snow, C. E. (1972). Mother's speech to children learning language. *Child Development, 43,* 549-565.

Snow, C. E. (1977). Mother's speech research : From input to interaction. In C. E. Snow & C. A. Ferguson(Eds.), *Talking to Children : Language input and acquisition.* Cambridge, UK : Cambridge University Press.

Snow, C. E. (1983). Literacy and language : Relationships during the preschool years. *Harvard Educational Review, 53,* 165-189.

Snow, C. E. (1989). Understanding social interaction and language acquisition : Sentences are not enough. In M. Bornstein & J. Bruner(Eds.), *Interaction in human development*(pp. 83-104). Hillsdale, NJ : Lawrence Erlbaum.

Snow, C. E. (1995). Issues in the study of input : Finetuning, universality, individual and developmental differences and necessary causes. In P. Fletcher & B. MacWhinney(Eds.), *The handbook of child language*(pp. 180–193). Cambridge, MA : Blackwell.

Snow, C. E., & Goldfield, B. A. (1983). Turn the page please : Situation–specific language acquisition. *Journal of child language, 10*, 551–569.

Snow, C. E., & Tabors, P. O. (1993). Language skills that relate to literacy development. In B. Spodek & O. N. Saracho(Eds.), *Language and literacy in early childhood education.* New York : Teachers College Press.

Sperry, L. L., & Sperry, D. E. (1996). The early development of narrative skills. *Cognitive Development, 11*, 443–466.

Staats, A. (1971). Linguistic–mentalistic theory versus an explanatory S–R learning theory of language development. In D. Slobin(Ed.), *The ontogenesis of grammar* (pp. 103–150). New York : Academic Press.

Stein, N. (1988). The development of children's storytelling skill. In M. B. Franklin & S. Barten(Eds.), *Child language : A book of readings*(pp. 282–297). New York : Oxford University Press.

Stein, N. L., & Glenn, C. G. (1979). An analysis of story comprehension in elementary school children. In R. O. Freedle(Ed.), New directions in discourse processing *Vol. 2 : Advances in discourse processes*(pp. 53–120). Norwood, NJ : Ablex Publishing Coorporation.

Stein, N. L., & Glenn, C. G. (1982). Children's concept of time : The development of a story schema. In W. J. Friedman(Ed.), *The developmental psychology of time*(pp. 255–282). New York : Academic Press.

Stein, N. L. (1979). *How children understand stories : A developmental analysis*(Tech. Rep. No. 69). Champaign, IL : Center for the Study of Reading, University of Illinois.

Stern, D., Beebe, B., Jaffe, J., & Bennett, S. (1977). The infant's stimulus world during social interaction : A study of caregiver behaviors with particular reference to repetition and timing. In H. Schaffer(Ed.), *Studies in mother-infant interaction*(pp. 177–202). New York : Academic Press.

Strickland, D. S., & Morrow, L. M. (1989). *Emerging literacy.* Newark, DE: International Reading Association.

Sulzby, E. (1982). Real versus make-believe differences in told and dictated stories by kindergarten children. Urbana, IL: National Council of Teachers of English. (ERIC Document Reproduction Service No. ED 219 720).

Sulzby, E. (1985). Children's emergent reading of favorite storybooks: A developmental study. *Reading Research Quarterly, 20*(4), 458–481.

Sulzby, E. (1990). Assessment of emergent writing and children's language while writing. In L. M. Morrow, & J. K. Smith (Eds.), *Assessment for instruction in early literacy.* Englewood Cliffs, NJ: Prentice Hall.

Sulzby, E., & Teale, W. H. (1991). Emergent literacy. In R. Barr, M. Kamil, P. Mosenthal, & P. D. Pearson(Eds.), *Handbook of reading research, Vol. 2*(pp. 727–757), New York: Longman.

Taylor, C. (1979). Action as expression. In C. Diamond & J. Teichman(Eds.), *Intentions and intentionality: Essays in honors of G. E. M. Anscombe*(pp. 73–89). Ithaca, NY: Cornell University Press.

Taylor, N. (1986). Developing beginning literacy concepts: Content and context. In D. Yaden, Jr. & S. Templeton(Eds.), *Metalinguistic awareness and beginning literacy: Conceptualizing what it means to read and write*(pp. 173–184). Portsmouth, NH: Heinemann Educational Books.

Teale, W. H. (1981). Parents reading to their children: What we know and need to know. *Language Arts, 58*, 902–911

Teale, W. H. (1984). Reading to young children: Its significant for literacy development. In H. Goelman, A. A. Oberg, & F. Smith(Eds.), *Awakening to literacy*(pp. 110–121). London: Heinemann

Teale, W. H. (1986). Home background and young children's literacy development. In W. H. Teale & E. Sulzby(Eds.), *Emergent literacy: Writing and reading*(pp. 173–206). Norwood, NJ: Ablex.

Teale, W. H. (1987). Emergent literacy: Reading and writing development in early childhood. In J. E. Readence & R. S. Baldwin(Eds.), *Research in literacy: Merging perspectives*(pp. 45–74). Rochester, NY: National Reading Conference.

Teale, W. H., & Martinez, M. G. (1988). Getting on the right road to reading : Bringing children and books together in the classroom. *Young Children, 41,* 10–15.

Teale, W. H., & Martinez, M. G. (1989). Connecting writing : Fostering emergent literacy in kindergarten children. In J. Mason(Ed.), *Reading and writing connections*(pp. 177–198). Boston, MA : Allyn and Bacon.

Teale, W. H., & Sulzby, E. (1987). Access, mediation, and literacy acquisition in early childhood. In D. A. Wagner(Ed.), *The future of literacy in a changing world*(pp. 111–130). New York : Pergamon Press.

Tizard, B., & Hughes, M. (1984). *Young children learning.* Cambridge, MA : Harvard University Press.

Tomasello, M. (1988). The role of joint attentional processes in early language development. *Language Sciences, 10*, 69–88.

Tomasello, M. (1992). The social bases of language acquisition. *Social Development, 1*(1), 67–87.

Tomasello, M. (1995). Joint attention as social cognition. In C. Moore & P. Dunham (Eds.), *Joint attention : Its origins and role in development.* Hillsdale, NJ : Lawrence Erlbaum.

Tomasello, M. (2001). Perceiving intentions and learning words in the second year of life. In M. Tomasello & E. Bates(Eds.), *Language development : The essential readings*(pp. 111–128). Maiden, MA : Blackwell Publishers Inc.

Tomasello, M., Kruger, A., & Ratner, H. (1993). Cultural learning. *Behavioral and Brain Sciences, 16,* 495–511.

Trawick–Smith, J. (1994). *Interactions in the classroom*. New York, NY : Merrill.

Uccelli, P. , Hemphill, L., Pan, B. A., & Snow, C. E. (1999). Telling two kinds of stories : Sources of narrative skill. In C. Tamis–LeMonda(Ed.), *Child psychology : Handbook of contemporary issues*(pp. 215–233). Philadelphia : Psychology Press.

Umiker–Sebeok, D. J. (1979). Preschool children's interconversational narratives. *Journal of Child Language, 6,* 91–109.

Valdez–Menchaca, M. C., & Whitehurst, G. J. (1992). Acceleration language development through picture–book reading : A systematic extension to Mexican day–care. *Developmental Psychology, 28*, 1106–1114.

Vihman, M. (1993). Variable paths to early word production. *Journal of Phonetics, 21,* 61–82.

Vygotsky, L. S. (1962). *Through and language.* Cambridge, MA : MIT Press.

Vygotsky, L. S. (1978). *Mind in society : The development of higher psychological process.* Cambridge, MA : Harvard University Press.

Vygotsky, L. (1978). The prehistory of written language. In L. Vygotsky, Mind in Society. Cambridge, MA : Harvard University Press.

Wells, G. (1985). Preschool literacy–related activities and success in school. In D. R. Plson, N. Torrance, & A. Hildyard (Eds.), *Literacy, language, and learning*(pp. 229–255). Cambridge, England : Cambridge University Press.

Whitehead, M. R. (1996). *The development of language and literacy.* London : Hodder & Stoughton.

Whitehurst, G., & Vasta, R. (1975). Is language acquired through imitation? *Journal of Psycholinguistic Research, 4,* 37–59.

Wolff, P. (1966). The causes, controls, and organizations of behavior in the newborn. *Psychological Issues, 5,* 1–105.

Yaden, D. Jr. (1986). Reading research in metalinguistic awareness : A classification of finding according to focus and methodology. In D. Yaden, Jr. & S. Templeton (Eds.), *Metalinguistic awareness and beginning literacy : Conceptualizing what it means to read and write*(pp. 41–62). Portsmouth, NH : Heinemann Educational Books.

Yang, Young–Ja. L. (1983). The influence of presentation modes on young children's story comprehension and recall. Doctoral dissertation of Boston University.

찾아보기

인명

고프(Gough) • 152
그루엔델(Gruendel) • 103
그린필드(Greenfield) • 58, 59
김영주 • 72
깁슨(Gibson) • 131
넬슨(Nelson) • 46, 55, 56, 57, 89
러빈(Lavine) • 127, 130
로맥스(Lomax) • 128
로쓰만(Rossman) • 105, 106, 128
루리아(Luria) • 84
루멜하트(Rumelhart) • 43
리차드(Richards) • 231
리치(Leech) • 17, 18
리치겔(Richgels) • 98
린드포스(Lindfors) • 56
매카시(McCarthy) • 76
맥기(McGee) • 98, 128
맥케이브(McCabe) • 92, 98, 103
맥클리랜드(McClelland) • 43
맥휘니(MacWhinney) • 42
머로우(Morrow) • 132, 229
메이슨(Mason) • 110, 127
뮐러(Mueller) • 87
박미라 • 98, 101
베이츠 • 42
벤슨(Benson) • 102
보워만(Bowerman) • 66, 67
브라운(Brown) • 66
브레니건(Branigan) • 63
브루너(Bruner) • 84, 85
블룸(Bloom) • 64
비고츠키(Vygotsky) • 45, 84, 85, 86, 114
샤츠(Shatz) • 87
설즈비(Sulzby) • 107, 117
쉐이프(Chafe) • 86
쉬케단즈(Schickedanz) • 111, 113, 124
슈타인(Stein) • 102
슐레진저(Schlesinger) • 66
스미스(Smith) • 58, 59
스카버러(Scarborough) • 151
스키너(Skinner) • 31
슬로빈(Slobin) • 72
아이젠버그(Eisenberg) • 97
애플비(Applebee) • 98
엣킨즈(Atkins) • 131
요나스(Yonas) • 131
윌러트(Willert) • 110
이상억 • 80
이승복 • 59, 60
이영옥 • 82, 83
이영자 • 98, 101, 102, 103, 106, 117, 125, 128, 153
이인섭 • 61
이종숙 • 106, 117, 125, 128
이지현 • 102, 103
前田 • 61
젠슨(Jensen) • 207
젤만(Gelman) • 87
조명한 • 66, 79
조숙환 • 63
촘스키(Chomsky) • 36
카미(Kammi) • 110
칼 베르니케(Carl Wernicke) • 48
콘토스(Kontos) • 127
클레이(Clay) • 104, 115, 127, 130
펠레그리니(Pellegrini) • 86
폴 브로카(Paul Broca) • 48
피아제(Piaget) • 37, 38, 84
피터슨(Peterson) • 92, 98, 103
필모어(Fillmore) • 65
하임스(Hymes) • 84
할리데이(Halliday) • 15, 18, 59
함즈(Harms) • 153
허드슨(Hudson) • 89
휴버(Huba) • 127
히버트(Hiebert) • 127
힐드레스(Hildreth) • 114, 130
힐링어(Hillinger) • 152
Cho • 72
Kim • 72, 80

내용

ㄱ

가상적 내러티브 • 89, 91, 94, 96, 97
가상적 내러티브 발달단계 • 102
가상적 역할놀이 • 212
가상적 이야기 기억 • 91
가성적 울음 • 50
가정형 • 78
감각운동기 • 38
강세 패턴 • 50
개방어 • 63, 64
개방적 생각을 하도록 돕는 질문하기 • 190
개별문법 • 37
개별적으로 책 읽어 주기 • 205
개인적 기능 • 16, 18
개인적 내러티브 • 89, 90, 93, 94, 97
걸음마기 영아들에게 집단으로 그림책 읽어주기 • 180
게임 • 194, 215
격문법 • 65, 66
견학 • 202, 219
경쟁모델 • 37, 40, 42
공손어미 • 72
공식어미 • 72
공존격조사 • 70, 78
관계절 • 83
관계절 습득과정 • 75
관찰기록 • 217, 222
관형적 형용사 • 75
교감적 기능 • 17
교재교구 평가지표 • 155
구성물의 내용 • 189
구성주의 • 38, 147
구어 • 20
구어이야기 • 88
구어이야기 구조발달단계 • 98
구어이야기의 구조지식 • 91
구어적 언어 • 84
구조 • 93
구조주의 • 30
구체물을 활용하여 상호작용하기 • 175
구체적 조작기 • 84
국가수준의 유치원 • 155
굴절어미 • 70
권위에 기초한 전략 • 116
귀가 지도 • 220
균형적 언어교육접근법 • 144, 148
그림 긁적거리기 • 126
그림동화 • 196
그림을 보고 마음대로 이야기 만들기 단계 • 128
그림을 보고 이름 말하기 • 229
근접발달영역 • 46
글과 말소리의 대응 원리 • 146
글씨 긁적거리기 • 126
글씨에 대한 의도적 모방 • 128
글자 쓰기 단계 • 117
긁적거리기 • 114, 117, 129, 130
긁적거리기 단계 • 117, 125, 131
기능사 • 63
기능어 • 63, 70

기능어휘 • 68
기능주의 • 30
기음 • 21, 22, 23

ㄴ

내용어 • 63
내용지식 • 88, 133
노래 부르기 • 195
노래 부르기와 듣기를 통해 단어 사용하고 듣는 기회 갖기 • 176
녹음 • 222, 228
녹화 • 222, 228
논리적 이야기 형성 • 101
누리과정의 내용 • 165, 166
뉴런 • 41

ㄷ

다어 • 62
다어문 • 54, 65, 73, 77
다어문의 의미관계 • 68
단순 나열기 • 99
단순 나열식 이야기 형성기 • 99
단순 에피소드 이야기 • 96
대격 • 78
대격조사 • 71, 78
대립형 • 78
대명사의 사용 • 80
대상어 • 61
대집단으로 이야기책 읽어 주기 • 208
댄드라이트 • 41
도구적 기능 • 15, 18
동시 감상 • 197
동시 읽기 • 217
동시 짓기 • 197, 198, 217
동시 짓기에 도움을 줄 수 있는 활동 • 199
동작어 • 61
동작 충족적인 의미기능 • 59
동화 감상 시의 지도방법 • 196
동화 감상하기 • 196
된소리 • 21, 23
듣기 • 19, 181, 182
듣기와 말하기 지도를 위한 교사지침 • 174

ㅁ

마찰음 • 21, 22
말하기 • 19, 182
말하기 발달을 돕는 환경구성 • 160
말하기영역 • 160, 166
매개변인 • 36
매일의 일과 속에서 언어적 상호작용하기 • 174
모든 유아에게 언어적 상호작용 기회 제공 • 190
모서리 이랑 • 49
목적격조사 • 71, 78
무성음 • 22
문법규칙 • 27, 32
문법적 규칙 • 25
문법적 형태소 • 70
문어 • 20
문어이야기 구성 • 114, 132
문어이야기 구조 • 114, 132, 133

문어이야기 회상 • 132
문어적 읽기 시도 • 109
문어지도를 위한 교사지침 • 203
문자 관련 소품을 포함하는 사회적 극놀이 • 210
문자 읽기 시도 • 109
문장 쓰는 단계 • 118
문제 상황 해결을 위한 표현 방법 모델보이기 • 191
물리적 관계 전략 • 116
미분화된 긁적거리기 • 125
미분화형 • 80, 81

ㅂ

반모음 • 21
반응의 순서적 제시수준 • 103
발견적 기능 • 17, 18
발성기관 • 21
발음중심 접근법 • 144
베르니케(Wernicke) 영역 • 47, 48
병렬되는 유형 • 78
병행적 배분처리장치 • 41
병행적 처리 • 40
보격 • 78
보편문법 • 36, 37
보편문법 원리 • 36
복문 • 70
복수어미 형태소 • 24
복잡한 이야기 구조 • 94, 95
복합재귀대명사 • 25
부사격 • 78
부정문 • 62, 74
부정형태소 • 79
부호중심 언어교육접근법 • 144, 145
브로카(Broca) 영역 • 47, 48
브로카 실어증 • 48
블록영역이나 역할놀이영역에서의 놀이 • 201
블록영역 활동 • 218
블록의 모양 • 189
비계설정 • 46
비음 • 21
비조건적 반응 • 32
비조건적 자극 • 32

ㅅ

사건의 병렬적 나열수준 / 설명 나열수준 • 102
사동구문 • 81
사회적 상호작용주의 • 38, 43, 45
상상적 기능 • 17, 18
상호 발성 • 51
상호작용을 통해 유아가 의도한 계획의 실행 도와주기 • 189
상호작용적 기능 • 16, 18
상호작용주의 이론 • 30, 37, 147
상황에 적절히 표현하는 방법 모델보이기 • 190
생득주의 이론 • 30, 35
선택형 • 78
속격 • 78
손의 촉감으로 경로 따라가기 • 164
수용언어 • 20, 21
스크립트 • 89, 91

스크립트 이야기 • 90
슬라이드 • 196
시각적 규칙 전략 • 116
시각적 디자인 전략 • 116
실어증 • 47
실외놀이 • 203, 219
심리적 인과관계 참조 • 92, 98
심미적 기능 • 17, 18
쓰기 • 19, 204
쓰기 도구 탐색 • 212
쓰기에 대한 흥미 및 발달 체크리스트 • 225
쓰기행동 발달 • 129

ㅇ

안정 상태 • 36
액손 • 41
어휘론적 유형 • 80
언어교육을 위한 환경구성 • 153
언어교육 접근방법 • 144
언어교육 환경구성의 원리 • 156
언어 기능 • 15
언어의 형태 • 19, 28
언어학적 지식 • 88, 96, 133
언어 형태 • 46
여격 • 78
연결망 • 41
연결어미 • 78
연결적 이야기 형성 • 100, 101
영아를 위한 구어지도 방법 • 174
영아를 위한 듣기영역 • 159
영아를 위한 읽기 환경 • 162
영아에게 개별적으로 책 읽어 주기 • 178
영아의 구어 지도 • 173
영아의 문어지도 방법 • 178
영아의 쓰기행동발달 • 124
옹알이 • 31, 50, 51
요리하기 • 213
운동피질 • 48
원인형 • 78
유아교육환경척도(ECERS-R) • 153, 155
유아교육 환경척도 평가기준표 • 154
유아의 구어지도를 위한 교사지침 • 181
유아의 발달단계를 고려한 활동제시 및 상호작용 • 189
유아의 사회적응 행동발달검사 • 229
유아의 이야기 구조 개념 발달 • 230
유치원 평가척도 • 153
융판동화 • 200
음성학 • 15, 21, 23, 30
음성화 • 31
음소 • 22, 28
음소론 • 23
음운규칙 • 27
음운론 • 15, 22, 23, 27, 30
음운론적 유형 • 80
음운론적 접근법 • 144
음절적 전략 • 116
음조형 • 63
의문문 • 62
의미론 • 15, 26, 30

의미론적 관계 • 59, 64, 65
의사소통능력 • 84
의사소통의 수단 • 14
의존형태소 • 24
이야기 구조가 형성되지 않은 내러티브 • 102
이야기 나누기 • 167, 209
이야기 오리엔테이션 • 93
이야기 짓기(글짓기) 활동 • 217
이야기 형태 인식기 • 99
이어 • 62
이어문 • 64, 73
이어문 표현 • 54, 63, 65
이중모음 • 21
인지적 상호작용주의 • 37
인터넷 멀티미디어 프로그램 • 214
일어표현 • 54, 55, 58, 59, 63
일차적 피질 • 48
일차청각적 피질 • 48
일화기록 • 226
읽기 • 19, 203
읽기교육에서 강조되는 특수 기술 • 145
읽기발달 단계 • 106
읽기에 관한 지식 • 110
읽기에 대한 흥미 및 발달 체크리스트 • 224
읽기 행동 발달단계 • 107
읽기 행동 범주 • 107
읽기환경 • 168

ㅈ

자기중심적 언어 • 84
자연적 쓰기 활동 • 212
장소격조사 • 71
장애물과 결말이 모두 포함되는 목표 지향적 에피소드 • 103
장애물과 결말이 없는 목표 지향적 에피소드 • 103
장애물은 없지만 결말이 포함되는 목표 지향적 에피소드 • 103
장애물이 포함되지만 결말이 없는 목표 지향적 에피소드 • 103
재귀대명사 • 25, 80
전(前) 읽기 과제 • 128
전제형 • 78
전통적인 언어교육접근법 • 144
정보 · 심미적 읽기 • 208
정보적 기능 • 17, 18
정보처리이론 • 40
정점 • 93, 97
제약적 접근 • 57
제한적 조사 • 70
조건적 반응 • 32
조건적 자극 • 32
조음기관 • 21
조작적 놀잇감을 이용한 놀이 • 212
조작적 조건화 • 33
조정적 기능 • 16, 18
조형활동 • 213
주격 • 78
주격조사 • 70, 71, 78
주어 존칭어미 • 72

주축어 • 63, 64
중문 • 70
중복형 • 78
지시적 기능 • 17, 18
지원하고 정보 제공하기 • 208

ㅊ

참조적 어휘 • 57
참조적 영아 • 57
참조적 의도 • 58
참조적 정보 • 98
책 읽기 상호작용 행동 • 208
책 읽어주기 접근방법 • 208
체크리스트 • 222, 223
초기 문해 • 104
초기 쓰기 • 114
초기 음운적 전략 • 117
초기 읽기 단계 • 104
초보적 이야기 진술 형성기 • 99
초분절자질 • 50, 55
총체적 언어교육접근법 • 144, 147
최소음성단위 • 22
최초 상태 • 36
추출적 읽기 • 208
출력망 • 41

ㅋ

쿠잉 • 50

ㅌ

탈상황적인 이야기 구성 • 133
통사론 • 15, 25, 27, 30
통합적 언어교육접근법 • 144, 149
특정문법 • 36

ㅍ

패턴 반복 • 146
패턴 연결망 • 41
평가 • 93
폐쇄음 • 21, 23
표상적 기능 • 17, 18
표현언어 • 21
표현 언어기술 • 19
표현적 기능 • 17
표현적 어휘 • 57
표현적 영아 • 57
표현적 웅얼거림 • 54
표현측면 • 20
품사 • 76
피동구문 • 81

ㅎ

하위 피질 • 48
행동의 순서적 제시수준 • 102
행동주의 이론 • 30, 31
행위자격 • 61
형용어 • 61
형태론 • 15, 23, 30
형태론적 유형 • 80

형태소 • 15, 23, 28
형태적 구성 • 27, 28
형태적 요인 • 28
화용규칙 • 27
화용론 • 15, 26, 27, 30
화용적 규칙 • 84
화용적 접근 • 57
화행 • 87
환상적 문어이야기 • 133
활동 속에서 단어 제시 • 186
활모양 연결섬유다발 • 47, 48
활성 패턴 • 41
후기 음운적 전략 • 117
후치동사 부정형 • 79
흥미영역의 활동 특성에 적절한 상호작용하기 • 188
1인칭 단수 대명사 • 80
1인칭 복수 대명사 • 80
2세 미만 영아의 읽기 • 177
2세 영아를 위한 의사소통영역의 읽기와 쓰기 지도 • 177
2세 영아의 읽기 • 177
2인칭 단수 대명사 • 80
3~5세 언어교육내용 • 143
3~5세 유아를 위한 문어지도 • 204
3인칭 대명사 • 80

CD동화 • 196
PDP 네트워크 • 42
PDP 모델 • 41, 42
PDP 정보처리체계 • 42
TV동화 • 196

저자소개

이영자

이화여자대학교 사범대학 교육학과 졸업 (유아교육전공)

미국 인디아나 대학교 대학원 교수공학과 (M. S., Ed. S.)

미국 보스톤 대학교 대학원 유아교육학과 (교육학 박사)

덕성여자대학교 유아교육학과 교수

현재 : 덕성여자대학교 유아교육학과 명예교수

이금구

덕성여자대학교 사회과학대학 유아교육학과 졸업

덕성여자대학교 대학원 유아교육학과 (교육학 석사, 교육학 박사)

덕성여자대학교 부속유치원 교사, 원감

현재 : 경복대학교 유아교육과 교수

▌영유아 언어교육 : 이론과 실제▐

1판 1쇄 발행 2020년 9월 5일
1판 2쇄 발행 2022년 2월 25일

저 자 | 이영자, 이금구
발 행 인 | 박철용
발 행 처 | 양서원
주 소 | 경기도 파주시 직지길 522 파주출판도시
전 화 | 031-955-8000(代)
팩 스 | 031-955-8005
홈페이지 | www.yswpub.co.kr
이 메 일 | yswgroup@naver.com
출판등록 | 1987년 11월 24일 제 406-2003-037 호

ISBN 978-89-994-1051-2

정가 20,000원

※ 저자와 협의하여 인지는 생략합니다.
※ 저작권법 제136조(권리의 침해죄)에 따라 위반자는 5년 이하의 징역 또는 5천만 원 이하의 벌금에 처하거나 이를 병과할 수 있습니다.